单 车 竞 技

假日体育篮球比赛

健身步道开通

健 身 节

金鸡湖半程马拉松

轮滑小队员

苏州外企运动会颁奖

苏州业余棋类比赛

元旦市民长跑

向市民发放免费健身券

无　车　日

苏州国际竞走赛

苏州第 53 届世乒赛场景

老年柔力球比赛

苏州公共体育服务体系示范区建设

The Construction of Suzhou Demonstration Area of Public Sports Service System

主　编　宋　伟　鲍东东

副主编　葛章志　周兴国

编写委员（按姓氏笔画为序）

王正山　邢　岩　朱小龙　朱海伦

陈　明　陈宏波　罗　琴　袁永球

陶勇杰　彭　艳　程军红

中国科学技术大学出版社

内 容 简 介

以建设苏州市公共体育服务体系为目标，以苏州市民公共体育服务需求为出发点，借鉴国内外公共体育服务建设的经验，并结合苏州市建设公共体育服务体系的基础和特色，进行公共服务体系建设的总体规划、具体内容、实施步骤、支撑保障、绩效评估等方面的设计，以期增强苏州市公共体育服务体系建设的示范作用。

图书在版编目(CIP)数据

苏州公共体育服务体系示范区建设/宋伟，鲍东东主编. —合肥：中国科学技术大学出版社，2016.6

ISBN 978-7-312-03945-4

Ⅰ. 苏…　Ⅱ. ① 宋…② 鲍…　Ⅲ. 群众体育—社会服务—研究—苏州市
Ⅳ. G812.4

中国版本图书馆 CIP 数据核字(2016)第 076972 号

出版　中国科学技术大学出版社
安徽省合肥市金寨路 96 号，230026
http://press.ustc.edu.cn

印刷　安徽联众印刷有限公司

发行　中国科学技术大学出版社

经销　全国新华书店

开本　710 mm×1000 mm　1/16

印张　11.25

插页　2

字数　238 千

版次　2016 年 6 月第 1 版

印次　2016 年 6 月第 1 次印刷

定价　40.00 元

序

随着我国经济社会发展水平的不断提高，进行体育、休闲、娱乐等活动正日益成为人们在温饱之余提高生活质量的重要方式，尤其体育更是增加和保持人力资本的重要途径，随之而来的是人们对公共体育设施数量和服务质量需求的不断提升。数十年来，中国体育虽取得了长足的进步，但在发展质量、发展结构、发展效益等方面仍然存在诸多问题，在体育事业和体育产业的协调发展、群众体育与竞技体育的协调发展、竞技体育内部各门类协调发展等重大、核心问题上，都需继续努力改进和完善。在这种背景下，如何有效地为公民提供健身休闲场所成为摆在公共体育服务者面前的一道难题。

党的十八大指出，基本公共服务体系是中国特色社会主义社会管理体系的重要组成部分，必须加快建立政府主导、覆盖全民、可持续的公共服务体系。由此可见，建立基本公共服务体系的紧迫性及其对进一步推进基本公共体育服务的理论与实践的发展进程有着重要的指导意义。2013 年末，国家体育总局局长刘鹏在全国体育局长会议上对 2014 年工作进行部署时指出："要紧紧围绕构建基本公共体育服务体系的目标，增强社会活力，加快推进群众体育事业发展。积极构建政府主导、部门协同、全社会共同参与的基本公共体育服务体系。"这一目标任务无疑是体育事业贯彻落实党的十八届三中全会精神，不断深化体育强国建设内涵的动员令。2013 年 11 月，《中共中央关于全面深化改革若干重大问题的决定》对推进我国改革开放的伟大事业作了系统的部署，其中对公共服务有很多新的论断和表述，如"推进公共资源配置市场化""加强中央政府宏观调控职责和能力，加强地方政府公共服务、市场监管、社会管理、环境保护等职责""逐步理顺事权关系，明确区域性公共服务作为地方事权"等。这些方向性的改革指示对于各界深化和推进该项工作无疑具有重要的指导意义，更需要我们今后结合工作实际扎实推进、具体落实。

增强人民群众的体育意识，满足大众体育需求，夯实体育发展的社会基础，通过体育建立健康文明的生活方式，是建设体育强国的重要着眼点。建立完善的公共体育服务体系，既直接造福民生，提高全民族身体素质，同时也为提高体育竞技水平培育丰厚的土壤、增加进步的活力，进一步激励人民群众为国争光的爱国主义精神，改进群众的体育理念，满足群众欣赏高水平体育竞技和表演的精神文化需要，促进体育市场的繁荣和体育产业的发展，不断拓展体育事业的发展空间。

前　言

1917 年，青年毛泽东以"二十八画生"的笔名，在《新青年》上发表了一篇文章《体育之研究》，他认为体育之效在于强筋骨、增知识、调感情、强意志，凡天下成大事者要"野蛮其体魄，文明其精神"，开创了我国弘扬体育精神的先河。1921 年，中国共产党成立后，其自觉把体育锻炼看作革命事业的重要组成部分。1932 年秋，中央苏区苏维埃政府明确指出，体育运动应到工农群众中开展。1933 年 5 月 30 日至 6 月 3 日，中华苏维埃共和国中央政府在瑞金叶坪红军广场举行了全苏区第一次规模较大、有组织、有计划的体育盛会，并成立了中国共产党领导的最早主管全国体育运动的组织机构——赤色体育委员会。2014 年 10 月 20 日，国务院印发《关于加快发展体育产业促进体育消费的若干意见》，将全民健身上升到国家战略高度。

新中国成立以来，我国体育事业不断发展，2008 年奥运会的成功举办以及 2022 年冬奥会的成功申办，是对我国体育事业发展的重大肯定。在中国共产党的领导下，我国体育事业逐步走向奥运、走向世界，中华民族已将"东亚病夫"的帽子甩掉，以崭新的形象屹立于世界民族之林。国运盛、体育兴，伴随着改革开放的伟大进程，中国以令人目眩的速度一跃成为国际体坛的一股重要力量。

发展公共体育服务体系、鼓励全民健身有利于增强国民体质。建成体育强国是建设社会主义现代化国家的重要基础，更是实现伟大的中国梦的坚强支柱。苏州市在国家政策的引导下，致力提供完善的公共体育服务设施，目前已兴建了一批便民利民的中小型体育场馆、公众健身活动中心、户外多功能球场、健身步道等场地、设施并完善了相关服务。中国科学技术大学与苏州市体育局紧密合作，开展了关于苏州市公共体育服务体系的调研，并撰写《苏州公共体育服务体系示范区建设》一书。本书题材丰富，体例严谨，在借鉴国内外公共体育发展经验的基础上自成体系，包含苏州建设公共体育服务体系的基础、苏州公共体育服务体系框架与内容设计、苏州公共体育服务体系的具体实施、苏州公共体育服务体系建设的支撑与保障、苏州公共体育服务的绩效评估以及苏州市公共体育服务体系建设的示范作用的发挥等 8 章内容。本书在尊重事实的基础上，呈现出以下特点：

(1) 时效性。本书是在国家弘扬全民健身的背景下形成的,调研的主题是苏州市公共体育服务的现状,并根据其现状总结经验与不足,具有非常强的时效性与新颖性,并紧密切合主题。

(2) 引导性。苏州市公共体育服务体系建设已初有成效,在全国也属于先进示范地区,研究苏州市公共体育服务现状,能够指导其他地区公共体育服务体系的建设,全面提升我国公共体育服务的能力。

(3) 系统性。本书涵盖了苏州市公共体育服务体系的所有范畴和领域。一方面,调研了苏州市的公共体育服务体系现状,以直观的数据和资料表明了苏州市体育服务体系建设的成效与不足;另一方面,从理论的角度,结合国内外先进经验,为苏州市公共体育服务的发展及示范作用的发挥提供建设性的意见和建议。

(4) 权威性。本书由中国科学技术大学与苏州市体育局共同组建的专项课题组调研完成,数据详实,各项资料均为实地调研的一手资料,真实有效,无疑是关于苏州公共体育服务建设较权威的学术研究。

本书为我国更好地开展公共体育服务事业开启了闸门,意义重大。要想做好苏州公共体育服务体系示范建设这项工作,需要开展大量的组织、协调、研究工作,更需要课题组成员付出大量的时间和艰苦的努力,在此,特别向参与本研究的各位课题组成员表示由衷的敬意和感谢,同时,也向协助本次调查的相关人员和单位表示衷心的感谢!相信在大家的齐心努力下,将会进一步推动地方乃至全国公共体育服务的相关研究。另外,也希望本书的出版能够进一步促进苏州市公共体育服务事业的发展,使其更好地发挥示范带头作用,带动全国体育事业实现辉煌的腾飞!

因研究水平有限以及各种实际条件的限制,书中难免存在一些错漏之处,也不免有论证不充分的地方,我们诚恳地期待各位读者的批评指正,并将在下一步的工作中不断改进。

编　者

目　录

第一章　绪　　论

一、研究背景与研究意义

（一）研究背景

体育本质上是一种人人都有权参与的、促进身体素质提高和个性自由发展的活动。但现实生活中，个体进行体育锻炼的意愿并不总是充分的，开展体育运动的客观条件也不一定具备。随着物质生活水平的不断提高，人们更加关注通过体育运动促进身心健康，提高生活品质。在体育权益越来越受到重视、体育需求越来越高涨的时代背景下，公共部门的公共体育服务被赋予新的内涵，而在各种价值导向的博弈中，开展好公共体育服务成为一项艰巨的任务。伴随着我国建设服务型政府步伐的加快，构建完善便捷、广泛受益的公共服务体系已成为政府工作的重要内容。在我国，发展公共体育事业、提高全民族的身体素质已被列入政府工作报告，成为政府民生工作的重要内容。各级政府体育行政主管部门基于建设服务型政府的价值取向，已将公共体育服务体系建设纳入议事日程，并对区域内公共体育服务体系的建设进行了积极探索。

但长期以来，各级政府着重关注经济增长，相对忽视了其公共服务职能和社会建设投入，公共体育服务在整个公共服务体系中处于边缘、弱化、延迟的地位。同发达国家和地区相比，我国公共体育服务体系的建设相对滞后，地方政府公共体育服务体系尚未形成，碎片化、差异化、低水平的供给模式不能完全适应经济社会的发展水平，而投入不足的基础瓶颈、投入不均的结构瓶颈也并未有效消解。鉴于我国长期以来缺乏对公共体育的科学认识，加之其与政府治理和公共服务等观念的结合又较晚，因此对公共体育服务及相关内容的研究较为滞后。尽管当前公共体育服务体系的重要性已为社会所公认，但由于缺乏对公共体育服务体系含义的深入探索，社会各界对公共体育服务体系认识较为散乱，而实践操作领域的公共体育服务体系建设工作也处于“摸着石头过河”的状态。目前，我国在对体育公共服务体系的研究上，还集中在概念的界定以及体育公共服务体系构建的探讨上，研究范围狭窄、研究深度不够。很多研究将公共体育服务体系与“全民健身服务体系”“多元化体育服务体系”“群众体育服务体系”等概念相混杂，因此呈现出研究成果所指不清、讨论对象模糊的现象，于科学全面认识事物和实践操作并无实质性指导意义。

基于此，本书着眼于当前学术界与实践领域广泛使用但尚未严格定义的公共体育服务体系，力争从全新的角度对公共体育服务体系的概念进行解读，结合苏州市体育事业已有基础及特色，深刻剖析苏州市公共体育服务体系建设的应有内容，并提出超越现有公共体育服务体系认识的相关观点，以服务于苏州体育主管部门公共体育服务实践。

（二）研究意义

现阶段，建设公共体育服务体系不仅是履行政府职能的要求，同时也是保障公民权益、改善民生状况、促进社会和谐稳定的必然之举，是顺应服务型政府建设的要求，也是提升区域国际形象与影响力的重要举措。

1. 建设公共体育服务体系是建设和谐社会的重要方面

构建社会主义和谐社会，是全面建设小康社会、开创中国特色社会主义事业新局面的一项重大任务，它适应了我国改革发展进入关键时期的客观要求，体现了广大人民群众的根本利益和共同愿望。到 2020 年，构建社会主义和谐社会的目标和主要任务是：社会主义民主法制更加完善，依法治国基本方略得到全面落实，人民的权益得到切实尊重和保障；城乡、区域发展差距扩大的趋势逐步扭转，合理有序的收入分配格局基本形成，家庭财产普遍增加，人民过上更加富足的生活；社会就业比较充分，覆盖城乡居民的社会保障体系基本建立；基本公共服务体系更加完备，政府管理和服务水平有较大提高；全民族的思想道德素质、科学文化素质和健康素质明显提高，良好道德风尚、和谐人际关系进一步形成；全社会创造活力显著增强，创新型国家基本建成；社会管理体系更加完善，社会秩序良好；资源利用效率显著提高，生态环境明显好转；实现全面建设惠及十几亿人口的更高水平的小康社会的目标，努力形成全体人民各尽其能、各得其所而又和谐相处的局面。和谐社会建设就是让广大人民群众不断得到实惠，把共同建设、共同享有和谐社会贯穿于和谐社会建设的全过程。公共体育服务体系建设目标也与和谐社会建设（民主法治、公平正义、诚信友爱、充满活力、安定有序、人与自然和谐相处）保持高度一致，公共体育服务是一种社会再分配，弱势人群在享受公共服务时可以获得较大优惠，是实现社会公平的一种途径。在坚持社会主义市场经济体制的同时，运用公共服务应对市场失灵是社会协调发展的重要举措。此外，由于公共服务内容多为科学、健康、文明的社会活动，有利于消除社会矛盾，维持社会安定，具有“安全阀”作用。

2. 建设公共体育服务体系是保障和实现公众基本体育权利的重要途径

体育是公民的一项权利，属于宪法规定的公民文化权利之范畴，包含人们的娱乐、个人的自由和个人的优化发展，是对人的一种至关重要的关照。促进公民体育权利不断发展的途径有很多种，而通过体育公共服务的发展促进公民体育权利的丰富与实现无疑是一条比较好的途径，当前我国也正在沿着这条道路不断前进。但由于社会经济发展的原因、传统文化的影响、体育管理体制改革的滞后，当前体育公共服务供给中存在着明显的供给不足、发展不均衡等诸多问题，直接违背了体育权利的公平性、正当性和不可侵犯性。所以不断加大体育公共服务投入力度，推进体育公共服务均等化发展，丰富体育公共服务供给内容，改革体育公共服务供给方式成为当前我国体育公共服务发展中必须解决的问题。换句话说，要通过体育公共服务的发展，尽量增加社会体育利益，不断满足公民的体育文化需求。在这一过程中，必须做到体育公共服务供给与公民的体育权利相一致，要考虑全体公民的利益，要逐步解决体育公共服务发展中的阶层不均、城乡不均、区域不均等问题，在体育公共服务的供给中，要坚持以社会主义核心价值观为指导，以公平正义、人权保护为基本理念，使公民的体育权利通过体育公共服务的供给表现出来。建立健全公共体育服务体系，就是立足公众参与体育、享受体育的需求，建设公众身边的场地设施，建立健全公众身边的体育组织，开展公众身边的体育活动，将体育发展的各项资源和要素统筹起来，开展以最大限度地满足公众健身需求的政府公共服务活动，使公众的体育权利得到充分保障。

3. 建设公共体育服务体系是保障和改善民生的重要环节

健身惠及百姓，体育也是民生，而且是重要的民生。体育以其独特的功能全面介入民生领域，为满足人们日益增长的物质与文化生活需要，关注人生的意义，改变生活方式，提高生活质量，追求体育产业与文化带给人们的实惠，共创和谐，应充分发挥体育在保障、改善民生和推动社会进步中的重要作用。随着我国城乡居民生活条件和生活环境的不断改善，生活质量的不断提高，人们对精神生活有了更多、更高的需求，对生命的意义与价值有了全新的认识，对社会和生活方式有了重新的思考。广大民众迫切寻觅一种能提高现代生活质量乃至生命质量的途径，一种能满足自身日益增长的物质文化享受和发展需求的合理生活方式，体育的功能及终身体育的理念恰好切合了人们的这种需求。正像《国民经济和社会发展第十二个五年规划纲要》中所说：体育与民生相融合，体育将以其独特的功能全面介入民生领域。党中央、国务院根据“十二五”时期我国体育发展面临的形势、任务、要求，特别制定了“十二五”时期体育发展规划，规划强调：为满足人们日益增长的物质与文化生活的需要，关注人生的意义、目的和价值；同时为了全面落实科学发展观，应充分发挥体育在保障改善民生和推动社会进步方面的重要作用，促进我国体育事业全面协调可持续发展，努力实现建设体育强国的目标。当前体育产业“十三五”规划也正在紧锣密鼓地编制之中，我国体育产业正迎来发展的黄金时期。在由体育大国向体育强国迈进的过程中，建立成熟完善的体育公共服务体系是必需的支撑条件和基本的衡量标准。在公共服务体系建设中，政府在资源配置上具有绝对的优势地位。要充分发挥这种优势，进行资源整合和再配置，提升政府在体育上的公共服务建设能力，提升人民的生活水平，为经济发展提供良好的社会环境基础。在当前加强民生工程建设的大背景下，大力发展体育事业、发展体育产业、完善公共体育服务体系是政府工作的重要方面。提高广大人民群众的健康水平是一项系统工程，需要医疗、卫生、环境保护、食品安全等诸多方面的共同努力，而公共体育服务体系的建设与实施是保障和改善民生的新亮点。

4. 建设公共体育服务体系有助于施政理念和方式的改革

社会发展的成果除表现为经济状况外，公共服务状况是最基本的考察点。因为公共服务最能体现政府的社会管理能力，也最能反映社会效率、公平、和谐等社会进步要素。政府是公民选择的管理公共事务的组织，公共服务是政府的一项基本职能。在党的十六大报告中，明确提出了转变政府职能的目标要求，首次界定了政府的经济调节、市场监管、社会管理和公共服务四项基本职能，并突出强调要强化社会管理和公共服务职能。在2005年的《政府工作报告》中，又首次明确提出了“建设服务型政府”的要求。“十二五”规划中进一步强调要发挥政府的主导作用，强化社会管理和公共服务职能，建设服务型政府，提高服务型管理能力，提出“明确基本公共服务范围和标准，加快完善公共财政体制，保障基本公共服务支出，强化基本公共服务绩效考核和行政问责。合理划分中央与地方管理权限，健全地方政府为主、统一与分级相结合的公共服务管理体制”，这就明确了地方政府在公共服务体系建设中的地位和作用。体育公共服务体系作为公共服务体系中的重要组成部分，大力开展体育公共服务体系建设也就成为地方政府实现从“发展型政府”到“服务型政府”转变的重要任务。同时进行社会管理的创新，充分发挥城乡社区、企事业单位和其他社会组织的自我服务、自我管理的功能和作用。高度重视发挥体育社会组织的积极作用，不断发展壮大新的体育社会组织，将公共体育服务体系的建设引导、整合到“党委领导、政府负责、社会协同、公众参与、法制保障”的社会管理格局中来。通过在其内部建立健全党的组织加强领导，通过法律法规健全制约制度，通过政府考核评估优化监督机制，通过政策支撑强化培训，通过社会支柱夯实保障，把这些体育社会组织打造成为一支强大的社会管理队伍，承担体育社会组织应当承担的职能，并积极推进政府向其购买服务。

5. 公共体育服务体系建设有助于提升区域形象与影响力

体育是一种超越国界、具有普世价值的文化，它可以跨越各种国际政治和外交领域的障碍，达到改善各国政治、外交、军事和文化关系的目的。体育具有独特的外交功能，如“乒乓外交”为中美越过外交障碍起到阶梯的作用。在与没有建立外交关系的国家接触时，国际比赛中双方国家同意比赛往往意味着相互承认对方的主权，各国也都重视加强与奥林匹克运动的联系。我国良好的体育状况可以缓解其他方面问题带来的舆论压力，从而有利于中国整体良好形象的维护，且中国体育的优势可以帮助我国在国际舞台上争夺应有的话语权，扶助弱势体育国家的发展，维护国际体育均衡发展，展示负责任的大国形象。体育如此，公共体育服务体系的建设也是如此。公共体育服务体系是具有基础作用的关键要素，是最能体现体育的整体实力和最易获得公众认可的方面，提升体育设施、体育组织、体育活动等方面的服务，可以为建设体育强国、体育强市、体育强县奠定基础，赢得他方的认同。良好的公共体育服务形象是一个地区强有力的名片，体现着地方政府服务的质量与效率，体现着当地公众参与的广度和深度，体现着当地经济社会发展的和谐程度，是区域整体形象的重要方面。争创公共体育服务体系示范区域，进而形成特色区域模式，能为其他区域的实践起到很好的示范作用。

二、理论支撑

我国公共体育服务的实践与发展需要借鉴西方先进的理论与成功的经验，主要是新公共管理理论和新公共服务理论。新公共管理理论致力优化政府经济职能，主张公共服务市场化运作，引入市场竞争机制，大大提高了公共服务的效率。新公共服务理论站在对新公共管理理论批判的立场上，坚持以公民为中心，更加重视人的发展和民主参与。这些理论和实践都为我国公共体育服务的改革提供了重要的启示和借鉴。

（一）新公共管理理论：公共体育服务发展的理论前提

任何重大的政府改革运动不仅需要强烈的现实诉求，而且还需要正确的理论作为支撑。近 30 年来，西方各国为适应时代的迅速变化，迎合国内日益增加的公共服务需求，相继掀起了政府改革的浪潮，促使传统的公共行政向“新公共管理模式”转变。休斯认为，新公共管理受到 20 世纪 70 年代以来经济学理论新发展的深刻影响。特别是经济学中的公共选择理论、委托代理理论和交易成本理论融合到新公共管理中，取代了官僚中高层人员信奉的传统公共行政理念。综观近年来国内外的研究成果以及新公共管理的实践，新公共管理理论主要有公共选择理论、委托代理理论以及治理理论等三大理论前提。

新公共管理理论与公共选择理论的共同点是尊崇市场力量、市场运作、市场机制。两者的主要区别在于：公共选择理论关注的焦点是政府与市场、社会的关系，主张减少政府的干预，充分发挥市场的作用解决政府面临的困境；新公共管理理论关注的侧重点主要是政府公共部门内部，主张引进市场机制来完善政府公共组织。

新公共管理理论主张引入市场机制改进政府公共产品供给机制与政府公共服务效率，提高政府公共服务的绩效，运用非政府组织和民营部门从事混合公共产品的提供。基本观点是：第一，公共部门与私人部门在管理上并无本质差别，公共组织和私营组织的管理在本质上是相似的。第二，私营部门的管理水平比公共部门要先进、优越得多，这种优越性体现在管理创新能力等各个方面。第三，借用私营部门的管理理论、管理模式、管理原则、管理方法和技术，包括录用私营部门的管理人员来“重塑政府”，是提高政府工作效率和管理水平的根本途径。

“重塑政府”的主要观点主张运用企业家精神改革政府，强调政府与非政府组织、私人部门的合作。第一，认为政府应该起“掌舵”而不是“划桨”的作用，政府实现公共服务职能的作用方式是“掌舵者而非划桨者”。第二，政府应该通过民主程序设定社会需要的优先目标，与此同时，又利用私人部门之所长，组织商品和劳务的生产，并大量依靠非政府组织的力量来进行公共服务。第三，政府提供公共服务的方法有三类：传统类——建立法律规章、制裁、许可证、税收、拨款、补助等；创新类——特许经营、各种伙伴关系等；先锋派类——种子基金、志愿者协会、(政府投资的)回报性安排、重新构造市场等。

客观而论，新公共管理理论之所以成为公共体育服务的理论基础，是因为新公共管理理论关注的侧重点主要是政府公共部门内部，主张提高引进市场机制来完善政府公共组织。其中，公共选择理论关注的焦点是政府与市场、社会的关系，主张减少政府干预，充分运用市场的理论解决政府面临的困境。委托代理理论对新公共服务的影响主要在于它对公共领域委托代理问题的分析及解决对策。治理理论虽然是一种公共管理理论，但是有较强的意识形态倾向，这就决定了我们在借鉴治理理论时，必须有所鉴别。

综上分析，新公共管理理论提倡“让管理者来管理”，要求提高管理者的权威、权能和灵活性，意味着对管理者的能力和动机给予更多的信任而非施加更多的部门行为控制。“让管理者来管理”作为政府改革的信条，隐含着一个前提假设，即公共面临的问题更多的是管理绩效问题，而非管理行为的规范性和合法性问题。因此，政府改革是一场管理改革。新公共管理理论的侧重点就在于如何提升政府实施公共管理的能力，即在有限的资源条件下如何提供成本更低、质量更好的公共服务。这是新公共管理理论所蕴含的西方意识问题，也是我们批评和借鉴新公共管理理论的主要之处，是我们研究公共体育服务的理论前提。

(二) 新公共服务理论：公共体育服务理念、目标的借鉴

新公共服务理论指的是关于政府公共行政在以公民为中心的治理系统中所扮演的角色的一套理论。新公共服务理论认为，公共行政官员在其管理公共组织和执行公共政策时应该集中于承担为公民服务和向公民放权的职责，他们的工作重点既不是为政府“掌舵”，也不应该是“划桨”，而是建立一些明显具有完善的整合力和回应力的公共机构。

以珍妮特·V·登哈特、罗伯特·B·登哈特为代表人物的新公共服务理

论，为政府管理提出了一个全新的管理模式和管理理念。具体而言，新公共服务理论的核心理念包括以下几个方面：① 服务于公民，而不是服务于顾客。公务员不仅仅要关注顾客的需求，更要着重关注公民，并且与公民建立信任和合作关系，满足公民对公共管理活动参与的希望，在公民权扩大的部分提供相应的公共服务。② 追求公共利益。新公共服务主张公民应该把眼光从自身的利益扩展到更大的公共利益上，公共行政官员必须促进建立一种集体的、共同的公共利益观念。③ 重视公民权胜过重视企业家精神。在治理的综合系统中，政府将会扮演三种角色：一是与法律规则和政治规则有关的角色；二是与经济考虑和市场考虑有关的角色；三是与民主标准和社会标准有关的角色。④ 思考要具有挑战性，行动要具有民主性。公民参与被视为民主政体中政策执行的一个恰当的和必要的组成部分。⑤ 承认责任并不简单。公务员应该关注的不仅仅是市场，还应该关注法令和宪法、社区价值观、政治规范、职业标准以及公民利益。⑥ 服务，而不是“掌舵”。在新公共服务中，领导是以价值为基础的，在这个组织中是与社区共享的，他们必须以一种尊重公民权和给民授权的方式共享权利并且带有激情地、全神贯注地、正直地实施领导。⑦ 重视人，而不只是重视生产率。

新公共服务理论主张在公共产品与公共服务的供给中，发挥社区与非政府组织的作用。新公共服务理论对我国服务型政府建设的启示如下：① 中国服务型政府建设的根本目的是进行政府与社会关系的重构，建成良好公民社会自治下的服务型政府。西方“新公共服务”是在宪政理念和宪政制度框架下来指导实践的，有强大的公民社会制约着政府，基本上不会出现政府权力的大肆扩张侵犯公民权益的现象，在缺乏宪政背景的中国，不进行政府与社会的关系重构，没有强大的公民社会作为支撑，在实践中很可能与建设服务型社会背道而驰。② 中国服务型政府的职能是既要“掌舵”又要“服务”。西方“新公共服务”提倡政府是“服务”而不是“掌舵”，而中国的服务型政府既要“掌舵”又要“服务”。因为中国是一个后发的现代化国家，其内涵既包括欧美早期现代化的基本内容，又包括了欧美后现代时期的一些任务，加上国家间的竞争和国内急于实现现代化的要求，这就迫使中国以政府为主导来大力推进现代化进程。目前中国的公共需求远远没有得到满足，政府的公共服务职能尤其要凸显。所以中国服务型政府既要开发政策（掌舵）又要提供服务。③ 当前中国的服务型政府服务建设的首要任务是为社会公民提供基本的公共服务。中国正处在经济社会转型时期，由于政府提供基本的公共服务不足和不平衡，社会矛盾凸显。这就急切需要政府提供基本的公共教育、社会保障、公共医疗卫生、环境保护等公共服务。

综上分析，新公共服务理论之所以成为公共体育服务的理论基础，是因为新公共服务理论表明了政府的作用就在于帮助公民表达和实现他们的共同利益，而非试图在新的方向上控制或驾驭社会。政府在过去所谓的“掌控社会”的过程中发挥了重要作用，现代社会政府是社会参与者，即政府与私人的或非营利的团体和组织协同行动。这将更多地体现在把人们聚集到能够进行无拘无束、真诚对话的环境中,共商社会应该选择的发展方向。这样才能建立具有广泛基础的国家或民族的远景目标,才能为未来提出指导性的发展思路。为了实现集体的远景目标,就要确定政府的角色和职责。因此,关键在于确保政府是开放的、容易接近的,确保政府能够敏感地做出响应,确保政府的运作旨在服务于公民,为公民权创造机会。政府与公民之间的关系不同于企业与顾客之间的关系,公平和平等方面的考虑在服务供给中起着重要作用。

新公共服务理论提倡以人为本、提供公共服务的竞争机制以及建立服务型政府的基本点,为公共体育服务发展奠定了理论基础,为我国公共体育服务发展远景和公共体育服务多主体供给体制提供了理论借鉴,对公共体育服务理念和目标的确立起到了理论支撑作用。

三、基本概念界定

(一) 公共服务

1. 沿革与界定

较早对公共服务的概念进行界定的是法国学者莱昂·狄骥(1999),他在1912年从公法的角度将公共服务定义为“任何因其与社会团结的实现与促进不可分割而必须由政府来加以规范和控制的活动就是一项公共服务,只要它具有除非通过政府干预,否则便不能得到保障的特征”。

20世纪50年代前后,公共经济研究者提出了“公共物品(public goods)”的概念,关于公共服务的研究成为经济学的主流。受经济学研究的影响,研究者们多从物品属性的角度对公共服务进行界定。萨缪尔森把广义的公共服务的职能归结为三个方面:政府的稳定职能,主要是保持宏观经济运行的稳定;政府的效率职能,主要是提供各种狭义的公共产品和劳务;政府的平等职能,主要是实现公共服务均等化。汉斯·范登·德尔、本·范·韦尔瑟芬(1999)指出将社会服务分为福利服务、公共服务和具有社会导向的公民个人服务或称社会化的私人服务三部分,认为公共服务是有着共同需求的消费者群体而且难以将这种服务分割到每个消费者的具有共用性质的服务产品。

20世纪80年代前后,随着新公共管理运动的兴起,公共服务成为当代公共管理研究的重要内容。埃利诺·奥斯特罗姆(2000)提出公共服务是指以服务形式存在的公益物品。公共服务具有以下性质:一是公共服务的非排他性与共用性;二是公共服务的不可分性;三是公共服务的不可衡量性。Grout 和 Stevens(2003)认为公共服务是“为大量公民提供的服务，其中存在显著的市场失灵(既包括公平，也包括效率方面)，使政府有理由参与——不论是生产、融资或监管”。

迄今为止，国内研究者对公共服务的概念尚未形成统一的认识，概括而言有以下三种观点：

(1) 公共服务是公共物品的一部分

这种观点从产出形式的角度来定义公共服务。在经济学中，产出可以分为产品和服务两种形式——产品是有形的产出，服务是无形的产出；产品的生产和消费可以在时间与空间上分离，而服务的生产与消费则是时空一体的。据此，这种观点认为，公共服务是公共物品的一部分，是以服务形式存在的公共物品。如徐小青(2002)指出公共服务是一种具有非竞争性和非排他性的社会服务，公共服务是具有公共物品的性质，不具备物品的物质形态，以一定的信息、技术或劳务等服务的形式表现出来的一种公共物品。然而事实上，经济学中对公共物品的定义并非针对产出形式是有形还是无形，而是根据物品是否具有外部性来判断。很多研究者已指出这一点，本书也认为这一观点过于直观片面。

(2) 公共服务等于公共物品

这一观点以公共物品理论来定义公共服务，认为公共服务就是具有效用的不可分割性、消费的非竞争性和受益的非排他性三个特点的商品和劳务，将公共服务等同于公共物品。如丁元竹(2006)认为，公共服务即公共物品，包括经济性公共服务和社会性公共服务。经济性公共服务是政府为促进经济发展而直接进行各种经济投资的服务，如投资经营国有企业与公共事业、投资公共基础设施建设、对企业经营活动进行补贴等；社会性公共服务是指政府通过转移支付和财政支持对教育、社会保障、公共医疗卫生、科技补贴、环境保护等社会发展项目提供的公共服务。于凤荣(2006)、江明融(2007)、赵成福(2008)在其博士论文中，也将公共服务与公共物品等同使用。目前仍有不少文献将这两个概念混用，还有研究者专门写文章来论证两者是相同的。但是，大部分研究者已抛弃这一观点，认为这一定义过于狭隘。

(3) 公共服务比公共物品范畴宽泛

随着时代的变迁，公共服务的概念也有了进一步的演变。在吸收国外新公共管理理论和新公共服务理论优秀思想的基础上，结合我国的实际情况，国内研究者赋予了公共服务更新更广泛的含义。如程谦等(2003)认为，公共服务与公共物品并不是等同的概念，公共服务范畴比公共物品更宽泛，通过公共服务可以提供公共物品，也可以提供混合物品或私人物品。冯云廷(2004)提出，公共服务是一个很宽泛的概念，广义上的公共服务是指公共领域所提供的直接的和间接的服务的总称，具体包括科学研究、基础设施、公共交通系统、环境保护、城市规划、社会福利、警察服务、公共教育、消防救灾、信息服务等，既有物质形态的公共服务，也有非物质形态的公共服务。李军鹏(2005)提出，公共服务指政府为满足社会公共需要而提供的产品与服务的总称，它是由以政府机关为主的公共部门生产的供全社会所有公民共同消费、平等享受的社会产品，他认为理解公共服务概念有两个基本点：一是满足社会公共需要；二是公民平等享受。卢映川、万鹏飞(2007)认为，公共服务是指政府为促进发展和维护公民权益，运用法定权力和公共资源，面向全体公民或某一类社会群体，组织协调或直接提供以共同享有为特征的产品和服务供给活动。陈昌盛、蔡跃洲(2007)认为，“所谓公共服务，通常指建立在一定社会共识基础上，一国全体公民不论其种族、收入和地位差异如何，都应公平、普遍享有的服务”，不仅包含通常所说的公共产品，而且也包括那些市场供应不足的产品和服务。本书比较赞同这种观点，尽管研究者们对公共服务的概念在表述上有差别，但这一观点较为准确地概括了公共服务的内涵和外延，且体现出了公共服务的广泛性、公平性等特征，更为符合时代精神和我国当前发展的重点。

2. 含义与特征

“公共服务”由“公共”和“服务”两个词语组成。“公共”在《汉英词典》中有三个释义：① 共有的，公用的；② 同“公众”；③ 同“共同”。这里应取其前两个释义。“服务”在《辞海》中有两个解释：① 为集体或别人工作；② 亦称“劳务”，不以实物形式而以提供劳动的形式满足他人某种需要的活动。这里取其作为名词的释义。那么，直观地理解“公共服务”，即是向公众提供的用以满足其共有需要的劳务。

综合国内外的现有研究，本书认为，公共服务是由中央或地方政府为满足公共需求，通过使用公共权力和公共资源，向全国或辖区内全体公民或某一类公民直接或间接提供平等的产品和服务，提供公共服务是政府职能的重要组成部分。公共服务有如下特征：① 公共服务必须是满足公共需求，满足个性化的私人需求的产品和服务不属于公共服务的范畴。② 公共服务是以公共权力或公共资源的投入为标志的，在提供服务的过程中如果没有使用公共资源、没有公共权力的介入，则不能视为公共服务。③ 提供可以是直接的，也可以是间接的。各级政府是公共服务的统筹者、安排者，可以直接生产，也可以通过安排其他主体生产来间接提供公共服务。④ 提供公共服务是政府职能的一部分而非全部，是与经济调节、市场监管、社会管理并列的政府职能。

3. 类别

国内研究者对我国的公共服务进行了非常详细的分类，根据不同的标准，公共服务有不同的分类方法。

(1) 按照公共服务的属性特征分类

基于公共物品理论，按照公共服务的特征，可以将公共服务分为纯公共服务、准公共服务以及部分具有竞争性和排他性的服务。纯公共服务是指具有完全的非竞争性与非排他性特征的公共服务，主要包括国防、外交、公共安全、义务教育、公共卫生、基础研究、公共基础设施等；准公共服务是指只具有非竞争性和非排他性其中之一特征的公共服务，如高等教育、部分医疗卫生服务、部分基础设施、公共图书馆等;还有一些如民航、邮政、电信、水电供应等服务尽管具有排他性与竞争性,但是由于这些服务具有垄断性,这就决定了这些服务的生产者之间的弱竞争性与消费者的弱选择性,因此,政府在这些领域也承担着一定的公共服务职责。

(2) 按照公共服务的功能分类

公共服务依据其功能的不同,可以分为维护性公共服务、经济性公共服务和社会性公共服务(李军鹏,2004)。维护性公共服务是政府为保证国家安全和国家机器正常运转而提供公共服务,包括国防、外交、社会治安等;经济性公共服务是指政府为促进经济发展而提供的公共服务,通常是生产型的,一般具有规模经济性和自然垄断的特点,并且在一定程度上还具有竞争性和排他性,主要包括邮政、电信、水电供应等;社会性公共服务是指政府为促进社会和谐与公正,为全体社会成员提供的公共服务,包括科技、教育、医疗、公共文化体育、就业、社会保障、环境保护等,对平等目标的关注在社会性公共服务中居于重要地位。

(3) 按照公共服务的水平分类

根据满足社会公共需求的水平,可以将公共服务分为基本公共服务和非基本公共服务。基本公共服务是指在一定社会经济条件下,政府为满足社会基本公共需求,保障社会全体成员基本社会权利和基础福利水平,保持经济社会稳定,必须向全体居民均等地提供基础性公共服务,包括义务教育、公共卫生、公共安全、公共交通、公共文化体育、社会保障等;非基本公共服务是政府为了提高社会成员的生活质量和生活水平而提供的更高层次的公共服务,旨在促进社会成员的全面发展,如高等教育、高福利等。

(4) 按照公共服务的受益范围分类

公共服务根据其受益范围可分为全国性的公共服务和地区性的公共服务两类(郭厚禄,2009)。全国性的公共服务受益范围是全国性的,惠及全国公众或者事关国家整体利益,一般由中央政府供给,如国防安全等;地区性的公共服务既可以由地方政府单独供给,也可以由中央与地方联合供给,依据中央和地方受益程度的不同,可进一步分为以中央供给为主、地方供给为辅及以地方供给为主、中央供给为辅两种情形,如优抚安置等。

(二) 公共体育服务

1. 表述之争

当前普遍使用两个术语,即"公共体育服务"和"体育公共服务"。根据对中国知网(CNKI)的统计,当输入"公共体育服务"一词时,出现相关文献 12 056 篇;当输入"体育公共服务"时,相关文献有 47 218 篇。尽管有部分重复,但足见学者对两术语的选择倾向是不同的。

贾文彤(2009)认为,使用"体育公共服务"更为妥帖,理由是公共体育的另一种用法，即关于高校公共体育课程或教学的研究成果已在中国知网占了绝大多数。刘亮(2011)指出，“体育公共服务”的逻辑起点是重视公众体育需求，以体育公共利益为导向，其价值取向是实现公平与正义，内在目标是实现均衡发展。因此，采用“体育公共服务”较“公共体育服务”更为合适，并从体育公共利益需求与价值选择出发，重新界定了“体育公共服务”的概念。范冬云(2010)认为，“体育公共服务”才是唯一正确和规范的概念。理由是“公共体育服务”的构词结构有两种，分别为“公共＋体育服务”和“公共体育＋服务”，“公共＋体育服务”强调的是体育服务的公共属性，而“公共体育＋服务”则是与“私人体育＋服务”相对，强调的是服务的公共体育领域。“公共体育服务”在使用中若不加特别说明就会出现歧义。“公共服务”是一个上位概念，作为抽象化的概念，其词语结构是不能随意改动的，具有不可分割性；而作为下位概念，只能采用表明差异性的词语再加上位概念的方法表达。

但是，郇昌店等(2009)持相反观点。在对“体育公共服务”和“公共体育服务”两个概念进行比较分析的基础上，认为用“公共体育服务”来指称体育领域的公共服务更为规范，原因是“教科文卫体”长期以来被并称为我国五大公共事业，普遍使用“公共教育服务”“公共体育服务”“公共卫生服务”和“公共科技服务”等指称并获得广泛认可。

研究表明，学界目前依然对两个专有名词的概念存在争议。本书赞成“公共体育服务”这一用法。虽然在《2011年度国家社会科学基金项目课题指南》体育学类中“体育公共服务研究”使用的是“体育公共服务”这种称谓，但在2011年最新公布的《体育事业发展“十二五”规划》中并未出现“体育公共服务”这种提法，相反“公共体育服务”作为关键词一共出现了16次。同期，国家体育总局刘鹏局长在2011年全国体育局长会议上的讲话中，使用的也是“公共体育服务”。在最新的《国家社会科学基金项目2016年度课题指南》体育类项目中，多次出现“公共体育服务”的提法，如“公共体育服务的第三方评估研究”“城乡公共体育服务研究”“国外公共体育服务研究”“政府购买公共体育服务及绩效评估研究”等。可见，官方对此已达成共识。本书认为，采取统一的称谓更有利于研究。在本书研究过程中，尤其是在文献综述和引用过程中为遵照个别研究者的原文原意，依然可能出现“体育公共服务”这一提法，但这并不代表笔者倾向，只是出于研究需要。事实上，绝大多数研究者并没有就这两个专有词汇进行更细致的区分，他们文中的“体育公共服务”和“公共体育服务”均指代同一个概念。

2. 含义之争

目前学术界在对“公共体育服务”内容的界定上，最主要的争辩是围绕公共体育服务之“公共性”展开的。从既有讨论来看，主要有以下两种代表性的界定。

一种是经济学式的定义，即把公共体育服务区别于以一般市场方式提供的体育商品(产品及服务)的体育类公共产品及其相关活动。如肖林鹏等(2007)认为，公共体育服务即公共组织为满足公共体育需要而提供的公共物品或混合物品。作者运用经济学或制度经济学的相关概念，讨论公共体育服务的公共属性，将之归类于公共物品，把公共体育服务直接与具有经营性的非公共物品对应。对公共体育服务的这种经济学式的认识往往造成误解，把公共体育服务简单理解为由政府或体育事业单位等公共部门或机构向社会公众提供免费享受的体育产品或服务。冯云廷(2003)、闽健等(2005)也认为，社会公共体育产品属于公共体育服务的一种，对于体育私人产品而言，在消费和使用上都具有非竞争性和非排他性。

另一种是管理学式的定义，即把公共体育服务理解为除公共体育产品或服务提供外，还包括体育政策服务(体育相关法律、法规、政策等)和体育市场监管服务(门槛认证、产业发展指导等)。该界定较前者突破了公共体育服务单纯具化为物态层面的含义，认识到了公益体育事业与经营性体育产业的分类以及政府或体育行政管理部门对体育市场或体育产业发展的管理，并从中可以延伸至对公共体育服务的政府公共财政投入、体育发展政策制定、体制改革与机制创新等内容。如李丽等(2010)认为，体育公共服务是体育事业发展对公共财政保障的需求。李静等(2010)认为，关于公共体育服务的供给模式中，政府主要扮演着政策制定者、资金供应者和生产安排者的角色。这种界定存在把政府确定为公共体育服务的唯一主体之嫌，同样缩小了公共体育服务的内涵和外延。

(三) 公共体育服务体系

基于公共体育服务是公共服务的下位概念，有学者认为公共体育服务体系也是公共服务体系的下位概念。所谓公共体育服务体系是指由满足公共体育需求的要素构成的有机整体(肖林鹏，2007)；也有学者认为，体育公共服务体系包括含竞技体育在内的社会体育、学校体育等全部体育领域(范冬云，2010)。齐立斌等(2009)认为，体育服务体系由体育场地设施、活动指导、健身组织、组织管理和信息供给五个子系统构成。上海市体育局“体育公共服务体系研究课题组”则把公共体育服务体系理解为包括公共体育场地设施、特色体育活动、社会体育组织、体质监测网络、社会体育指导员、体育健身信息平台等内容(赵文杰，2008)。刘庆山(2008)认为，体育公共服务体系是指体育公共产品和体育公共服务的生产供给体系。肖林鹏等(2007)则认为，公共体育服务体系包括九大要素，即体育活动、体育组织、体育场地设施、体育信息、体育指导、体育资金、体育政策法规、体育监督反馈和体育绩效评价。张宏、陈琦(2012)将我国公共体育服务体系的结构分为三层十要素(产品)，并将十种要素(产品)又细化为20项具体的服务项目指标，初步建立了我国公共体育服务体系服务项目标准，研究成果基本回答了我国公共体育服务体系提供什么产品和服务、分别提供多少的问题。从既有研究来看，对公共体育服务体系的内容与实现路径，不同专业背景的研究者有不同的认识，而且理解角度各异。

从系统学角度来看，公共体育服务体系是一个管理的系统、开放的系统，具有很强的动力机制。它所依托的体育资源配置系统具有典型的公共性。公共体育服务体系的公共性呈现出供给主体的公共性、供给目标的公共性、供给客体的公共性、供给内容的公共性。完善的公共体育服务体系本身即可构成特色体育健身资源,吸引广大群众的参与,提升全民的身心健康水平。从宏观层面看,公共体育服务体系依托稳定的政治环境、经济环境、自然环境、文化环境等资源。再细化到微观层面看,公共体育服务体系也必须借助于公共医疗卫生服务体系、社会教育服务体系、社会保障服务体系、城乡基础设施建设服务体系等与公共服务建设内容发展的要素体系(任春香,2011)。

公共体育服务体系具有以下几个特点:① 以保障公民享有基本体育权益为主要目的,以体育均等化服务为主要特征,以公共体育资源为主要支撑;② 公共体育服务体系提供的公共体育服务具有无差别、均等化的特点,这使它成为一个很好的促进全民健身的动力机制,是促进全民健身公平服务的有效手段;③ 从政府转变职能的视角出发,由政府提供的公共体育服务具有再分配效应,是政府转变职能,加强社会体育公共服务体系建设的重要着力点;④ 建立和完善公共体育服务体系需要建立多元化服务内容体系,是一项复杂的以社会体育服务为内容的系统建设工程,需要大量的人、财、物力投入,应当有一个循序渐进的构建过程;⑤ 从实现途径上,公共体育服务体系建设应逐渐注重向农村、基层、欠发达地区倾斜,公共体育服务体系的构建主要依靠基层体育组织的实施,以满足公众对公共体育服务产品提供的基本需求。

结合当前我国服务型政府建设的要求,公共体育服务体系至少具有以下四个基本特征:① 需求导向性,以公共体育需求为导向,公共体育服务的投入、运行和管理均以最大限度地满足广大人民群众的公共体育需求为终极目标;② 公共性,强调公平与均等,要保证使人人享受到基本的体育权利,人人都享受到基本的公共体育服务;③ 以人为本,要满足人民群众就近、经常和有选择地参与体育的需要;④ 多样性,强调全面,要为人们提供多样化的、基本的公共体育服务。

随着《全民健身条例》《2011～2020年奥运争光计划纲要》《关于加快发展体育产业的指导意见》《体育事业发展"十二五"规划》《体育产业"十二五"规划》《关于加快发展体育产业促进体育消费的若干意见》《国家标准化体系建设发展规划(2016～2020年)》等文件的颁布实施,新时期我国公共体育服务体系的总体目标应当设定为:吸引最广泛数量的公民参与全民健身运动。公共体育服务体系最核心的功能价值就是为公民提供公共体育产品和公共体育服务,根据公共体育服务有效需求理论,需求决定供给,针对大众对公共体育服务的需求,结合我国不同地域的公共体育服务资源,从公共体育设施建设、组织管理、活动、信息、政策法规、指导服务、体质监测、保险服务等方面,综合确定新时期我国公共体育服务体系的基本内容。

四、文献综述

(一) 关于公共体育服务的供给

公共体育服务供给在当前的研究中占据了重要位置。公共体育服务供给包括三个议题,即谁供给(供给主体)、供给什么(供给内容)、如何供给(供给方式)。肖林鹏(2008)认为,政府和体育行政部门、准政府组织、非政府组织、企业和个人都可能成为公共体育服务的供给主体;公共体育服务供给的内容针对需求的多层面而形成多层次性的供给内容;而供给方式则分为政府供给方式、市场供给方式和社会供给方式三种类型。

肖前(2005)在分析公共体育产品具有准公共性特征的基础上,认为我国的公共体育产品市场已经具备采用非政府供给的条件,可以适当引入非政府供给方式以满足大众的不同需求。李正明(2006)针对公共体育服务,提出对大众体育产品的生产和供给可以适用于公共生产、免费供给。同时在具备有效的宏观管理的条件下,某些大众体育产品可以采用私人生产,如交由一定的社会体育协会或体育俱乐部负责,政府以公共财政对这些协会和俱乐部进行必要的补贴,即采取非公共生产、免费或成本供给的方式;对个性化需求的体育产品,采取非公共生产的方式;对国家运动队的体育产品,适合采取免费供给的方式。郝海亭(2006)认为我国公共体育服务具体存在政府供给、社会供给、市场供给、志愿供给、私人供给与自治供给六种方式。郇昌店(2008)提出公共体育服务供给市场化运作的理念,并认为公共体育服务供给市场化运作不是以“市场主体(力量)”取代“政府主体(力量)”,而是以“竞争”取代“垄断”,针对我国公共体育服务普遍存在供给不足、需求表达不明显、供需矛盾突出等问题,可以应用的市场化运作方式有特许经营、内部市场、使用者付费、凭单制、政府采购等。

当前对公共体育服务供给的研究尚处于起步阶段。公共体育服务供给研究,应立足于各地区公共体育服务差异的实际,深入研究统筹城乡发展、转变政府职能和推进区域公共体育服务发展的相互关系;探索在当前条件下,促进各地区公共体育服务发展应把握的重点、难点和阶段性目标。注重区域性和操作性的研究,探索不同区域的制度与资源约束下的公共体育服务供给路径。

(二) 关于公共体育服务的现状、问题与对策

当前,诸多学者对我国地方(区域)公共体育服务的现状、问题与对策进行了总

结,以期为地方完善公共体育服务、构建公共体育服务体系提出建议。张利强(2013)运用文献资料法、专家访谈法、数理统计法、逻辑分析法和实地调查法,以西安市公共体育服务为研究对象,探索西安市公共体育服务发展中存在的问题并分析其原因,进一步提出西安市公共体育服务发展的对策。张光亮(2012)概括了成都市公共体育服务组织、实施、信息、活动等方面的供给情况,指出了影响成都市公共体育发展的因素,提出了成都市体育公共服务的发展对策。伍远萌(2013)以北新桥街道所辖社区为例,对北京市东城区社区公共体育服务供给进行了调查与分析,提出了改进建议。蓝国彬(2010)通过文献资料、问卷调查等研究方法,按照公共体育服务指标体系,对广东城乡公共体育服务的现状进行调查与分析,针对其存在的差异和问题,提出建立城乡统筹的供给机制,完善财政保障机制,强化决策参与和绩效考评机制等对策,以保障广东城乡公共体育服务均等化进程。王关怀(2014)立足于当前湖南省农村经济和社会发展的客观现实、农村公共体育服务供给的现状,从供给主体、供给方式、供给内容三方面对湖南省农村公共体育服务供给现状展开了调查,结合政府体育工作人员的访谈结果及对农民的问卷调查,发现具体存在的问题,最后提出相应的建议及对策。卢文云等(2010)为全面了解西部地区农村公共体育服务情况,以国家西部大开发战略包括的 12 个省、自治区、直辖市的镇(乡)和行政村的体育服务供给为研究对象,采用文献资料调研、问卷调查、访问调查及统计分析法分别对镇(乡)、行政村公共体育服务供给的现状进行了社会调查,并对调查结果进行了分析与研究。

综上,各地方经济发展水平的差异与当地独有的环境特色使得地方公共体育服务的供给各不相同,问题的把握与对策的提出较多关注体系化、理想化的公共体育服务体系,致使公共体育服务趋同化日益明显。

(三) 关于公共体育服务的发展趋势

当前,对公共体育服务发展取向的研究成果体现出两种不同的指向,一种是以效率至上的公共体育服务市场化(社会化)改革,另一种则是以公平至上的公共体育服务均等化改革。另外,伴随着多中心体制理论逐渐渗透到公共体育服务研究中,容纳两种价值取向的多中心供给模式也有学者提及。

针对公共体育服务市场化(社会化),郭惠平(2007)提出现阶段我国公共体育服务存在生产供给的供求失衡、资源行政垄断和“政府管理型”的体制性障碍等基本问题,通过对经济学社会物品分类标准的重新解读和对公共管理对象、管理内容动态变化观点的研究,借鉴近年来富有成效的文化服务改革经验,提出深化公共体育服务社会化改革的主张。

针对公共体育服务均等化,郇昌店、肖林鹏(2008)认为,公共体育服务均等化是指公共组织考虑到公民的生活娱乐需要,能够按照全国一般和一致的标准,提供基本的公共体育产品和服务。针对我国公共体育服务非均等的现状，为了实现公共体育服务均等化，必须实行城乡统筹发展的公共体育服务供给模式。黄晓(2008)基于“大众共享”“社会公平”的和谐社会建设目标，提出在公平与效率之间寻求均衡点；把“弱势群体”纳入公共体育服务框架；开发农村公共体育服务的基础设施与服务项目等思路以实现公共体育服务均等化发展。

黄恒学(2000)提出中国现行体育事业管理体制改革应该在重新界定、调整和收缩国家体育事业职能范围的基础上，确保社会公共体育事业、学校体育事业等的优先发展。大众体育产品(公共体育产品)的生产和供给采取公共生产和免费供给的方式效果更好。对于国家队的体育产品生产和供给，建议公共生产为主，市场为辅(李正明，2006)。同时在破除政府公共体育服务垄断配置高成本的条件下，在供给公共体育服务上，提供主体和生产主体可以适当分离，构建政府、市场、第三部门的多元生产趋势(刘艳丽等，2004)，这种观点符合多中心理论的核心价值。

针对公共体育服务的发展取向，应该坚持政府主导、市场和第三部门参与的模式，逐步实现区域乃至全国公共体育服务均等化。而如何完善政府各项公共体育政策、保障参与主体的利益成为理论界关注的焦点。总之，以制度建设推进公共体育服务改革，已经成为后奥运时代的核心问题。

(四) 关于农村公共体育服务

现有学术研究对于农村体育公共服务的关注度较低。唐鹏等(2010)认为，农村公共体育服务体系的构建包含三个层次：① 建立在农村经济发展的基础上，逐步推进公共体育服务建设。② 长远目标是追求均等化，倾斜推进公共体育服务体系建设。③ 改进服务供给方式，鼓励社会与市场参与公共体育服务体系建设。张新华等(2010)以齐齐哈尔市部分地区乡镇、行政村、农民为研究对象，对农村体育公共服务体系的现状进行调研，提出了健全农村体育组织服务体系，明确责任，建立长效机制；重视体育基础设施建设；发展农村体育要以乡镇为重点、村长为领导者，因地制宜地开展体育活动；加强对农村社会体育指导员的培养等政策。郝军龙等(2010)从历史角度对我国农村体育公共服务政策进行了梳理，指出农村公共体育服务取得诸多成绩的同时也存在一些问题，并进行了政策反思。齐立斌(2010)认为，农村公共体育服务体系运行机制是农村公共体育服务供给的基本结构、农民对公共体育服务的评价、农民可利用的公共体育服务以及农民对公共体育服务产品提供过程的民主参与等作为制度运行的核心内容，并结合资源能力确定在何时供给何种内容和水平的公共体育服务。它反映了农村公共体育服务体系运行的基本要求，所要解决的中心问题是，通过何种运行模式让农村公共体育服务科学、合理地运行，并构成系统。任继跃(2011)阐述了农村体育发展的特征与现状，并针对阜阳地区农村体育公共服务的特征、体育发展的现状进行分析，指出了存在的问题,并根据当地的民生状况提出了有关体育公共服务发展方向及相关工作的对策与建议,为进一步深化我国农村体育公共服务建设提供思路。胡庆山(2011)探讨了迈向体育强国的农村体育公共服务体系建设问题,指出农村体育公共服务体系建设是我国体育公共服务体系建设的瓶颈问题。我国农村体育公共服务发展还存在提供主体单一、服务内容单调、运作机制不畅等问题。刘玉(2011)认为,社会转型期我国农村体育公共服务供给出现政府失灵与市场失灵两极失范,而社区作为一个政府与市场的结合体,是能够弥补体育公共服务发展的有效方式。秦小平等(2012)认为,"以钱养事"机制的内涵包括市场订单、农民签单、部门审单及政府买单,该机制可以促进政府转型,建设服务型政府;降低成本、提升资源利用率;激发农村体育公共服务项目进行立项;实行精细化管理;建立科学的考评机制,实行绩效管理。

综上,目前的农村体育公共服务研究多见于现状、供给建议、政策分析等内容,缺少理论的论证及实践的佐证,有待于进一步调查和定量、定性分析。

(五) 公共体育服务研究存在的问题

(1) 理论研究多,实践研究少

目前我国公共体育服务的研究以理论性研究为主,尤其在体系和供给方面进行了很全面的研究,但缺乏通过实践或实证经验得出的行之有效的实施方案。

(2) 分析研究多,政策研究少

在众多研究中,以分析现状研究最为广泛,对不同地区或是某一问题进行分析,然后提出解决的策略是这一类研究的特征。而现有政策法规与公共体育服务的关系的研究却所见无几。

(3) 可操作性研究缺乏

相关研究文献多是对研究中出现的问题进行剖析,找出问题的原因,提出解决的方案,但是所提方案相对宏观,可操作性差,难以实施。

(4) 国内研究多,国外研究少

公共体育服务事业是国际性问题,先进的经验是值得各国借鉴和参考的,它不分国界,不分民族。所以对国外先进经验的总结和研究有利于我国公共体育事业的发展。而目前的研究文章中仅有两篇对国外的公共服务供给和场馆设施进行了研究,其余都是对国内状况和不同地区情况的分析和研究。

(5) 公共体育市场化研究不足

目前,关于公共体育服务市场化研究的文章较少,而公共体育服务市场化是我国公共体育事业未来发展的必然趋势,需要从经济学的理论和视角,加强对公共体育服务的研究和探讨。

五、研究的主要内容、方法及思路

(一) 研究内容

本书的研究目标是构建具有实施价值的苏州市公共体育服务体系,因此从历史的角度总结苏州市公共体育服务的基础、从对比的角度借鉴其他区域发展经验是不可或缺的两个方面。苏州市公共体育服务体系的建设是为广大公众谋福利,因此公众现实需求是其建设过程中始终要牢牢把握的核心问题。

在此基础上,本书对苏州公共体育服务体系建设做出整体规划,包括体系建设的指导思想、基本原则、基本目标等方面的内容;探讨并确定苏州市公共体育服务体系的具体内容,研究如何实施苏州市公共体育服务的内容,并考虑公共体育服务体系建设需要哪些方面的支撑与保障。

最后,本书对苏州公共体育服务进行创新,在总结苏州公共体育服务特色的基础上,论证在新一轮体育系统体制机制改革的背景下如何发挥苏州的示范作用,并对苏州公共体育服务的未来发展方向进行展望。

(二) 研究方法

(1) 文献研究法

深入梳理国内外体育学科及其相关学科关于公共体育服务的经典研究与最新成果,总结该研究的基本特征与发展态势,为本书的研究提供扎实的文献资料支撑。

(2) 比较研究方法

对比国内外公共体育服务建设的具体做法,寻找差异性并解释原因,借鉴国外建设的先进经验。

(3) SN 分析法

对苏州体育现代化建设工作进行量化处理,利用 Excel 软件进行基本数据的统计,借助社会网络分析工具 Ucinet 生成可视化的内容关系图,探寻工作开展的具体情况。

(4) 系统分析方法

把苏州公共体育服务体系的建设作为一个系统,对系统要素进行综合分析,合理划分子系统,构建和谐统一的框架结构。

(5) 问卷调查法

对苏州市民公共体育服务需求与满意度进行调查,分析公众现实需求与苏州市公共体育服务现状之间的差距，并提供更优质的服务。

(6) 案例分析法

选择国内外典型性案例作为研究对象进行实证分析，以点带面，全面分析，为苏州构建公共体育服务体系提供参考。

(7) 交叉学科研究法

本书在研究过程中，还将运用到法律经济学方法、公共政策分析法、层次分析法等开展研究工作。

(三) 研究思路

本书研究思路包括前、中、后三大部分。“前”是相关基础，“中”是核心内容，“后”是创新应用。三者前后呼应，共同构成本课题的研究思路，如图 1.1 所示。

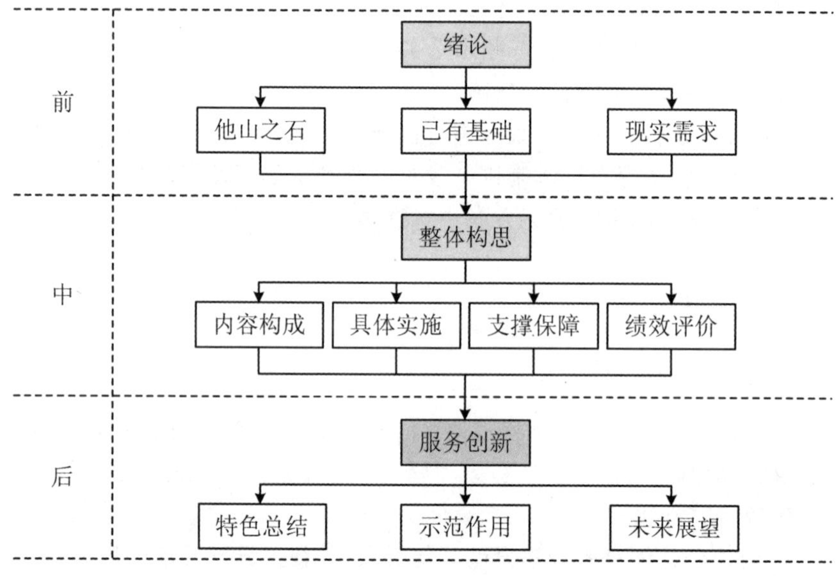

图 1.1　本书研究思路

第二章　国内外公共体育服务建设的经验

一、国外经验

公共体育服务强调共享、非营利和社会效益优先，其建设和发展需要依托于一定的社会经济发展水平，不仅要求政府具备一定的财政能力，对于政府的管理能力亦有较高的要求。西方国家社会发展水平较高，并且较早地进行了公共体育服务建设方面的探索，可为我国的公共体育服务体系建设提供借鉴和参考。其中，尤以英国、美国、日本和德国在公共体育服务建设上的特色突出。以下即对这 4 个国家的典型建设经验进行探讨。

（一）英国

1. 建设背景

英国作为公共服务建设和改革的先驱，政府在公共服务领域的诸多改革手段和措施，如强制竞标、最佳价值计划等都对公共体育服务的供给产生了巨大的影响。如强制竞标对公共体育场馆供给方式的影响，出现非营利组织生产、内部生产、私人合同生产。英国政府长期以来对公共体育的重视，其突出特点便是在不同的发展阶段制定不同的发展战略，因此英国公共体育一直发展良好。

在体育发展战略方面，2002 年 12 月发布了“游戏计划”，为增加民众的体育参与以及尽可能在国际竞技体育舞台获取成功建立了议程，同时，也为建立有效的公共体育服务供给设置了明确的时间表。

根据“游戏计划”，通过广泛地征求体育和非体育合作伙伴的意见，英国体育理事会于 2004 年发布了“The Frame-work for Sport in England”(英国体育框架)，提出了使英国成为世界上“最积极和成功的体育国家”的远景目标以及每年使英国参与体育和积极休闲活动的人数增加 1%的具体目标。同时，“框架”确立了英国体育要实现的一些结果，前两个直接与体育本身有关，一是要提高竞技体育水平，二是要提高人们体育与积极休闲参与的水平；后面四个结果反映了非体育伙伴通过体育来实现的共同优先领域，包括增进健康、促进社区安全、改善教育、促进经济发展等几个方面。从“框架”认识到实现上述结果需要统一行动以及建立国家层面的组织领导、优先领域和计划与地方社区层面的优先领域、计划和直接供给间的联系，而解决上述问题的关键是需要在不同层级的体育部门、地方政府、健康部门、教育部门、志愿组织和社区组织以及私人部门之间建立战略伙伴关系。为此，英国体育理事会起草了致力区域体育供给的区域体育计划和致力优势体育项目发展的整体体育计划。英国体育框架区域体育计划和整体体育计划确立了英国体育发展战略的重点目标，为公共体育服务供给体系的建设提供了目标与方向。

在国家的整体公共服务方面，英国的审计委员会和国家审计办公室于2006年发布了《有效供给：强化公共服务供给链的连接》联合报告，报告提出了“供给链”在实现英国中央政府公共服务协议目标中的重要性。“供给链”作为一个包括中央和地方政府、私人和第三部门的复杂组织网络，需要各方合作来实现公共服务的提供。报告既认识到采用“供给链”方式的复杂性和风险，也意识到“供给链”的灵活性，能满足不同社区的需求。公共体育服务供给体系作为体育的“供给链”，英国政府希望地方政府和其他公共部门机构以及他们的合作伙伴一起确保公共体育服务的供给能满足社区需求；同时强调在公共体育服务供给的计划和决策阶段以及绩效评估方面要求社区成员的参与，公共体育服务必须要对人们认为在地方和国家层面的重要体育问题做出回应。英国政府对公共服务的整体要求为公共体育服务供给体系的建设提供了框架。

2. 公共体育服务供给与投入

英国公共体育服务供给体系以一种简单、协同的方式将政策制定者、体育投资者、体育参与者等联系在一起，以社区需求为导向，确保公共体育政策制定、投资和公共体育服务的供给。这一体系的各构成部分通过仔细的计划、联合思考和有力的宣传来配置资源，为公共体育服务的供给增添价值。公共体育服务供给体系的具体构成和各部分间的关系如图2.1所示。

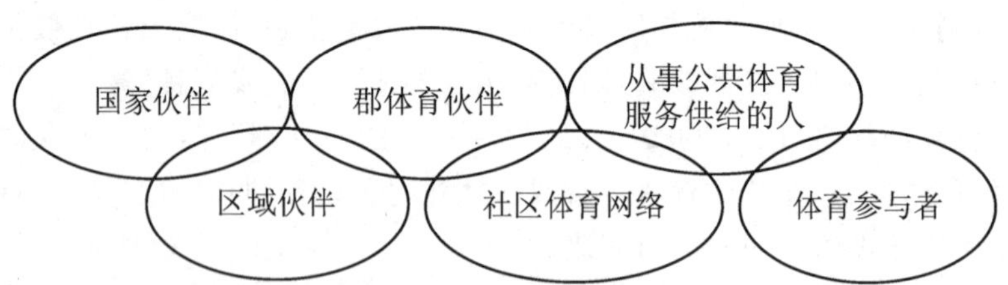

图2.1 英国公共体育服务供给体系构成示意图

英国对公共体育服务的投入主要来自彩票公益金和国库金。其中，“体育英格兰”负责群众公共体育服务供给体系的投资，主要由国家投资委员会和全国的9个区域体育理事会进行资金管理，资源主要通过社区投资基金的方式进行投入，社区投资基金将优先投向那些通过公共体育服务供给体系发展和供给的项目，任何项目申请都必须符合社区投资基金规则合格标准和申请程序。国家伙伴、区域伙伴、郡体育伙伴以及社区体育网络一起根据调查统计的数据、对当地的了解以及供给工作的理解，确定资金投入的缺口和优先领域。供给体系的主要合作伙伴也投入体育以外的其他资源来尽可能增加投入，提升获取共同成功和目标的能力。UK Sports负责重大比赛公共体育服务和竞技体育公共服务供给体系资金的审核与发放的工作，其中，彩票基金主要的用途是用来推进世界级表现计划及世界级赛会计划的。世界级表现计划主要的补助范围如下：支持单项协会的运动表现计划、协助训练与比赛、发展运动科学与医学、推广教练培训计划以及补助运动员个人的运动员个人奖励金计划。世界级赛会计划主要用于吸引国际大型运动赛在英国的举办。此计划主要是支持单项运动协会争取及主办奥运会、世界杯、欧洲杯等大型的赛事。国库基金主要用于帮助各单项协会及相关的伙伴团体以提供选手必要的协助与服务，其主要目的是用来辅助与支持彩票基金的不足，补助的焦点则着眼于组织的管理与支撑单项协会的运动成绩表现计划。国库金的实际补助范围如下：人员的配置与管理的架构、安全与伦理的标准、非彩票基金所补助的运动精英团队、教练的教育与发展、单项协会的现代化。除了补助单项协会之外，UK Sports也提供国库基金补助英国运动教练协会、国家运动医学中心等与其合作的伙伴团体。

整个公共体育服务供给体系的投资原则如下：① 对象的优先级是青少年运动、环境不佳的区域及残障人士；② 计划的优先级是以提升伙伴关系及改善教练质量为优先；③ 至少66%的基金须补助在小区的运动设备及相关活动上；④ 至少50%的基金须补助在最需要获得补助的小区；⑤ 决策过程必须公开透明；⑥ 地方必须参与决策的过程；⑦ 人人都有公平获得补助的机会；⑧ 设备的采用必须采用最高规格的质量；⑨ 补助可以提升及维持国际运动水平的竞技运动发展计划。

3. 特征

英国公共体育服务供给体系的特征主要有以下几个方面。

第一，目标明确。公共体育服务供给体系的各主体，围绕建立“最积极和成功的体育国家”的远景目标以及每年使英国参与体育和积极休闲活动的人数增加1%的具体目标，确立自己的优先发展领域，在实现供给主体各自利益和目标的同时，实现国家体育发展的目标。

第二，需求导向。即通过体育公共服务供给体系的建设保障每个人(不管居住在何处，个人生活环境如何)都能拥有高质量的运动机会，满足个体的体育需求。比如说，英国在制定体育政策时，非常强调现实的调查与数据分析，制定体育政策的所有机构都必须满足这一要求，才能获得政府的资助。为了确保数据能够反映公民的真实需求，英国政府将公众的满意度列为评估政策效果的重要指标，聘请专门的机构进行公众体育满意度调查，把调查结果作为评估体育协会等体育组织工作成效的标准。

第三，协同供给公共体育服务。即在公共体育服务供给的不同层级，通过不同的连接方式，建立地方政府、体育社团、志愿者组织、社区以及商业组织之间的战略伙伴关系，使不同的供给主体为了同一个体育战略目标配置自己的资源，为体育公共服务的供给增添价值。在英国，中央政府和地方政府均有相关部门负责体育管理。英国公共体育管理部门主要负责制订体育与休闲发展规划、建设并维护体育场馆、提供公共体育服务以及编制体育预算并拨款、加强对非营利性志愿机构的支持、推进体育战略中的调查与信息收集。任何非政府、私营的组织都有资格申请政府体育经费，申请的程序也较为简单。但政府部门不具体举办体育活动，而多依赖非政府组织。英国基层体育组织形式包括俱乐部、协会和经销店等，共有150 000个俱乐部，370个独立的单项协会，55 000家经营体育用品或者提供体育服务的经销店、商业公司，目前在英国大约有600万人从事体育志愿服务工作，占成年人口的15%，每年提供12亿个小时的体育服务时间，相当于72万名全职工人一年的工作量，价值约14亿英镑。非营利组织的志愿者维持着逾10万家体育俱乐部的运营，为800万人提供其所需要的体育服务。体育商业机构经营灵活，提供的服务较为全面。英国目前有6 000家私营的健身中心或者俱乐部，年收入达到36亿英镑，11.9%的英国人是私营体育健身俱乐部的会员。私营健身俱乐部分布广泛，90%的英国人的住所距离健身俱乐部或者健身中心在2英里以内，就近健身很容易实现。虽然各主体的分工较为明晰，但他们之间并不存在条块分割的问题，而是一种协同治理的关系。例如，学校作为公益性组织，通常获得较多的政府资助，建设有比较完备的体育设施。但是与非营利组织或者私营机构相比，可能缺乏专业的体育指导人员。这时，学校就可以与附近的健身俱乐部或健身中心进行合作，由俱乐部和健身中心提供体育专业人员指导学生的体育活动。同时，学校的体育设施向健身俱乐部和健身中心开放，在特定时间内，健身俱乐部或中心可以利用学校体育设施向社会提供体育服务，从而实现资源共享。目前，各种机构间的合作不断增多。例如，地方政府修建了健身设施后，通常采用公开招标的方式，聘请私营组织经营，目前英国有332个地方行政中心建设的体育场馆由私营商业公司来运作。

第四，主题投资思路。英国体育公共服务供给的资源投入，围绕着如何消除居民参与体育活动的障碍、为居民提供更多的体育参与机会以及发挥个体的最大潜能为目标进行投资项目的设计和选择。政府将为人们提供体育参与的机会分为不同的主题进行资源的投入。项目的申请者根据主题，结合不同地区居民参与体育活动的障碍、项目申请者自身所能利用的资源进行项目设计。一方面能保证资助项目最大限度地满足不同地区居民的体育需求；另一方面也发挥了项目投资的杠杆作用，能充分调动和利用各方面的资源。例如，基层健身俱乐部可以直接申请政府的某项资助。如果俱乐部所设计的活动计划能够与教育、健康，如减少肥胖、犯罪、民族矛盾等社会问题结合起来则更容易获得此项资助。

第五，全面、清晰、科学的绩效评估体系。英国建立了从国家、区域、郡到社区层级的公共体育服务供给的绩效评估体系，以此监控整个公共体育服务供给体系的运行情况。在国家和区域层次，供给体系作为一个整体，根据两个公共服务协议的进程进行绩效管理，这些公共服务协议主要是通过“国家体育参与调查”和“学校体育与社区俱乐部连接调查”来进行评估。在亚区域层次，要求郡体育伙伴根据整个供给体系的关键评估指标，如体育参与的人数、俱乐部的发展、教练员、志愿者和扩充的体育参与机会等设计当地社区的评估体系。同时要求以季度为周期报告年度供给计划，报告的内容主要包括合作伙伴的核心功能、对发展地区公共体育服务供给体系的贡献、增加社区教练员的数量和完成学校和社区俱乐部连接战略的供给。在地方层次，社区体育网络要以当地的需求为基础，通过确认不同供给代理者和利益相关者的共同目标制订供给计划，供给计划和评估工具要与地方公共服务协议中的目标和评估标准相联系。同时，社区体育网络的供给计划要以积极人口调查的数据为支撑，为社区体育网络提供参与当地体育运动和积极休闲的人数、志愿者等关键信息，以此来确定体育参与目标、集中资源扩充参与机会。

（二）美国

1. 公众健身基本情况

相较于其他国家而言，美国是当之无愧的体育强国，拥有强大的体育软实力。美国公众体育健身，主要体现在由“各类健身俱乐部”实现的三个层次、七种类型的体育服务上。概括而言：三个层次中的第一层次为传统性的老式俱乐部，如网球、高尔夫球、帆船俱乐部，约 6 000 个；第二层次为健身和使用球拍俱乐部，有 8 000～10 000个；第三层次为隶属于各类组织的“准俱乐部”，超过 20 000 个。七种类型是：① 商业性健身中心和健美俱乐部；② 私人体育健身俱乐部；③ 旅馆、大型建筑和公园中的休闲和健身中心；④ 隶属于社会团体的俱乐部；⑤ 各类公司的体育健身俱乐部；⑥ 心血管康复中心及运动医学活动和恢复中心；⑦ 业余和职业的运动项目俱乐部。由此可见美国大众体育健身，因不同层次、多种类型的多样化运作，使得美国大众参与体育健身、谈论体育运动成为普遍的社会现象，使得体育健身、体育运动成为美国大众日常生活中无处不在的一个生活内容，并由此而结成围绕体育生活的各种社会关系。

2. 健身设施情况

(1)对于美国的公共体育服务来说，公共休闲场所和公共体育健身设施是由各级政府来提供的。美国的公共休闲场所和体育设施，主要是由联邦、州、地方政府，利用税收、拨款来修建的。美国联邦、州、地方政府分别拥有用于开放体育休闲场所的 2.6 亿英亩①、4 200 万英亩和 9 000 万英亩的土地。在所有土地中剔除楼市建筑和一半的森林外，自然保护区占 9%、钓鱼与游戏区占 10%、公园及其他指定

① 1 英亩＝0.004 047 平方公里。

的休闲区占6%。在这些自然保护区、钓鱼与游戏区、公园及其他指定的休闲区，人们可进行徒步旅行、钓鱼、打猎、登山、帆船、独木舟、慢跑、游泳、冲浪、滑雪、野营、摩托车、滑翔以及其他多种多样的休闲和健身活动。这些公共设施，不仅成为提升城市品位和现代化发展的一个功能平台，而且为美国大众体育健身赋予了不同形式和意义，并因此将不同形式和意义的大众健身——纳入社会和文化生活领域，促成健康观念和健身行为的社会化。

(2) 社区体育健身的场地设施。在美国，社区活动中心隶属于社区联合会管理，针对各类体育活动中心(健身、心理、康复、娱乐、宣泄等)的建设和改进提出有关建议，并推动其优质化发展。尤其是供社区居民休闲、娱乐的"社区公园绿地"建设，在社区联合会的推动下，美国社区中平均每1 000人就拥有1～2英亩的公园绿地。在这类公园中，除一些常规性的体育设施外，还设有高尔夫球场、儿童游戏场、野餐区域、运动场、游泳池、自行车与徒步旅行道等，如此有效的社区管理组织，保证了社区体育的良性运作和建设，同时也极大地激发了社区居民参加大众体育健身的热情。

(3) 私人和社会团体的体育健身设施。美国有23亿英亩(即60%)的土地归私人所有，据不完全统计，美国注册的私人健身俱乐部共有2.1万个。这些私人健身俱乐部往往靠近城市，因此，美国私人的休闲资源对美国大众体育健身具有重要意义。在私人休闲场地和社会团体的体育设施的使用上，统揽美国社会休闲、健身、娱乐的总体状况有三种形式：一是以营利为目的，一些企业对休闲地带进行开发，即野营与野餐地、疗养地、旅游牧场、商业海滨、高尔夫球场、冲浪地带、射击场、赛马场、装备与远足服务以及主题公园；二是非商业性使用，即私人俱乐部与公益事业型的组织(美国男青年基督教协会、女青年基督教协会、男女童子军等)，所拥有的场地设施既服务于俱乐部会员，又同时向社会进行象征性收费的有偿开放(非营利，主要用于设施的维修)；三是公司、企业无偿向雇员及社会提供体育场地与设施。

3. 健身组织情况

美国国会早在1978年《业余体育法》中，就已明确阐述了"政府不专门设置体育主管部门，不设单一、垂直的权威机构来负责全面的体育协调工作"。因此，美国体育基本上不是由政府管理，而是由经济、社会和政治力量管理，这些社会力量结合起来就产生了各种独立的、不独立的和半独立的大众体育组织。如"户外运动管理机构""休闲体育管理机构""综合性管理机构"(除管理体育休闲活动外，还负责森林、公园等事务的管理)"总统健康与体育委员会""公园与休闲委员会"以及各色"体育协会"等。这些遍布美国50个州的独立、不独立或半独立的大众体育组织，形成了负责大众体育事务的机构多样化、分权化、社会化的特征，其组织管理主要由各州政府、县政府和镇政府等地方政府承担；其组织形式多以俱乐部制为依托，不仅有社区、学校、军队俱乐部，而且还有大量的旅馆俱乐部、社区健身中心、大学休闲中心、医院体育康复中心等，不一而足。

4. 法制化水平

美国政府非常重视利用法律手段对大众体育健身进行管理和调控，与其高度关联的法律和法规不完全是专门的体育立法，还包括许多公共立法，这些法律和法规主要从以下几方面影响美国大众体育健身的发展：① 确保体育教学和基层体育健身的发展；② 保证美国公民平等参与体育健身的权利；③ 保证政府为公民提供基本体育休闲场地和健身设施。这一立法为大众体育场地设施的建设提供了大笔资金，促使联邦政府的森林资源和水上资源成为美国人民进行休闲活动和体育锻炼的公共场所。

美国于 1979 年开始连续推出以 10 年为一周期的"健康公民"计划，每一期的计划包括总目标、分项目、子项目和健康指标等内容，为美国的国民健康发展制订了具体的目标和详尽的监测任务。在"健康公民"年计划中规定"每个地区社区每 10 000 人要建 1 英里的野营、自行车式健身路径，每 25 000 人要建一个公共游泳池，每 1 000 人要建 4 英亩开放式休闲公园，这些设施指标在 1996 年已经实现。在最新一期的"健康公民 2020"年计划中，体育活动是 42 个分项目之一，共有 15 个子项目，包括：降低在休闲时间无体育活动的成年人比例；增加达到国家锻炼要求的成年人的比例；增加达到国家体育锻炼要求的青少年的比例；增加每天安排体育锻炼的公立和私立学校的比例；增加每天参加体育锻炼的青少年学生的比例；增加遵守屏幕限制时间的青少年的比例；增加制定幼儿体育锻炼活动规定州的数量；增加公立和私立学校向所有人开放的比例(2006 年该比例为 28.8%)；增加体育锻炼咨询和指导的比例；增加就业人员参加指导性体育锻炼活动的比例；增加步行公民的比例；增加使用自行车公民的比例；增加使公民能够更好地获得体育锻炼机会的政策等。这些有关体育锻炼的具体目标无疑会积极地推动美国国民健康计划的开展。再比如说，美国 1972 年所颁布的《教育法第九篇修正案》对于美国女性学生参与体育活动产生了极为重要的影响。1979 年，美国政府公布了对《第九篇修正案》条款的解释。该解释描述了教育机构的三大责任，并对其中一项责任即对男女生兴趣与能力的容纳，提出了三种评估的方法：① 男性和女性从事体育运动机会同他们在学生总数中所占的比例成正比；② 有原未充分体现女性学生参与的项目继续扩展的记录；③ 充分和有效地容纳女性学生的兴趣和能力。该修正案要求给予女性学生在体育活动参与机会、获得奖学金、场地设施和活动保障等方面与男性学生平等的地位，其结果是极大地促进了美国女子体育的发展和体育均等化的实现。

5. 市场化和社会化水平

在体育管理方面，本着"小政府、大社会"的管理理念，美国政府并不过多干预体育政策的制定，在联邦政府层面并没有专门的体育部门，修建体育设施是联邦政府介入公共体育的主要方式。而在地方政府层面，虽然设置了公园俱乐部这一组织来专门负责管理体育和休闲娱乐事业，但随着城市化的推进，多数俱乐部已经合并。由于政府的退出，加上美国社会的积极参与，这就形成了美国公共体育服务领域的市场化和社会化程度都很高的治理格局，表现为发达的体育产业和大量自治性的体育社团。20世纪80年代以来，美国出现了越来越多的营利性俱乐部。据20世纪90年代初期的一项调查表明，美国70%的俱乐部属于“小型企业”，因为这些俱乐部的年均收入不超过350万美元，只有略高于1%的俱乐部年收入超过这一水平。虽然这种类型的俱乐部也采用会员制，向会员提供场地和器材，大多数还配有教练进行辅导，但权力归企业老板组成的董事会集体所有。另外，一些美国商业性娱乐场所、俱乐部主要是保龄球场、滑冰场、游乐园、夏令营场地等，这些场所主要是以有偿形式来满足美国大众体育健身、娱乐消费的需要，为体重超标的妇女、缺乏身体锻炼经验的中老年人以及那些愿意认真参加形体锻炼和健美活动的人提供个人指导服务。

美国的体育产业主要由职业体育产业、健身体育产业和休闲体育产业三个部分构成。其中，职业体育产业是美国体育产业中历史最悠久而且至今仍富有巨大活力的领域。如今，美国已成为由NBA（美国男子篮球职业联盟）、NHL（美国冰上曲棍球联盟）、MLB（美国职业棒球大联盟）、NFL（美国美式橄榄球大联盟）四大职业体育联盟支撑的职业体育强国。至于健康体育产业，则占据着美国整个体育产业的32%，整体经营水平高，组织化程度高。而休闲体育的发展也带动了旅游、交通运输、食宿、体育用品等方面的消费，为美国体育产业不断创造价值。据统计，2010年，美国的体育产业总产值高达4 410亿美元，接近GDP的3%，是汽车产业的2倍、影视产业的7倍。在体育社团方面，据统计，目前美国全国性的体育社团多达317个。美国各地有关部门对体育社团不仅不限制，还给予了免税等多方面的政策支持，从而激发了国民结社的积极性，为美国公共体育的发展注入了源源不断的活力。

6. 规范化水平

众所周知，美国大众体育健身的内容丰富、范围广泛，且活动质量较高。其中一个最重要的原因，就是美国有比较健全的健身指导员资格认定制度——持证上岗已成为健身指导员的先决条件。美国的许多大众体育健身组织都有相当严格的健身指导员认定标准，这里仅列出对美国大众体育健身影响最大的几种健身指导员认定制度：① 有氧运动教练资格认定制度。20世纪70年代以来，有氧健身操一直是美国开展得最为广泛的大众体育运动，这项运动对美国大众的日常生活产生了十分重要的影响。美国提供有氧运动教练的培养和资格认定机构共有50多个。其中，全美有氧健身协会和国际舞蹈训练协会是公认的最具权威的组织。这两个协会都于1983年建立了有氧健身教练的资格认定制度，并委托专门的测试机构负责资格认定考试的出题和评卷，有各自的考试办法与评价标准。获得资格认定的指导员，每年须进行一次更新认定并参加15个时间单位的进修学习。② 体育健身教练员认定制度。全美体育教练协会的体育健身教练员资格认定制度建立于1965年。从1970年开始,每年实施一次资格认定考试,考试分笔试、口试和实践考试,内容包括:预防运动操作、对操作的认识与评价、操作的管理、治疗与处理、恢复、运动计划的制订与管理、教育与咨询等。这一制度对提高美国基层体育健身教练员素质起到了关键作用。

(三)日本

1. 体育法制建设

日本于1958年出台了《日本体育场馆法》,1961年出台了《体育振兴法》,1998年出台了《体育彩票法》等。2000年,在新的社会发展形势下,日本颁布了《体育振兴基本计划》,其主要政策包括三个方面:一是为实现终身体育社会,进一步完善地域体育环境的对策;二是提高日本国际竞技水平的综合对策;三是推进终身体育、竞技体育和学校体育之间协调发展的对策。2006年根据计划实施现状,将政策目标修改为:第一,少年儿童体力的提高;第二,终身体育社会的实现;第三,国际竞技水平的提高。这些法律法规的制定保障了日本公共体育的健康发展。

2. 以学校体育为中心构建综合型地域体育俱乐部和泛区域体育俱乐部

扶植与培育综合型体育俱乐部不仅是日本文部科学省于1995年规划制订的“体育振兴基本计划”中的发展方略,综合性体验俱乐部的发展也是建设日本国家公共体育服务体系的重点项目之一。同时在2000年,日本体育协会受日本文部科学省委之令,在全日本都道府县的市、町、村正式推进设立综合型体育俱乐部扶植培育项目。经过10多年扶植推进建设,截至2010年7月,已经设置了综合型体育俱乐部3 114个,遍布日本各地,对提高日本国民健康机能和生活质量水平,推动社会、学校、竞技体育三者的协调发展,起到了积极的促进作用。

鉴于日本的学校体育在日本体育发展中占据着重要的地位,无论是学生参与体育活动还是体育设施的建设都是以学校为中心的。面对学生体质下降和学生进入社会后即停止体育运动的现实,日本体育发展在促进学校体育和社会体育共同发展的同时也注重两者之间的结合。由于在日本从小学到高中100%拥有室内外体育场馆,并且学校体育设施对外开放程度较高,因此社会体育发展主要依托学校体育设施,在全国各市、町、村至少建立了1个综合型地域体育俱乐部,在各都、道、府、县至少建立了1个泛区域体育中心。

(1) 综合型区域体育俱乐部的主要特点如下:第一,备有多种多样的运动项目,满足人们不同的运动需求;第二,区域内任何人在任何时间都可以根据自身的年龄、兴趣、技术、技能水平选择体育活动;第三,具备作为运动基地的体育设施和活动场所,可进行定期或不定期的体育活动;第四,有高素质的体育指导员,并可根据每个人的具体需要进行体育指导;第五,上述各项由区域居民自主组织运营。

(2) 泛区域体育中心主要功能有以下几个方面:第一,支援综合型区域体育俱乐部的创立和培育;第二,支援综合型区域体育俱乐部的管理人员和指导人员的培养;第三,完善和提供泛区域市、町、村范围的体育信息;第四,举办泛区域市、町、村规模的体育交流大会;第五,支援泛区域市、町、村高水平运动员的培养;第六,从运动医学和体育科学方面支援区域体育活动。

3. 大学设置综合型体育俱乐部的具体实例

目前在日本,以大学为基点设置综合型体育俱乐部的有筑波大学、福岛大学、群马大学、横滨国立大学、冈山大学、鹿屋体育大学、京都教育大学、爱媛大学等国立大学,北翔大学、流通经济大学、早稻田大学、庆应大学、同志社大学、东亚大学等私立大学。在上述这些设置推进综合型体育俱乐部建设的国立、私立大学中有一个共同的显著特征,这些大学中大多原本就拥有体育系或教育系门类等专门学科。上述大学设置的综合型体育俱乐部的组织运营,可以按照现代网络模型原理对教师、学生、社区居民三者关系进行分类,产生以下四种类型:① 链条型。教师指导学生,而学生为社区居民提供健身活动计划的模型。像同志社大学所设置的综合型就属于这一类型。② 小组型。教师指导学生的同时也直接为社区居民提供具体的健身活动指导。学生主要辅助指导教师参与俱乐部的指导工作。③ 联合型。教师与学生一起,作为合作者为社区居民提供健身活动计划。④ 多渠道型。早稻田大学设置的综合型体育俱乐部组织运营就属于这一类型。这一运营模型实质是综合型体育俱乐部以老牌一流私立大学冠名,以大学、地方行政、俱乐部三方合作协定,多家企事业单位提供资金赞助的组织运营模型。

综上,对于日本以大学为基点设置的综合性体育俱乐部,按照有效利用运营资源的视角归纳整理,可以看出在人员使用方面依各俱乐部存在着不同的管理方式,在组织运营方面也各具特色。像筑波大学、爱媛大学就是以教师和学生自愿参加俱乐部的组织运营。实践验证特别是以小组为单位组织运营的情况下,这种管理形式最为有效。另外,人员资源关系密切的综合俱乐部不只限于具体的指导工作,同时也涉及俱乐部的管理运营工作。像筑波大学、鹿屋体育大学、东亚大学就是主要依靠志愿者、教师和学生参与俱乐部的组织运营及指导工作。庆应大学将"学分化"某些课程成功引入俱乐部实地授课,这样学生在学习相关理论知识的同时也都得到了实践技能方面的实训。实际上多数大学已将综合型体育俱乐部作为毕业生参加社会工作、提高专门技能的实习或实训基地。此外,关于对综合型体育俱乐部在组织运营经费、器物援助方面,普遍依各大学的实际情况而有所不同。多数大学普遍认同以无形资产大学名称冠名于俱乐部,这样可充分利用大学的"名牌效应"推动综合型体育俱乐部的建设与组织运营。而部分大学对体育场地设施的免费开放与器具的无偿使用,也可看作在运营方面的一种隐形援助。这其中像同志社大学本身就给综合型体育俱乐部投入了相当一笔组织运营的援助资金。而以传统老牌一流私立大学闻名的早稻田大学将大学名称冠名于所设置的综合型体育俱乐部，加之又位于东京大都市中心的得天独厚的位置以及有多家实力雄厚的企事业单位在资金方面的赞助，使俱乐部的组织运营工作得以顺利实施，成为日本以大学为基点设置推进综合型体育俱乐部建设最成功且最特殊的范例之一。

4. 运用市场手段管理公共体育设施

在公共体育设施运营方面，为了进一步搞活公共体育设施经营市场，满足地区居民多样化的体育参与需求，新修订的《日本地方自治法》规定，从 2003 年 9 月开始，在公共设施的管理中导入指定管理者制度。根据《日本地方自治法》第 244 条的规定，所谓指定管理者，是指那些被地方自治体所指定的作为地方公共体育设施管理主体的任意团体和组织，而指定管理者制度就是关于指定管理者如何被选拔、公共体育服务活动如何被经营和管理的一套政策安排。与以往公共体育设施运营的委托管理制度相比，其最为突出的特征在于公共体育设施具体运营实现"完全"民营化，具体差别如表 2.1 所示。

表 2.1　委托管理制度和指定管理者制度的比较

类　　别	委托管理制度	指定管理者制度
委托对象	地方自治体出资的外围团体（特定团体）以及官民出资成立的第三团体	民间企业、股份公司、非营利组织及地域居民组织等具有经营能力的任意团体
选拔方法	地方自治体对特定团体的直接委托	公开招聘、专门委员会选拔并经属地议会的批准
业务范围和权限	事业活动限定在委托合同的范围内，无场馆设施的管理权限	在较广范围内代为政府管理，有设施的管理权限，可以把设施使用收费作为自己的经营收入
委托期间	一般为 1 年	一般为 4～5 年

为了保证指定管理者制度的有效运行，日本政府结合每一次指定的生命周期对其每一个阶段进行了细致的规定，如表 2.2 所示。至此，日本形成了一种以"公民为公共体育服务的接受者，地方政府为质量监管者，第二、第三部门为提供者"为特色的公共体育服务模式。根据日本学者的不完全统计，截至 2006 年 8 月，地方公共体育设施中导入指定管理者制度的比例约为 83.7%，其中由于公开募集而非特命的指定管理者的比例为 65.5%。指定管理者的选定范围主要包括体育协会、公益法人、民间企业以及民间企业和公益法人的事业共同体等。指定期间主要以 3～5 年居多，指定期 3 年的占 55.3%，5 年的占 39.1%。间野义之对东京某 A 馆 2005～2007 年度的利用者满意度变化的事例研究也指出，由于指定管理者制度的导入，该馆 3 年的利用者人数有较大的增长，依次为 382 815 人、505 460 人、516 214 人，并且推动了包括延长开闭馆时间、提供多样的体育教室、幼托照管、路线巴士、免费体验参与等在内的服务方式的创新，利用者对设施服务的

综合满意度明显提高。由此可见，指定管理者制度得到了较好的实施，并且收到了良好的效果。

表 2.2 公共体育设施指定管理者制度的实施特征

实施阶段	实施阶段的主要目的和内容	实施原则和评价标准
Ⅰ管理条例的制定	ⅰ根据修订的地方自治法，重新制订与管理者制度相适应的公共体育设施的运营方针和标准，主要内容包括：指定手续（申请、评定、事业计划的提出）；业务的具体范围（设施、设备的维修管理、使用许可）；体育场馆管理的基准（闭馆日、开馆日、使用限制的条件）等 ⅱ新修订的管理条例得到属地议会的许可	条例的制定要考虑指定管理者的受托业务范围的特性，即公共体育设施的民营化程度，有利于更多民间资本的参与
Ⅱ条例的公告	公告公共体育设施的指定管理者条例	条例中要明确强调体育场馆设施运营的公平性、公共性、公益性特征
Ⅲ指定管理者的募集	ⅰ募集要领的制定，主要内容包括：指定管理设施的基本情况（名称、所在地、开设年月和设施规模）；指定管理者进行的业务；指定预定期间；经费的使用；设施收费的使用管理；应聘资格；申请时的必要资料；申请时间、期限和提交地；选考方法和选考标准以及其他参考资料 ⅱ指定管理者的募集	募集要领要体现官、民责任分担的原则；公募时间为 4 周左右，使用多种媒体公告；应聘者必须提供在一定条件下，如何促使体育服务质量提高和体育场馆利用者增加以及良好安全对策实施等方面的具体提案
Ⅳ指定管理者的选拔	ⅰ指定管理者选定委员会的设置营运，成员包括律师、会计师、经营师、行政管理者和体育设施运营的经验者等 10 人左右 ⅱ指定管理者的审查和候补者的确定，审查包括一审（书面计划审查）、二审（面试）和三审（综合考察）	指定管理者的选拔主要是考察候补者的公共体育活动的开展能力和体育设施的经营能力；特别是要考察他们与地域居民的互动，体育场馆利用者增加，地域体育指导者的使用及安全管理等方面的具体运营手法
Ⅴ议会的批准	指定管理者的属地议会讨论并批准决定	

续表

实施阶段	实施阶段的主要目的和内容	实施原则和评价标准
Ⅵ业务委托	地方政府与制定管理者间签订协议委托书	原则上，除去 PEI 事业外，委托时间为 4 年；对于体育设施使用者的情报和设施管理业务相关的情报保护以及体育设施的日常维修管理的责任在协议书里要明确记载
Ⅶ指定管理者的定例汇报	年度公共体育设施运营情况报告书的提供，包括与体育场馆利用者的恳谈会，定期的报告会和地域居民间的意见交换会等	

5. 有针对性地开展老年人体育运动

截至 2012 年 10 月 1 日，日本 65 岁以上老年人口较 2011 年增加 104 万人，老年人口总数首次突破 3 000 万大关，占日本总人口的 24.1%。为了有效应对人口老龄化产生的各种问题，在公共体育服务方面，日本一方面修改并实施了新的国民体质监测标准，将 60～79 岁年龄段的人群纳入在内；另一方面，日本政府采取了各种措施鼓励老年人参与体育锻炼，其目的主要在于增进老年人健康、改善其身体机能、愉悦其身心、促使其多与同伴交流。如 1963 年颁布的《老年人福利法》就提出利用国库资金资助成立老年人俱乐部并号召老年人加入俱乐部。根据日本文部科学省发布的 2012 年度体力及运动能力调查结果，参与地区体育同好会、健身房等体育俱乐部的成人比例随年龄上升而增加，70 多岁人群占 40%左右。当然，鉴于老年人作为体育参与者具有特殊性，因此在高龄老人进行运动的场所一般都会增加相应的保护措施。

（四）德国

1. 体育管理机构

德国体育是典型的社会主导型体制，没有专门的政府体育主管部门。宪法中没有明确地赋予联邦政府管理体育的权力，德国体育的管理任务主要由各类社会体育组织如体育类协会或俱乐部来承担，各联邦州政府中的教育部门和体育局只负责中小学体育教学和公共体育设施的建设。目前德国体育的最高管理机构为德国奥林匹克体育联合会（DOSB），所有体育俱乐部都通过不同层面（州、地区和城市）的专业协会和体育联合会直接或间接接受德国奥林匹克体育联合会的管理，因此德国的体育体制又被称为典型的“俱乐部体制”。这种俱乐部体制有效地促进了德国体育的发展，在竞技体育、学校体育和群众体育等方面起着重要而积极的作用。

在德国，与体育运动有关的部门、机构和组织被分成两部分：官方机构与非官方机构。在官方管理机构中，国家层面（内务部）主要负责全国范围内竞技体育和军队体育开展，同时给德国奥林匹克体育联合会提供经费和政策等方面的支持；联邦州层面则负责学校体育（包括中小学和大学）和群众体育的发展；而城市和地区政府部门（体育局）的主要职责就是建设场馆。因此，并不是所有与体育相关的政府部门都主管竞技体育，而且是政府级别越低管得越少。再看非官方机构，竞技体育主要由德国奥林匹克体育联合会及其下属的各专项协会来管理，2006 年以前德国体育联合会和德国奥委会还是两个独立的组织，2006 年 5 月合并为德国奥林匹克体育联合会，成为德国管理和促进体育发展的最高组织机构。

政府和体育协会及俱乐部之间体现的是一种相互独立、相互协作的关系，政府在整个过程中扮演的角色是：提供公共体育基础设施，并且设立体育运动委员会，负责监管财政。比如，政府不仅为体育俱乐部提供体育教练员，而且提供免费运动场所，而俱乐部则主要负责收集公众的利益需求，并将其反馈给政府，以便制定更为符合人们需求的体育政策。德国政府每年下拨体育经费 1 亿多欧元，其中 1/3 用于尖子选手和全国 600 名教练，550 万欧元用于反兴奋剂，其他用于场馆建设及下拨 31 个国家级专业体协。值得一提的是，地方政府对公共体育服务的经费投入远远超过中央政府的投入力度。

2. 群众体育的开展

德国的群众体育很发达，全民健身活动非常普及。德国有 1/3 的人口是体育俱乐部的会员，经常在俱乐部中参加体育锻炼和比赛，另有 1/3 的人口经常在商业体育场所或自发地进行身体锻炼，因此德国的体育人口大约占总人口的 2/3。

大众体育俱乐部是保证德国群众参与体育活动的最基本要素。德国的大众体育俱乐部以其合理的收费、众多的数量以及丰富多彩的运动项目吸引了大多数经常参加体育锻炼的民众。德国大众体育俱乐部通过提供场地器材、教练指导、共同锻炼机会和比赛机会等措施来增加和增强会员参加体育锻炼的积极性和效果，同时通过丰富多彩的活动增加会员的归属感和凝聚力。

德国的群众体育最能体现其“俱乐部体制”的特点。最高管理机构为德国奥林匹克体育联合会，其直接领导的下属机构和组织包括：16 个联邦州体育联合会、61 个全国性质的专项体育协会（包括 34 个奥运会项目和 27 个非奥运会项目）以及 20 个特殊体育协会和教育与学术协会，这些全国性质的协会与联合会又分别管理各个层面的专项体育协会与体育联合会，直至最基层的大约 9 万个体育俱乐部和2 755万名会员。所有的体育俱乐部都通过不同层次（州、地区和城市）的专项协会和体育联合会直接或间接地接受德国奥林匹克体育联合会的管理。

3. 竞技体育的发展

德国的竞技体育也是以“俱乐部体制”为基础的，其特点包括：① 政府主管部门主要通过经费投入、建设场馆和训练基础设施等方式支持竞技体育发展，而具体组织和管理都通过奥林匹克体育联合会及其下属的各专项体育协会来完成；② 运动员的职业生涯从俱乐部开始，在俱乐部或各级训练基地中训练，代表俱乐部参加各种比赛，由政府、俱乐部和竞技体育基金会共同资助。因此，德国竞技体育系统的构成可概括为：在德国奥林匹克体育联合会领导和管理下，各专项体育协会、联邦州体育联合会和联邦国防军体育管理机构积极参与，依托奥林匹克训练基地、青少年训练基地和体育俱乐部，通过教练员培训和体育科学研究，共同提高竞技运动水平。

4. 均等化与市场化

德国通过财政均等化设计保障包括公共体育服务在内的各类公共服务实现均等化。在德国，均衡分配的上限是全国人均财政收入水平的 99.5%，达到此标准则停止均衡性分配或转移支付。为了确保体育经费充足，德国也利用市场化的方式融资。除了体育彩票等之外，德国还开放了体育债券市场，促进风险投资产业进入体育公共服务领域。德国规定，如果体育俱乐部上市公司在前一年度的资金流转额低于 6 000 马克，那么该俱乐部上市公司可以保留应纳税流转资金的 7%作为预留税金。在政府财政和社会资源的推动下，德国体育场馆众多，截至 2010 年底，各类体育场馆数量已达到近 10 万个。这些场馆大部分属于大众俱乐部或学校，其运行虽说是采用市场化模式，但收取的费用很低，有很多体育场馆只要交纳会费成为俱乐部的会员，就可以免费使用；有的俱乐部甚至提供运动器材和消耗品，例如在科隆，有许多羽毛球俱乐部，如果会员是学生，只需交纳 100 欧元会费，每周可以免费使用两次俱乐部场地，羽毛球由俱乐部提供。为保障体育发展，德国设立了专门的监督评估组织如德国体育运动会议，对体育发展的方方面面进行监督，体育公共服务市场也是其监管的重要内容之一。

二、国内经验

在国外建设公共体育服务体系先进经验的启示下，结合开展服务型政府建设的具体要求，国内一些地方在公共体育服务体系建设的理论和实践两个层面均已开展了一定的前期探索并取得了宝贵的本土化建设经验，涌现出了几种具有参考价值的建设模式，归纳起来，主要有以下 6 种模式。

(一) 以上海市静安区为代表的政府购买服务模式

政府购买公共体育服务具体是指为了履行服务社会公众的职责，政府通过运用政府财政向各种社会体育服务机构支付费用，用以购买其以契约方式提供的、由政府界定种类和品质的全部或部分体育公共产品和服务。概括起来，这是一种“政府出资、定向购买、契约管理、评估兑现”的公共体育服务供给方式。在政府购买公共体育服务的过程中主要涉及三类行为主体：购买者、承接者和使用者。当前我国公共体育服务供给中，政府购买的内容主要有全民健身设施服务、公共体育指导服务等。近年来，上海市静安区等地方政府在政府购买体育公共服务方面进行了一系列有益的探索。

在上海市静安区，区政府是公共体育服务的购买者；上海静安公益场所管理服务中心是服务的承接者；静安区居民是其使用者。上海静安公益场所管理服务中心是 2008 年 1 月 15 日通过社会组织承接公共服务项目资质的评审正式成立的独立的民办非企业单位，是以管理和提供公益场所服务为主为期 5 年的公益性社会组织，是承接上海静安区政府购买服务项目的单位之一，相对独立于静安区政府。静安区向其购买的内容主要包括：对静安区免费开放的 14 所学校的 29 个篮球架和昌平路上新建的笼式足球场实施场地管理和服务工作，即管理场地开放过程中发生的秩序维持、保洁、体育指导、预约等各方面的事务。静安区政府通过与服务中心签订购买合同并依据合同规定由静安区财政局向其拨付购买经费，其购买方式具有非竞争性。当然，为了有效对其进行监督，静安区居民可通过选举代表与街道办一起组建监督管理委员会，每季度通过听取汇报和检查，了解项目工作进度及资金运作情况，并且每半年对资金使用情况进行审核。

（二）以江苏省常州市为代表的体育社团承接模式

近年来，常州市在建成“10 分钟体育健身圈”的基础上，正在建设包括健身设施、健身组织、健身活动和健身服务等内容的基本公共体育服务体系。面对人民群众日益增长的需求和如此繁重的任务，常州市充分调动各方面的积极性，建立“政府主导、社会参与、全民共享”的机制，尤其是充分发挥了体育协会、民办非企业单位等体育社会组织的作用，让他们成为体育公共服务的主角。

（1）实施“3＋2”模式，实现体育组织乡镇（街道）全覆盖。在全市推行“3＋2”发展模式，即每个乡镇（街道）必须成立体育总会、老年人体育协会和社会体育指导员协会，并成立至少两个以上的单项体育协会。为使这些协会顺利成立，体育局与民政部门协商，创新了体育社团注册登记手续，实行注册登记、简化登记、备案三种方式，体育组织可任选一种方式进行登记。同时，还对乡镇体育社团的成立进行一定的资金补助。目前，全市 59 个乡镇（街道）全部实施“3＋2”模式，基本解决了“体育工作有人做”的问题。

（2）实施等级评估，促使体育组织更加规范。从 2011 年起，体育局会同民政部门开展体育组织等级评估工作。以规范化、社会化、实体化，有健全的社团组织和队伍、有规范的管理形式和制度、有较强的社会组织能力和市场运作能力、有持续发展的设施和资产、有推进项目发展的实效为基本条件，制定了社团建设等级评估标准，每年进行评估。根据不同等级，分别给予3万～10万元的奖励，极大地调动了各类体育组织完善制度、规范发展的积极性。目前，全市已建有4A级体育社团11家、3A级体育社团19家。

（3）实施购买服务，使得体育组织活动丰富多彩。从2011年起，体育局实施政府购买体育公共服务，对体育组织承办各项赛事活动或代表常州组队参加赛事活动给予奖补，较好地激发了社团组织举办活动的热情。常州市参加省全民健身运动会所有项目均由各个单项协会组织，市首届全民健身运动会社会部11个项目的比赛全部交由协会承办。2012年全市全民健身活动95%以上由协会或俱乐部主办或承办。

（4）实施免费培训，提升体育组织队伍的素质。为提高体育社团组织业务水平，体育局每年都制订体育社会组织年度培训计划，培训经费列入年度体育事业经费预算。同时，成立了全民健身讲师团，邀请专家开展普训和专项指导。高度重视社会体育指导员培训工作，全市2 800多个全民健身活动站点均配备3名社会体育指导员，全市每万人拥有社会体育指导员25人，大学生村官100%是社会体育指导员，对这些社会体育指导员实施100%的培训。武进区所有乡镇（街道）成立社会体育指导站，聘请专人负责，设立专项经费，开展社会体育指导员培训、管理、指导等工作，形成了“武进模式”。

（三）以浙江省杭州市等为代表的社区主导模式

从2010年开始，浙江省杭州市以“12345”工程为抓手，努力探索建立社区公共体育服务机制。所谓的“12345”工程是指：围绕一个中心、建设两个组织、解决三大难题、建立四项机制、创新五个举措。其中，“一个中心”是指以建立提升社区公共体育服务为中心。“两个组织”是指设立街道级体总分会（或成立街道体育协会组织）和社区级体育健身俱乐部。“三大难题”包括社区体育活动、锻炼场地和活动经费上存在的问题。为了有效应对这些问题，建立了四项机制：目标责任制、评价机制、激励机制和保障机制。具体包括五项措施：一是构建社会体育指导员管理平台，创新社区体育指导员工作规范要求，建立信息化管理平台和多层次激励办法，建立网络管理系统。二是整合公共体育设施资源，采取政府付一点，共建单位补贴一点的方式，为辖区居民提供更好的公共体育服务。如天水街道与共建单位天水游泳健身中心，建立天水街道文化体育站活动基地，先开设羽毛球、乒乓球两个项目，购买体育消费券2 000份，赠送给广大居民。三是创新社区体育活动形式与组织形式，开展“万人双健”、社区运动会、社区趣味运动竞技等活动，发放音乐健身操、太极拳光盘等，在社区掀起了健身的热潮。四是创建社区体育融资平台，除发挥体育总局的品牌体育活动效应、贯彻落实“三自方针”外，采取与共建单位合办、通过团队关系向社会筹措活动经费等方式，筹措活动资金，以体育搭台，实现经济唱戏。五是创新建立社区体育特色项目基地平台。通过组织、协调各单项体协，引导社区体育健身俱乐部发展形成有自己特色的体育项目，如大木桥、王马的健身气功连续多年在杭州市比赛中名列前茅；浙大御跸苑羽毛球利用社区丰富的人文资源，搞得有声有色；施家花园的社区男子篮球队，是全市首家跻身业余篮球赛的社区篮球队。

(四) 以广东省珠海市香洲区等为代表的社区体育公园建设模式

广东省珠海市香洲区创新思路，充分吸收欧洲和港澳地区街心公园建设经验，自 2012 年开始，在不改变土地用途、不征用土地的前提下，通过升级改造小规模、不规则的城市“边角闲置地块”，建设了高品质、集约型的社区体育公园，彻底将城市脏、乱、差的市容“黑点”变为城市管理的“亮点”，并将各项建设指标具体量化，打造出“香洲标准”：从选址规划、场地清理、资金投入、工程建设、维护管理方面，香洲市、区各职能部门协同推进，并及时听取民意，自上而下形成了强大的合力，各个环节都做到了“有人负责、有人管理、有人监督”。香洲区总体规划建设社区体育公园 132 个，全部建成后，社区体育公园将与绿道网、慢行系统连接起来，构成点、线、面相结合的绿色低碳立体全民健身网络。截至 2013 年，香洲区建成社区体育公园 56 个。这些公园可归纳为三类：一是对原公园进行升级改造，利用公园现有基础增加体育设施器材；二是利用城区闲置土地、荒地、不雅地进行改造；三是在居民生活小区内、在小区边角地带“见缝插针”建设。

为避免出现“重建轻管”现象，实现可持续发展，必须依托于制度化的管理机制。为此，香洲区将社区体育公园建设与管理统筹考虑，注重加强社区体育公园及其设施的全过程管理。比如在具体规划设计项目时，合理分配场地率与绿地率，兼顾活动与休憩，同时进行科学的功能分区，以满足不同年龄人群的需求。在设置场地设施方面，结合用地面积依次考虑采用比赛、训练和健身场地标准；在用料、市政设施、公园标志、指引牌、提示牌等方面也明确统一标准。在建设方面，尽量做到因地制宜，注重保护绿化，不破坏原有风貌。在后续管理中，一方面，实行专业化管理。对已建成使用的社区体育公园道路、公厕等设施，全部纳入市政公共设施养护管理，由区财政安排资金，区城管局、区文体旅游局负责维护维修，确保社区体育公园设施完好。另一方面，实行规范化管理。制定出台了《香洲区社区体育公园建设与管理办法》，明确“政府主导、分级监管、企业负责、管办分离”的原则，采取委托区属企事业单位或服务外包的方式强化日常管理。同时，倡导建立社区自治的管理机制，发动社区居民志愿者参与日常管理，搭建政府与群众互信互动的纽带，形成镇(街道)、居委会、社区居民“自治管理、共同维护”的良好局面。如在市民活动密集、场地使用可能冲突的时段，社区工作人员都会在现场对居民实施引导，并帮助大家制定规则，避免因争用场地设施而发生纠纷。社区体育公园的足球场由此形成良性秩序：所有参与踢球者分成5～7人一队，两队比赛时间为5分钟，5分钟内谁先丢球就下场；5分钟后都不进球，两队同时下场。目前，这项规则已成为足球爱好者在社区体育公园活动时共同遵守的"乡规民约"，从而确保设施长期发挥效益。

(五) 以湖北省大冶市等为代表的民间体育社团模式

湖北省大冶市有比较浓厚的篮球文化氛围，篮球设施比较健全，篮球场地覆盖全市每一个社区和行政村。2007年3月，在栾峰等一批业余篮球爱好者的自发组织下，大冶市篮球联盟注册成立。作为一家完全由民间自筹自建的体育社团，大冶篮球联盟采取为会员提供组织比赛、聚会、联系赞助、策划宣传等方面的服务。联盟每位球员一年只需缴会费600元，学校球队的球员会费减半。联盟完全采用美国NBA赛制，实行东部、西部循环赛制和总决赛制。但大冶篮球联盟也有自己的特点，那就是其民间性，它的球队组成复杂，有工人、学生、企业白领和公务员等。经过几年的发展，大冶篮球联盟现已拥有20个俱乐部，注册球员达300多人，并在地方政府的支持下兴建了一座集群众娱乐、休闲、健身、科教、比赛为一体的全民健身中心篮球馆，2012年共计举办了360多场包括篮球联盟常规赛、季后赛、总决赛在内的篮球比赛，吸引了数万人次群众的观看，极大地丰富了市民的文化体育生活，成功地开发了大冶篮球商业比赛的市场，成为中国最有活力的业余篮球联盟之一。

(六) 以山东省体育局等为代表的部门协同模式

在山东省，公共体育建设工作被纳入到全省重大专项活动中，为了保障其顺利开展，山东省体育局努力探索"政府主导、部门协同、全社会共同参与"的"大群体"的公共体育发展路径，并已取得了一定成果。其做法主要有以下几点：一是将基本公共体育服务纳入《山东省基本公共服务体系建设行动计划(2013～2015年)》的编制内容，明确了基本公共体育服务的重点任务、基本标准和保障工程，积极建立促进城乡区域公共体育服务均等化的公共保障机制。二是加强部门协调，推动部门联动。在明确省体育局系统落实任务和职责分工的同时，围绕各项重点工作任务，会同省文明办、文明委、妇联、团委、总工会、发改委、财政厅、旅游局、教育厅、民委、残联、卫生厅等12个部门单位就农村体育设施建设、城市体育先进社区创建、妇女健身活动展示及示范站点创建、全民健身志愿服务组织建设及志愿服务活动开展、公共体育设施建设开放、体育产业培育发展、全民健身休闲会、学校体育设施开放管理、全省中小学和大学生体育联赛、少数民族体育活动开展及训练基地创建、残疾人体育经费支持和活动开展、职工体育活动开展及示范基地创建、健康山东健身活动开展等联合出台有关文件，加大对各类体育资源的整合力度，推动各项重点工作落到实处，积极构建协调推进、齐抓共管的工作局面。其中，最为值得称道的是全民健身公共服务系统的建设。系统的主要框架包括三个系统平台：健身指导、公务管理、数据对接平台；四个基础数据库：设施、组织、活动、科技数据库；六个业务子系统：设施、组织、活动、科技、公共服务、公务管理业务系统。该系统的建设将真正实现各政府部门之间的信息共享，打破"信息孤岛"的制约，使得一站式公共体育服务成为可能。

三、启示

从发达国家和国内部分地区推进公共体育服务体系建设中我们得到的启示主要有以下几个方面。

（一）完善体育法制建设

体育法制建设是一个系统的工程，从国家层面来说，包括体育基本法规、体育领域法规、体育单行法规等方面的建设。体育基本法规包括《中华人民共和国体育法》(1995)、《国家体委关于深化体育改革的意见》(1993)、《2001～2010年体育改革与发展纲要》(2001)、《中共中央、国务院关于进一步加强和改进新时期体育工作的意见》(2002)等。体育领域法规包括：《社会体育指导员技术等级制度》(1993)、《全民健身计划纲要》(1995)、《社会体育指导员职业标准》(2001)、《关于继续深入开展"亿万农民健身活动"的通知》(2001)、《全国"体育进社区"活动工作方案》(2002)、《农村体育工作暂行规定》(2002)等社会体育法规；《学校体育工作条件》(1990)、《体育传统项目学校管理办法》(2000)、《学生伤害事故处理办法》(2002)、《学生体质健康标准》及《学生体质健康标准(试行方案)实施办法》(2002)等学校体育法规；1986年发布的《全国综合性运动会试行工作条例》《全国体育竞赛赛区工作条例》、1989年发布的《全国体育运动单项竞赛制度》《体育运动全国纪录审批制度》及《全国运动员注册与流动管理办法(试行)》、1992年发布的《教练员岗位培训条件及审批程序》《教育员岗位培训合格证颁发程序管理办法》及《教练员岗位培训评估办法》、2000年制定的《全国综合性运动会工作人员纪律规定》、2001年发布的《关于运动项目管理中心规范化有关问题的通知》、2002年发布的《关于申办国际体育活动报批程序的规定》、2002年制订的《2001～2010年奥运争光计划》等竞技体育法规。体育单行法规包括《北京市奥林匹克知识产权保护规定》《奥林匹克标志保护条例》《2001～2010年体育科技进步的意见》《国家体委体育社会科学、软科学研究项目管理办法》《国家体育总局科学研究与科技服务经费管理暂行办法》《体育外事工作管理规定》《关于申办国际体育活动程序报批程序的规定》《关于加强国际体育组织人才培养工作的意见》《体育彩票公益金管理暂行办法》《体育彩票财务管理暂行规定》《关于加强体育彩票公益金援建项目管理的意见》《全国性体育竞赛检查禁用药物的暂行规定》《兴奋剂检查工作人员管理暂行办法》《关于严格禁止在体育运动中使用兴奋剂行为的规定(暂行)》《反兴奋剂条例》等。

当前,除《体育法》外,在其他具体领域则存在立法滞后或者法律位阶不高的问题,使得很多有利于社会公众的体育工作因为种种阻挠而无法顺利开展,在法规体系的纵向方面和横向方面都还有待于完善和发展。进一步完善以《体育法》为核心的配套立法,逐步建立起有中国特色的体育法规体系,已成为有效实施《体育法》和全面加强我国体育法制建设的一项紧迫任务。地方层面的体育法制建设,要坚持和贯彻依法治国的方略,要适应社会主义市场经济需要,应以宪法为指导,以体育基本法为核心,以体育领域法规为主干,以体育单行法规为突破点,逐步建设和完善结构合理、层次衔接有序并且符合现代体育运动规律的体育法规体系,把体育事业全面纳入规范化、法制化的轨道,使得公共体育发展有法可依。

(二)明确政府在公共体育服务体系建设上的作用

实践证明,政府并不能总是有效地对体育资源进行配置,而且我国长期实行的“体育全能政府”模式已难以适应当前信息时代发展的需要。那么,政府能做什么?政府适合或者擅长于做什么?美国行政学者戴维·奥斯本和特德·盖布勒在其代表作《改革政府:企业精神如何改革公营部门》中早已指出,政府及其部门在政策管理、规章制度、保障平等、防止歧视或剥削,保障服务的连续性和稳定性以保持全社会的凝聚力等方面更胜一筹。具体到公共体育服务体系建设领域,政府应集中精力于完善制度法规体系,保障基本公共体育服务的供给,注重城乡、城市居民和进城务工人员之间体育资源的平衡,以保证公共体育的公平性。要加强政府投资机制创新,提高政府公共体育服务投资的效果和效率。

此外,建设公共服务型政府是我国政府改革的方向,公共体育服务供给体系建设必须要符合服务型政府建设的总体要求,需要根据服务型政府建设对公共服务的整体要求来合理规划公共体育服务供给体系建设的总体框架,要通过制度体系的总体设计来合理界定各级政府公共体育服务的职责,明确各级政府应提供的具体服务内容,这是确保公共体育服务供给体系建设的基础。如通过制度化的方式,保证各级政府对体育事业的投入,确保政府对公共体育服务的投资水平与国民经济协调发展,形成稳定增长的投入机制。进行投入方式创新,推行公共体育服务的政府采购、项目补贴、定向资助、贷款贴息等投入方式，引入竞争机制，提高投入效益。鼓励社会力量参与公共体育服务供给体系建设，制定扶持公共体育事业发展的税收政策和鼓励对体育事业捐赠的经济政策，放宽公益性体育事业的准入政策，鼓励支持社会资本和外资参与公益性体育事业，吸引和鼓励社会力量投资兴办公共体育实体、建设公共体育设施、提供公共体育服务。

(三) 注重发挥市场作用

完善市场、社会参与体育公共服务供给的激励引导机制和监管机制，形成政府市场和社会在体育公共服务供给中的分工、互补、竞争与合作联合供给，是英国公共体育服务供给体系的重要特征，其实质是公共体育服务供给主体的多元化，通过发挥不同供给主体的优势，一方面能提高公共体育服务供给的规模，另一方面通过不同供给主体之间的竞争与合作提高供给效果与效率。在我国，十八届三中全会公报指出，发挥市场在资源配置中的决定性作用，这是对市场作用的深刻解读。发达国家的发展经验也证明，体育市场的开放和发达有助于减轻政府负担，为公民提供多样化的体育需求。为此，在公共体育服务体系建设上，应充分发挥体育市场的作用，进一步发展壮大体育产业，鼓励民间资本参与公共体育设施的生产和运营。

目前，我国公共体育服务虽然提出了市场化和社会化的发展方向，但在实际运行过程中，却并未按照市场机制和社会机制的固有逻辑来运作。因此，需要根据我国公共体育服务供给体系建设的目标和任务制定和完善相关政策，建立完善的法律法规体系，使政府企业非政府组织之间的合作有法律保障，才能有效地监督规范公共服务供给主体的行为，从根本上保证不同供给主体间竞争、合作的有效性，最大可能地满足服务对象的要求，最终形成多元化的公共体育服务供给体系。

(四) 鼓励体育社团、学校参与公共体育服务

体育社团是多元化公共体育服务体系的有机组成部分。但由于我国长期对非政府组织采取严格管控的政策，其活力难以真正释放。加上其自身存在一些信任危机，使得其在筹资上一筹莫展，面临严峻的生存压力。为了发挥体育社团在公共体育服务体系建设方面的作用，政府应放宽对体育社团的管制，积极引导体育社团发展，在税收等方面予以优惠，从而促进其健康发展，使其更好地承接政府下放的部分职能。

充分利用学校资源，发展“学区体育”。我国体育场地大多数属于教育系统。大约占总量的65.6%，其中对外开放的比例仅为29.2%且利用率不高。平均每10万人拥有开放的体育场地仅有25.9个，远远不能满足大众健身活动的需求。因此，如果能充分利用学校资源，借鉴德国学校与俱乐部共用部分场地的模式，不

但可以缓解体育场地紧张的矛盾,同时也可以促进“学区体育”的发展,是其成为发展群众体育的一个重要补充。日本的经验也告诉我们,大学推进综合型体育俱乐部建设,可进一步扩大学校的社会知名度和影响力,丰富大学体育教育科目和学生的课余体育文化生活,同时体育院校和综合大学体育院系设置综合型体育俱乐部,还可以作为体育专业学生提高专门实践技能的实训基地和认识与了解社会的窗口,实现大学与社会的合作,显示出现代大学存在的意义及其所承载的社会责任与使命。

(五) 注重绩效评估

建立科学的体育公共服务供给的绩效评估体系,实现体育公共服务绩效评估的制度化、规范化和科学化。绩效评估是公共体育服务供给体系建设的重要环节,是改革与发展的助推器,是公共体育服务供给体系内部控制与外部监督的重要工具。建立科学的体育公共服务供给的绩效评估体系,应引入现代评估理论与方法,健全运行评估机制,对公共体育服务体系建设与运行状况进行科学评估。

首先,以满足人民群众体育需求、实现人民群众体育权益为中心,科学合理地制定能涵盖公共体育服务的各主要方面的指标体系,综合反映公共体育服务投入、产出、数量、质量运行状态等。其次,针对评估对象的不同特点、不同要求,形成不同层次、不同功能的评估体系。再次,将评估与监督有机结合起来,建立包括政府、社会服务对象、新闻媒体、第三方评估机构等多元参与的监督评估体系,提高评估的科学性、客观性与监督的有效性,通过客观准确的运行评估促进公共体育服务供给体系建设。最后,对评估结果提出对应的奖惩措施,以强化服务水平的进一步提高,注重公共体育服务的产出和结果,提高公共服务的效率和质量。

(六) 以公众需求为导向

我国的公共体育服务体系建设目前基本上还是以政府为主导自上而下推进,并且偏重于公共体育设施数量方面的供给,公民的意见并没有被充分地考虑,由此便形成了公共体育设施短缺与闲置并存等种种怪象。归根到底,还是由于追求政绩的心理在作祟,以致政府无法摆脱“运动式”的发展思维,更别说牢固树立“以人为本”的理念了。然而,需要明确的是,公共体育服务体系最根本的目的在于社会大众体育需求的满足和体育权益的获取,因而,公共体育服务体系的建设并不仅仅是政府单纯给予或提供什么的问题,更主要的是社会大众需求什么及作为需求主体如何参与公共体育生活的问题。为此,我们应将公众参与率纳入到政府绩效评估体系中并逐步提高其比重,以促使各级政府在建设公共体育服务体系的过程中能够时时做到“问计于民、问需于民”。

第三章　苏州建设公共体育服务体系的基础

建设良好的公共体育服务体系不仅要求具备一定的内部条件，还要求能够积极响应外部环境发展。为了系统、准确地分析当前苏州公共体育服务体系建设所处的情景，我们运用 SWOT(Strength、Weakness、Opportunity、Threat)分析法，全面分析苏州市建设公共体育服务体系的优势、劣势、机会和威胁，为苏州市更好地制定有效的公共服务体系发展战略、计划及对策奠定基础。同时，鉴于苏州市体育现代化实施工作为苏州市公共体育服务体系建设奠定了重要基础，两项工作又有着相当部分的重合，因此，本书重点对苏州市体育现代化实施工作进行解读，并运用 SN(Social Network)分析法对其协同实施情况进行分析。

一、苏州公共体育服务体系建设的有利条件

(一) 自然条件与社会条件优越

苏州市地处长江三角洲，毗邻上海，河湖众多，交通便利，经济发达。2013 年苏州市实现地区生产总值 1.3 万亿元，位居全国各大城市第六、江苏省第一；第一、二、三产业全面协调发展，全市先进制造业和现代服务业发展迅速，民营、国有、外资等经济成分不断壮大；历史文化底蕴深厚，拥有一批世界文化遗产、人类非物质文化遗产和众多的全国重点文物保护单位，民国体育设施保存完好，且较好地保留了如船拳等在内的传统体育项目；高等教育发达，拥有大量的综合性人才；科技实力雄厚，具备推进体育科技攻关、创新发展体育产业的基础条件和实力；生态环境优美，拥有众多国家级和省级自然保护区。以上种种都为苏州市推进公共体育服务体系建设奠定了坚实的基础。

(二) 国家发展战略的有力推动

国务院于 2008 年通过了《关于进一步推进长江三角洲地区改革开放和经济社会发展的指导意见》，并于 2009 年审议通过《江苏沿海地区发展规划》，江苏沿海开

发正式上升为国家战略。2013 年，国务院又将“苏南现代化建设示范区”上升为国家战略，国家对于苏南的现代化发展可谓是寄予厚望。这些国家战略的制定，明确了长三角地区特别是苏州的发展定位，营造了良好的经济社会发展环境，对苏州发展公共体育事业具有很强的推动作用。2014 年 10 月，国务院印发了《关于加快发展体育产业促进体育消费的若干意见》，该《意见》把全民健身上升为国家战略，把增强人民体质、提高健康水平作为根本目标。力争到 2025 年，体育产业总规模超过 5 万亿元。这些都是苏州发展公共体育服务的重要机遇。

（三）体育转型释放制度红利

北京奥运会之后，中国体育逐渐开启了从以竞技体育为主到竞技体育、群众体育并重和从以量取胜到以质取胜的战略转变。2009 年出台的《全民健身计划》更是有力地促进了全民健身活动的开展，为公民在全民健身活动中的合法权益提供了法律保障。2013 年伊始，《人民日报》体育版刊发系列评论《关于中国体育转型发展的思考》，探讨体育转型的发展逻辑、时机条件和社会价值，引起了社会诸多反响。此种背景下，2013 年 12 月，国家体育总局与江苏省人民政府签署建设公共体育服务示范区合作协议，双方将在协同推进基本公共体育服务体系建设、协同推进公共体育服务内涵提升、协同推进体育教育资源深度融合、协同推进苏南体育现代化示范区建设等方面进行合作，这对于苏州来说是绝佳机遇。

（四）公共体育服务建设实践丰富

依托于较高的政府治理能力和超前的公共体育发展意识，苏州市在公共体育服务体系建设上先行先试，在各个方面均有一定的实践基础，主要包括以下 6 个方面：设施服务上，城乡一体的“十分钟体育圈”基本建成；组织服务上，基层体育社团、体育俱乐部覆盖率进一步提升，管理不断规范；健身指导服务上，创新方式、提高频率，体质监测合格率继续创造新高；活动服务上，纵向横向活动并举，大中小型活动合理配置；信息服务上，全媒介投送，广泛覆盖；产业发展上，建设国家体育产业基地，设立体育引导基金促发展。

（五）市民生活水平提高，体育消费需求旺盛

截至 2013 年，苏州人均 GDP 已达 12.2 万元，这意味着苏州整体发展水平已经接近世界中等发达经济体的水平，社会服务性需求将进一步释放。近年来，苏州市民的体育健身需求日益旺盛正好呼应了这一点。据苏州市统计局公布的统计数据，苏州市民在文体方面的支出占全年消费支出的比重已由 2003 年的 13.7%上升

到 2012 年的 17%，由此可见一斑。

（六）政府创新、领先意识较强

在国家体育总局和江苏省人民政府经协商达成建设公共体育服务体系示范区合作协议的背景下，江苏省政府出台了《关于推进公共体育服务体系示范区建设的实施意见》《江苏省公共体育服务体系示范区创建标准》，苏州市政府亦积极制定市域内的《关于推进公共体育服务体系示范区建设工作的实施意见》《关于购买公共体育服务的实施办法》《公共体育服务体系建设的评估指标》等规范性文件，总结经验、探索实践，争创公共体育服务体系示范区，引领示范区建设的先河。

（七）我国体育产业提升空间较大

体育产业是我国的“朝阳产业”之一。据预测，2015 年前后，随着发达国家全面进入休闲经济时代，体育产业也将顺应全球性产业结构调整的趋势，借助经济全球化浪潮，加速体育服务标准化、要素流通全球化、体育用品品牌化，发展成为庞大的产业集群，并初步形成国际化的竞争格局。数据显示，2012 年我国体育及相关产业从业人员达 375.62 万人，实现增加值 3 135.95 亿元，同比增长 14.44%，占当年 GDP 的比重为 0.6%，然而远低于发达国家 1%～3%的水平，仍有较大提升空间。苏州若能把握这一发展契机，充分发挥自身优势，或有望走出一条以体育产业支撑公共体育服务发展的道路。

二、苏州公共体育服务体系建设的不利条件

（一）“大政府、小社会”的治理格局一时难以改变

公共体育的发展客观上要求政府、市场、非政府组织和公民个人发挥好各自的作用。然而，受传统全能政府思维的影响，苏州市的公民社会建设比其他发达国家和地区较为落后，缺少自治、自主意识，需要一个长期的培育过程。至于体育社团由于受到“双重管理”和自身信任危机的影响，其作用也无法有效发挥，从而威胁到公共体育服务体系的健康发展。

（二）畸形政绩观念的影响

在中国的政治锦标赛中，“经济绩效”对于官员的升迁起着重要作用。而公共

体育服务更强调社会公益优先和惠民性，在某种程度上对官员的升迁帮助不大，因此苏州市在开展公共体育服务体系建设的过程中，可能会因得不到地方政府要员的支持和其他部门的配合而举步维艰。实地调研中，苏州体育部门的相关负责人对此表示担忧。

（三）满足公民普遍的体育需求容易忽视苏州体育特色

当前，我国公共体育服务体系建设仍处在先行先试阶段，常州市亦是走在“试点”的最前沿。苏州市在建设公共体育服务体系的过程中难免要借鉴他国、他市的经验，趋同现象在所难免。而公共体育服务体系建设本身就是以本区域内的公共体育需求为基本出发点，满足其基本的、广泛的、多层次的利益诉求，更加剧了这种同质化现象。小范围的、具有传承性的体育健身项目容易被忽视，因而需要给予额外的关注。

（四）制度化水平不高

苏州市虽然已经在公共体育服务体系建设上做了不少努力，但从目前的情况来看，制度化水平并不高。譬如说，在购买公共体育服务方面仍处于起步和探索阶段，缺乏明确的、整体性的规划和部署；非政府组织参与供给公共体育服务缺乏制度保障，其积极性难以有效调动；体育产业市场因政出多门而显得较为混乱，广大体育消费者合法权益得不到很好的维护和保障；公众虽然能通过体育信息平台表达自己在公共体育服务方面的利益诉求，然而，公共体育服务政策的决策和执行等核心环节却非公众所能问津。

（五）环境污染，影响体育活动的开展

苏州境内虽河湖众多，然而水体污染严重，已被列为水质性缺水城市。其地表水污染属综合型有机污染。主要污染指标为氨氮、总氮和总磷等。影响全市主要河流水质的首要污染物为氨氮，影响全市主要湖泊水质的首要污染物为总氮。这大大制约了苏州市水上体育活动的开展。从 1980 年开始，苏州雾霾日数快速上升。1980～1982 年，霾日数从 3 天猛增至 50 天甚至以上。从 1983 年开始，进入稳步增长期。1996 年，超过 80 天；2002 年，突破 100 天；2011 年，则达 155 天。气象资料数据显示，最近 5 年来，苏州年霾日数都在 100 天以上。频繁发生的雾霾天气会影响人们的身体健康，包括影响人们的呼吸系统和心血管系统，从而不利于户外体育活动的开展。

（六）缺乏品牌影响力

在体育活动上，虽然苏州市已开展了各类公共体育活动，看似热热闹闹，却难免多而杂，迄今为止“叫得响”的体育品牌活动稀少，缺乏“主心骨”，难以有效带动公共体育发展。在体育产业上，苏州市虽然拥有太仓这样的国标毽球指定生产基地，并涌现出了张家港金陵、昆山多威等品牌企业，但普遍存在着款式品种陈旧、质量低劣的现象，不仅缺乏特步、李宁、安踏等国内知名体育品牌，更没有耐克、阿迪达斯等国际体育知名品牌，体育产业品牌影响力和对产业发展的带动力还不够，难以有效支撑公共体育发展。

（七）外来务工人员大量涌入，公共体育服务面临严峻挑战

据苏州市公安局统计，截至2013年末苏州户籍人口为6 538 372人，流动人口登记数为6 538 536人，流动人口与户籍人口基本持平。苏州外来流入登记人口总量超过全省总数的1/3，居各地级市之首，成为继深圳之后的全国第二大移民城市。外来人口的大量涌入一方面为当地经济的发展做出了巨大贡献，另一方面也为社会管理和公共体育服务的供给，特别是对公共体育服务的均等化提出了更高的要求。

三、苏州体育现代化建设的前期积累

2009～2012年，苏州体育认真贯彻落实省体育局《关于推进江苏体育基本现代化试点指导意见》和《市政府关于印发苏州市体育基本现代化工作实施意见的通知》的文件精神，紧密围绕苏州市率先基本实现现代化建设大局，经过4年的实践，总体指标完成率达93.02%，其中主要核心指标全面完成，基本实现了体育现代化省级试点和市政府实施意见的预期目标，为向更高水平的体育现代化迈进奠定了基础。

（一）苏州体育现代化建设的主要内容

根据《苏州市体育现代化工作实施意见》(2009)，苏州制定了体育现代化的总体目标，即经过2009年、2010年两年体育基本现代化建设的实施，实现社会体育意识不断增强，全民健身服务体系不断完善，竞技体育综合实力和竞争力不

断提升，体育产业和体育市场不断繁荣规范，体育科教和信息化水平不断提高，体育管理和人才队伍建设不断加强，实现体育基本现代化阶段性要求指标。再经过2011年、2012年连续的巩固、完善、提高，力争在苏州体育事业“十二五”发展规划的中期，探索走出一条具有苏州特色的区域性体育现代化发展道路，推动全社会的体育思想观念、管理方式、运行机制、消费意识的转变，实现苏州体育基本现代化。苏州体育现代化建设的主要目标任务有以下6个方面。

1. 体育观念和文化的现代化

全社会的体育意识普遍增强，体育权利观、体育文化观、终生体育理念更加受到重视。体育社会化、生活化步伐加快，与教育、文化、卫生、旅游、工会、共青团、妇联、残联等社会事业部门和组织紧密结合，多元化、多层次地开展体育活动。政府加强公共体育管理，购买公共体育服务，提供公共体育产品，社会力量积极参与体育事业发展。以奥林匹克精神和中华体育精神为主要内容的体育精神得到了广泛传播，体育的精神价值和对社会主义核心价值体系的作用受到重视并得到充分发挥。体育的传播渠道更加多样，各类媒体传播的体育内容更加丰富多彩。报刊、书籍、影视作品等文化载体中体育文化产品的数量和质量得到了进一步提升，体育文化软实力明显增强。

2. 体育管理与体育科教的现代化

体育工作成为政府重要工作内容之一，被纳入当地经济社会发展规划和各级精神文明建设考核体系，各级体育行政管理机构健全。苏州体育局不断加强体育法制建设，推动依法行政，不断建立健全地方性体育法规，建立一支专职体育市场稽查队。已施行体育行业国家职业资格鉴定覆盖率大于70%。完善运动员保障体系，建立运动员文化教育、退队退役安置和伤残保障工作机制。提高体育信息化水平，将现代信息技术广泛应用于群众体育、竞技体育、体育产业等体育管理各个方面。加强体育科技创新、科技开发，拥有较为先进的科研设备和一批中青年体育科技人才，取得优秀科研成果。加强体育管理人员、体育经营人员、教练员、运动员、裁判员的专业技能培训和文化学历教育。

3. 群众体育的现代化

亲民、便民、利民的全民健身服务体系更为完善，普惠公益平台更加健全，经常参加体育锻炼的人数超过50%，每人掌握1～2项体育锻炼技能。全民健身普及工程被深入推进，全民健身活动蓬勃发展。市国民体质监测中心要进一步提高装备水平，各县级市、区要建成国民体质监测中心，各镇、街道要建设监测站，广泛开展体育科普宣传和国民体质测试、咨询、指导服务，市民体质测试合格率大于92%。中小学全面实施《国家学生体质健康标准》，合格率大于92%。市和县级市、区建立全民健身工作领导小组，体育总会建设覆盖率达100%。各类体育社团数量居全省前列，体育社团的实体化建设取得显著进展。体育健身俱乐部、晨晚练点地域覆盖率达100%。加快各级社会体育指导员培训，万人拥有体育指导员数量超过

20人。县级市(区)、镇(街道)经常性地举办各类群众喜闻乐见的体育活动,打造特色体育活动,形成品牌。

4. 竞技体育的现代化

业余训练网络更加完善,优秀体育后备人才的发现、培养、输送、成材渠道更加畅通。拥有一批奥运冠军、世界冠军级竞技体育人才。全运会贡献率保持全省领先。省运会成绩、输送、贡献排名保持全省领先。省队市管优秀运动队不少于5人,项目规模保持全省领先。常年开展业余训练的项目不少于30个,参加业余训练的运动员达2 000人。省级以上高水平体育后备人才基地数达15个、青少年体育俱乐部达26个,全省数量排名第二。县级市三星级以上业余体校覆盖率达100%,各区全部建成业余体校。每四年举办一次市级综合性体育运动会,市区、县级市每4承办全国及以上体育竞赛均在4项以上,各县级市承办省、市级体育竞赛2次以上。新体校按教学必须配置必要的各类与训练教学相适应的现代化训练器材和体育科研仪器,射击馆、游泳馆和运动员公寓三项后续完善工程在2010年全面建成。

5. 体育产业的现代化

体育产业纳入地方经济发展规划和地方统计评价考核监测体系,出台相关财税、金融等优惠政策,推动体育产业健康发展。全市建立3个省级体育产业示范基地。2010年体育产业增加值占地区生产总值比例、体育服务业增加值占第三产业增加值的比例、人均体育消费占人均可支配收入的比例在全省保持领先。加快培育体育市场,形成体育竞赛表演、体育健身休闲、体育项目培训、体育场馆会展演艺四大体育服务业市场。推动体育和休闲旅游融合发展,积极开发各种体育类休闲度假产品。挖掘体育赛事的有形和无形资产,提高营销策划能力和市场运作水平,大力推动赛事经济发展。加大品牌赛事扶持力度,打造中国乒乓球公开赛、全国羽毛球锦标赛等2～3项具有国际国内广泛影响力的苏州城市体育品牌赛事。全市体育彩票年销售总量达10亿张,保持全省第一。国内外知名的品牌体育用品制造企业不少于5家。

6. 体育设施的现代化

制定并实施《苏州市城区体育设施布局专项规划(2008～2020年)》,完善市区体育设施布局,提升城市公共体育形象。加快各类体育场馆建设,人均占有体育场地面积达2平方米。完善和建设3个市级综合性体育中心(苏州市体育中心、工业园区体育中心、五卅路体育健身中心),县级市"四个一"工程(有看台的塑胶跑道标准田径场、一个3 000个座席的体育馆、一个游泳馆、一个3 000平方米以上的全民健身中心)建设覆盖率达100%,区体育中心规划覆盖率达100%。加快全民健身设施建设,新建、改建、扩建居民小区和新建城市公园体育设施覆盖率达100%,镇、街道和行政村、社区的健身中心和健身设施覆盖率达100%。改造完善苏州市运河体育公园,维修更新改造古城区体育场馆设施,建成五卅路体育健身中心,满足市民体育健身需求。全市各级中小学按照教育现代化标准配备体育场馆、设施。有条件的学校体育场馆在不影响正常教学秩序和保障学校安全的情况下，向社会试点开放。

(二) 苏州体育现代化建设的成果

在《〈争奥运金牌，谋百姓健康，在新的起点上开创率先基本现代化的新征程〉——苏州体育现代化实施工作情况汇报》(2013)文件中，苏州体育现代化建设的成果有较为清晰的展示。在苏州推进体育现代化的过程中，坚持和准确把握"一本、三化、三支撑"，对打开体育工作新局面、实现新跨越起到了至关重要的作用。

1. "一本"，就是坚持以民生为根本

体育的现代化，归根结底是人的现代化。苏州市率先基本实现体育现代化的评价指标与提高苏州市民对体育工作的认可度具有高度的一致性；与落实科学发展观"以人为本"的核心要义具有高度的一致性；与贯彻"竞技体育与群众体育协调发展"，实现"体育大国向体育强国迈进"的精神指示具有高度的一致性。为了让体育发展的成果更多更好地普惠于民，提高苏州市民对率先基本实现体育现代化的满意率，市体育局积极打造"争奥运金牌，谋百姓健康"的体育公共服务品牌，牢固树立"健身惠及百姓，体育也是民生"的发展理念，深入推进以"五大服务工程"为重点的全民健身公共服务体系建设。

(1) 实施全民健身设施服务工程

苏州市的体育设施建设主要围绕城乡一体的"10 分钟体育健身圈"展开。"10 分钟体育健身圈"是江苏省最先在全国提出来的，它包括三层含义：第一，"10 分钟体育健身圈"针对的区域主要是城市社区，像县、区这样的城市空间；第二，"10 分钟体育健身圈"是指居民在县级以上主城区以正常速度步行 10 分钟左右、直线距离在 800～1 000 米范围，就有一处可供开展健身活动的场馆、场地或设施；第三，在这个活动范围内，群众还可以获得健身指导、健身知识、健身咨询等服务，已经开展的社会体育指导员队伍建设也是提高社区服务的一部分。在这个概念的基础上，苏州市进一步提出了城乡一体的"10 分钟体育健身圈"概念，打破城乡二元格局，不仅在城市社区，更要在农村社区推进"10 分钟体育健身圈"建设。截至 2013 年，苏州市 100％的城市社区、71％的农村社区建成"10 分钟体育健身圈"，城乡一体的"10 分钟体育健身圈"基本建成(见表 3.1)，城乡基层公共体育设施实现全覆盖。2012 年，苏州已经建成体育场馆 116 个，总面积达 150 万平方米(见表 3.2)。除了由政府出资兴建公共体育设施以外，苏州市亦努力提高现有体育资源的利用率，主要措施包括加强与大中小学的合作，推动其体育场馆和体育设施免费或低价向社会进行开放。

表 3.1 苏州各地城乡一体的“10 分钟体育健身圈”建成率

单位名称	建成率	单位名称	建成率
常熟市	91%	张家港市	90%
昆山市	96%	太仓市	89%
吴中区	93%	吴江区	92%
姑苏区	100%	相城区	98%
高新区	90%	工业园区	98%

注:建成率计算方法为以体育设施及排查出的空白点为中心,以 1 000 米为半径形成圆,这些圆进行组合后,将重复面积除去后得到的面积总数,除以市、区的行政区域总面积,得到的一个百分比(吴中区、高新区的行政区域总面积已扣除太湖及山区的面积)。

表 3.2 2012 年苏州市部分地区体育场馆情况

项目	全市	市区	吴江区	常熟	张家港	昆山	太仓
体育场馆数(个)	116	84	5	4	15	4	9
体育场数(个)	62	54	2	1	2	1	4
体育馆数(个)	54	30	3	3	13	3	5
体育场馆面积(平方米)	1 496 109	947 109	204 743	100 000	132 000	134 000	183 000

苏州市制订了《苏州市城区体育设施布局专项规划(2008～2020 年)》,“十二五”期间将完成市运河体育主题公园(含体育博物馆)、体育大厦、网球中心、古城区全民健身活动中心等重大工程的建设,建筑总面积约 16 万平方米,预算投入约 10 亿元。苏州工业园区体育中心已完成项目规划,建筑总面积 42 万平方米,预算投入约 72.5 亿元。各县级市新“四个一”工程建设覆盖率达 100%,大部分县级市已提档升级完成了新体育中心建设,区级体育中心、全民健身活动中心均已开工建设或纳入规划。全市 36 个街道、58 个镇文体中心覆盖率达 100%;887 个城乡社区体育健身工程、1 097 个农民体育健身工程覆盖率达 100%。全市 286 所中小学校体育场馆以不同形式向社会开放,开放率逐年递增。利用“数字苏州”平台录入各类体育场地设施信息 12 380 条。全市常住人口人均体育场地面积达到 2.29 平方米。

(2) 实施全民健身组织服务工程

苏州市不断加强各级、各类体育社团的组织建设,通过建立协会分会、俱乐部等形式延伸基层体育组织力量,强化全民健身服务能力,实现体育组织在行政村和社区的全覆盖,形成市、区、街道、社区四级组织网络体系。各市、区体育总会和全民健身工作指导委员会建设覆盖率达 100%;全市建成体育协会 152 个,共有团体会员 1 865 个,体育社团会员总数已达 60.23 万人(见表 3.3)。大部分县级市、区的篮球、乒乓球协会已延伸至镇、街道,组建农民篮球队、乒乓球队 1 500 多支。全市共有各级各类体育俱乐部 2 677 个,其中民办非企业单位 165 个,备案制体育俱乐部282个，街道、镇、社区、行政村体育健身俱乐部2 230个，建立了3 425个晨晚练点，区域覆盖率达100%。社会体育指导员22 900多人，每个站点至少配备社会体育指导员3人，组织管理不断规范。老年人体协、社会体育指导员协会覆盖率达70%，张家港市90%的体育社团建立了镇级分会，并进一步向村、社区延伸，昆山市、太仓市的延伸覆盖率达80%。

表3.3　苏州各区市体育社团数及注册会员数

单位名称	体育社团数量(个)	注册会员数量(人)
苏州市属	36	115 526
张家港市	26	125 656
常熟市	27	81 778
太仓市	23	65 352
昆山市	32	58 944
吴江区	29	62 494
吴中区	17	11 363
相城区	8	26 660
姑苏区	5	36 438
工业园区	6	18 088
高新区	7	1
总　计	216	602 300

(3) 实施全民健身指导服务工程

苏州市不断完善国民体质监测服务体系，常年开展体质监测服务，每年定期发布国民体质监测公报，市民体质合格率逐年提高，2011年达92.7%。中小学生体质合格率达98.5%。全市常住人口万人拥有社会体育指导员人数达20.7人。以全市21 670名社会体育指导员和各体育协会为骨干，创新建立了“全民健身系列大课堂”定点教学为点、“全民健身志愿服务小分队”为线的全民健身志愿服务体系，参加学员累计超3.5万人次。不定期地举办科普讲座、指导服务等，免费发放健身知识手册数十万份。在全国首创医保“阳光健身卡”，有定点场馆36家，2012年消费金额达599.9万元；首创健身气功辅导站，帮助市民练习各种气功(见表3.4)。2013年，全民健身“三进”工程为50余家单位进行了300课时的义务教学，全市受益群众人数达9万余人。在社区试点建立“科技健身小屋”，通过体质与健康测试评估、定期举办讲座等活动普及科学健身知识，为探索社区体育健身发展新模式做出了积极尝试。向社区居民免费赠送体育比赛门票、组织阳光体育联赛，让更多人走进赛场，感受体育健身的益处和快乐；各级社会体育指导员，棋协、篮协等社团组织骨干广泛开展志愿服务活动，培训学生、居民掌握健身技能。

表 3.4 苏州市各区、市健身气功站点及习练功法例举

单位名称	站点数(个)	站点列举	习练功法列举
姑苏区	7	苏州市体育中心广场健身气功辅导站	六字诀、易筋经、五禽戏、八段锦
相城区	2	相城区市民活动中心体育健身气功辅导站	六字诀、易筋经、五禽戏、八段锦
张家港市	23	张家港市梁丰路体育健身气功辅导站	导引养生功十二功法、太极养生杖
常熟市	50	常熟市老年人体育学校体育健身气功辅导站	五禽戏导功十二法
太仓市	15	太仓市城厢镇县府社区体育健身气功辅导站	易筋经、五禽戏
昆山市	12	昆山市体育中心体育健身气功辅导站	六字诀、易筋经、五禽戏、八段锦
吴江区	12	吴江区体育中心体育健身气功辅导站	八段锦、易筋经

(4) 实施全民健身活动服务工程

苏州市健全全民健身活动制度，建立“纵向无断层，横向无盲点”“大型活动为带动，基层活动为常态”的全民健身活动网络。相继举办了环金鸡湖半程国际马拉松赛、端午赛龙舟、昆山万人徒步大会等活动，并逐渐走向了国际化，凸显了品牌活动效果。各市、区每 4 年举办一届综合性全民健身运动会，项目数不少于 6 个，各镇、街道每 2 年一届。以群众性体育活动“社会化、经常化、品牌化”为目标，持续打造“假日体育”“全民健身节”等品牌活动。通过市级机关“千人百日万步走”、市外商投资企业运动会和第九套广播体操进机关等活动把中青年、职工和农民等健身难点人群吸引到健身队伍中来，千村农民篮球、乒乓球赛、广场健身舞等比赛深受群众欢迎。在单项协会的推动下，自行车骑游系列活动、围棋团体联赛、乒乓球俱乐部联赛等活动的辐射半径和参与范围不断扩大。吴中区更是在创建首批国家公共文化服务体系示范区的背景下，成功地走出了一条体育与文化、旅游相结合的路子。2013 年举办的苏州吴中“环太湖”国际竞走和行走多日赛暨全国老年人健步走大联动活动是国家体育总局通过挖掘吴中太湖国家 5A 旅游景区资源，专门为吴中区量身打造的，具有浓郁地方特色和自主品牌的全新赛事，吸引了世界竞走运动强国俄罗斯、意大利、墨西哥等 17 个国家(地区)300 名优秀运动员参加，包括前奥运会冠军、世界冠军和今年世界排名第一的俄罗斯选手。据统计，仅 2013 年苏州市属体育社团共开展活动 369 项次，参加者 20.8 万人。目前，全市经常参加体育锻炼的人数占比为 51.53%。

（5）实施全民健身信息咨询服务工程

苏州市落实科学健身信息发布制度化、规范化、标准化建设要求，细分人群、区域、季节的不同需求，建立更加完善的健身信息咨询服务体系。2013 年制作了“10 分钟体育健身圈”电子地图，共录入 12 大类 12 380 条信息，内容涵盖了健身设施、晨晚练健身点、体测服务等，为市民提供了便捷、全面的体育信息服务（见图 3.1）；开展国民体测巡回服务活动，深入全市的镇、村、社区和企业、学校等开展义务测试和健康咨询活动，发放各类科学健身手册，深受群众欢迎；每年完成约 5 万人的年度体质监测样本任务，掌握各类人群的身体素质现状。通过报刊专版、电台专栏、网站专题、手机短信、公益广告、网络微博等方式扩大健身信息发布广度和深度。在大型体育活动和会议现场，开展体育健身知识宣传展板展示、专家健身咨询和国民体质监测车“迎市运、送健康”等活动。免费发放健身知识宣传册 20 余种、7 万余册，每年发送体育健身短讯 70 余万条。建立了苏州体育信息网，在线即可查询“10 分钟体育健身圈”，预定场馆和咨询科学健身知识。

图 3.1　苏州市“10 分钟体育健身圈”电子地图

2. “三化”，就是精英化、产业化和信息化

率先基本实现体育现代化，必须牢牢把握新时期、新形势的特点和规律，结合苏州实际，推进苏州体育事业的科学发展。

（1）实施竞技体育精英化战略

坚持“自主培养和输送培养相结合”的竞技体育发展思路，不断完善省队市管发展模式，深化体教结合、市县（区）联办、体社联办的合作机制，形成了顺畅的竞技体育人才培养体系。建立了科学选材和训练质量两项评估体系。苏州现有省队市管优秀运动队 7 个，项目规模数名列全省第一。常年开展业余训练的项目达 33 个，参训人数超 2 000 人，二级以上运动员占 32.14%。全市建成市级体育传统项目学校111所、特色体育项目学校50所、校园足球学校39所、手球学校33所，拥有"省五星级体校"1所、"省四星级体校"2所、"省三星级体校"3所、省级青少年体育俱乐部4个。参与了国家级体育后备人才基地建设单位5个，申报江苏省体育传统项目学校34所，申报国家级青少年体育俱乐部2所。一批重点、优势项目得到巩固和加强，规模总数保持全省领先。全市拥有世界冠军23人，其中奥运冠军4人，共获得世界冠军83项次，实现了各市、区世界冠军"满堂红"。2008年以来，苏州运动员在国际、国内大型综合性运动会上连创辉煌：2008年北京奥运会，夺得2金1银1铜和1个第五名，市体育局获北京奥运会地级市唯一"突出贡献集体"奖；2009年全运会，夺得18枚金牌，赛会金牌占江苏省代表团的46.22%，贡献率保持全省第一；2010年亚运会，夺得8金2银1铜、1个第五名和1个第七名，参赛人数、参赛项次、参赛成绩均名列全省第一，并超过以往历届亚运会；2010年省运会苏州代表团金牌奖、输送奖、贡献奖、优秀项目奖均名列全省第二，在过去的5届省运会比赛中，苏州代表团的排名始终稳定地保持在第一名；2012年伦敦奥运会，苏州健儿再夺2金1银和1个第四名、1个第五名，实现了苏州赴境外参加奥运会的历史最好成绩。

(2) 优化体育市场产业化格局

贯彻落实《市政府办公室关于加快发展体育产业的实施意见》，出台了《苏州市体育产业发展十二五规划》，成立市体育产业发展领导小组。以"实施意见"和"产业规划"为引领，"一核三带五环"（市区体育产业核心区，沿太湖体育产业带、沿长江体育产业带、沿沪宁线体育产业带，张家港、常熟、太仓、昆山、吴江5个县级市体育产业环）的体育产业发展格局基本形成。苏州将体育产业纳入地方经济发展规划和统计评价考核监测体系，在全省率先建立了较为完善的体育产业统计体系。2011年全市体育及相关产业增加值完成128.82亿元，占GDP的比例为1.2%；体育服务业增加值完成51.14亿元，占第三产业增加值的比例为1.12%；参与体育消费活动1 273.7万人次，人均体育消费525.02元，占人均可支配收入的比例达1.52%。2012年全市体育产业增加值达150.96亿元，较上年增加22亿元，截至2013年，全市体育产业企业已达6 234家。2012年起，苏州市设立体育产业发展引导资金。并且在全省率先开展了市级体育产业基地评选工作（见表3.5），首次启动了1 000万元的市级体育产业引导资金，重点扶持体育旅游、体育中介、体育创意、体育康复、体育会展、体育科技、体育建筑等新兴体育产业项目，并分别通过"体融通"贷款担保和直接资助两种方式，放大引导资金效应。随着昆山市获批国家体育产业基地，苏州市形成以体育制造业和体育服务业为主要内容的体育产业结构，经济效益日渐彰显。全市拥有金陵、红双喜、多威、捷安特等一大批国内知名品牌体育用品制造企业。2012年全市体育彩票销售总量超34.65亿元，持续位列全国地级市第一位、大中城市第二位，实现全省排名"八连冠"。全市办赛数量和质量保持全省领先，中国乒乓球公开赛、外商投资企业运动会、环金鸡湖国际半程马拉松赛等重点品牌赛事,在赛事策划、市场运作和综合效益上实现连年突破。成功申办并取得了2015年世界乒乓球锦标赛举办权。

表3.5 2012年度苏州市体育产业示范基地名单

体育产业园区类示范基地	骨干体育企业(单位)类示范基地
苏州市体育中心	苏州市体育竞赛管理中心
张家港市体育中心	江苏金陵体育器材股份有限公司
常熟市体育中心	昆山多威体育用品有限公司
太仓市全民健身指导服务中心	上海红双喜体育用品苏州有限公司
昆山市体育中心发展有限公司	苏州同里国际旅游开发有限公司
苏州市吴江区体育中心	苏州嘉亿台球俱乐部
苏州市吴中区体育中心	苏大体育科技文化有限公司
仁泰体育产业发展有限公司	苏州定园旅游服务有限公司
——	苏州工业园区建屋体育发展有限公司
——	苏州工业园区教育发展投资有限公司

(3) 提高体育管理信息化水平

建立了中国苏州、苏州体育信息网、政务微博、《苏州日报专版》等6个体育信息发布平台。苏州体育信息网改版升级后,点击率连续四年翻番增长,并配置了视频播放功能,可进行重大体育比赛和活动网上直播。在新浪、腾讯等国内四大门户网站开设政务微博,及时、准确地发布体育政务信息;体育电子政务实施率达100%,市体育局及17家直属单位全面实现同城异地无纸化办公。成立了体育行政许可服务处,实现网络查询、申报、审批一站式服务。市体育运动学校全面实现信息化管理,具备视频会议、远程教学和训练场馆远程监控等功能。市体育科学研究所设备先进、功能齐全,建有独立的生理、生化实验室、康复训练中心和国民体质监测中心,为苏州市竞技体育和群众体育工作的开展提供了全方位的优质服务。

3. "三支撑",就是政策法规支撑、文化内涵支撑和人才队伍支撑

加快率先基本实现体育现代化的实施步伐,离不开硬实力的全面提升,也离不开软实力在内生动力上的强力支撑。

(1) 政策法规支撑

一是强化体育现代化的顶层设计。苏州市体育现代化省级试点工作自2009年1月起正式启动,得到了苏州市委、市政府主要领导和分管领导的高度重视与大力支持,多次听取专题汇报,组织召开全市协调推进会。根据市委、市政府统一部署,体育现代化的实施工作跳出省级试点的局限,与苏州在全省率先基本实现现代化的总体部署以及实现苏州体育新一轮跨越式发展的目标相一致，各市、区全面展开、同步推进体育现代化建设。2009 年 11 月 27 日，市政府印发了《苏州市体育基本现代化工作实施意见》和《苏州市体育基本现代化主要指标及评估说明》(苏府〔2009〕183 号)。2010 年 5 月 7 日，市政府办公室发文成立了苏州市体育现代化实施工作领导小组(苏府办〔2010〕144 号)，并在体育局设立领导小组办公室。同年 6 月 25 日王鸿声副市长代表苏州市人民政府与各市、区政府(管委会)分管领导签订了《苏州市体育基本现代化实施工作目标责任书》，对组织领导、工作职责、阶段任务都提出了具体、明确的要求。2011 年 5 月 25 日，市体育现代化实施工作领导小组下发了《关于进一步加快推进率先基本实现体育现代化实施工作的通知》(苏体现代办〔2011〕1 号)，确定了 2 个区级综合示范点，13 个镇、街道级综合示范点和 65 个分类示范点，同步制定了《苏州市体育现代化示范点主要指标和评估说明》。2012 年 7 月 23 日，领导小组办公室下发了第二批综合示范点名单(苏体现代办〔2012〕6 号)，增加了 30 个镇、街道级综合示范点。示范点建设将工作目标进一步细化分解，抓特色、找亮点、树品牌，增强实施工作的操作性和方向性。

二是加快重点领域的制度供给。2011 年 12 月 9 日，苏州出台了《关于加快发展体育产业的实施意见》(苏府办〔2011〕255 号)，印发了《苏州市体育产业发展“十二五”规划》，将在 2015 年前培育出若干个具有规模优势的体育产业集聚区和运动休闲示范区，打造一批具有国际、国内影响力和苏州特色的体育产业、企业和品牌；体育产业增加值占全市地区生产总值的比重达到 1.5%。2011 年 12 月 29 日，苏州出台了《苏州市全民健身实施计划(2011～2015 年)》(苏府〔2011〕253 号)，把发展全民健身事业作为保障和改善民生的重要内容，推进体育公共服务均等化，保障市民参加体育健身活动的合法权益，丰富群众精神文化生活，形成健康文明的生活方式，提高全民身体素质、健康水平、生活质量和幸福指数，促进社会和谐、文明进步。制定了《关于加强体育社会组织网络体系建设的指导意见》，横向到边、纵向到底的全民健身组织服务体系更加完善。2012 年 11 月 15 日，出台了《关于进一步加强运动员文化教育和运动员保障工作的实施细则》(苏府办〔2012〕222 号)，使得运动员文化教育保障更加有力。

三是加强体育法规的落实力度。修订完善了《苏州市市民体育健身条例》和《苏州市体育经营活动管理条例》两部地方性体育法规。建立了体育市场稽查支队，设立了体育法制处，全市每年开展体育执法检查覆盖面达 100%。挂牌成立了体育行业职业资格技能省级培训基地，对游泳救生员、教员、水质处理员，健美操、跆拳道、网球教员、场地工等项目进行了职业资格培训鉴定，共有 4 427 人次获得了职业资格证书。已实施体育行业国家职业资格证书制度的项目覆盖率在 80%以上，项目从业人员平均持证上岗率在 70%以上。在市行政服务中心专设体育行政审批窗口，对 7 个项目开展体育行政审批，每年受理件数达 1 000 件左右，办结率达 100%。积极尝试第三方制度设计，委托苏州大学法学院起草《苏州市体育竞赛管理办法》,2013 年将进入正式立法程序。

(2) 文化内涵支撑

一是加强体育信息宣传平台的建设。通过与报社、广电等部门合作开辟体育专栏专题,积极倡导“更普及、更健康、更快乐、更和谐”的全民健身理念,大力弘扬苏州奥运冠军“永不言弃”的拼搏精神。在全民健身、体育竞赛、体育产业、场馆设施等方面开展系列宣传,实现了平面、广播、电视、网络、户外灯宣传媒体体育内容的全覆盖。编印和出版了《苏州体育志》《走向世界的苏州体育》《活跃的受众民间体育》《苏州体育健儿风采》《罗格苏州行》等一批体育文化丛书,发行了苏州奥运冠军、世界冠军邮册和苏州体育明信片等体育文化宣传资料。拍摄了《活跃在苏州的民间体育社团》等影视资料作品。结合体育重大活动,每年经常性开展体育摄影大赛、“十大体育新闻”评比等深受市民欢迎的体育文化宣传活动。

二是加快推进体育博物馆的筹建。确定在市运河体育主题公园改造中建设苏州体育博物馆,成立了筹备工作领导小组和办公室,筹建方案不断完善,将用吴文化和现代科技相结合的表现手段追溯苏州体育的发展历程,挖掘吴地体育文化源远流长的历史,展示奥林匹克运动与苏州体育文化的内涵。与市文联、市书法家协会合作,征集了百位苏州书法名家书写“百首古代体育诗歌书法”作品 104 副,其中与苏州有关的体育诗歌作品近 1/4,为博物馆建设全国首条体育书法碑廊奠定基础。《苏州体育书法碑刻作品集》即将正式出版发行,填补了全国体育书法书籍的空白。收藏汉砖提油人物画像拓片 60 余幅。与苏州大学合作,启动编写苏州古代体育史、近代体育史和苏州体育与奥林匹克展览大纲。与著名人像苏绣艺术家顾金珍刺绣工作室合作,启动苏州世界冠军和体育名人绣像工作,用吴文化的独特表现手法打造博物馆的镇馆之宝。

三是开展江南船拳抢救性挖掘。与苏州大学体育学院、相城区文体局联合成立江南船拳抢救性挖掘工作组,在相城区北桥街道挂牌成立“相城 · 北桥 · 开口船拳传承基地”,组织 10 余位老拳师进行套路拍摄,通过视频、图片、录音、编制拳谱等方式系统整理事物资料,并在中小学校传承推广。搜集北桥开口船拳的历史遗迹,筹备建立北桥“开口船头拳”陈列馆和演武场,并在 2013 年与常熟沙家浜、吴中区越溪等地方船拳一起联合申报省级体育类非物质文化遗产。

(3) 人才队伍支撑

一是明确人才战略。坚持“科教兴体,人才强体”战略,把人才作为推进体育现代化建设的第一资源,积极打造一批能够洞察发展脉搏,善于谋篇布局,敢于突破创新,精于专项业务的领军人物。苏州教练员王志杰、郭文俊入选“全国精英教练员双百培养计划”,入选数量列全省第一。郭文俊获“姑苏创新创业领军人才奖”,当选 2011 年苏州市市级机关第四届“十佳优秀共产党员”。吴静钰获得 2012 年苏州市突出贡献人才提名奖,陈倩被评为 2012 年苏州市劳动模范。

二是加强岗位培训。与中国科学技术大学签署“人才培养战略合作协议”,分训练、经营、管理三大类别,举办科学训练、体育产业、社会体育、公共管理等相关知识的系列培训活动。每年组织各类专题培训活动 20 次左右,参与培训人员为2 000人次左右。

三是提高业务水平。体育系统拥有专业技术职称人数 140 人,比 2008 年增长 44.36%;教练员 118 人,中级以上占 76.26%,比 2008 年增长 21.71%;科研人员 14 人,中级以上占 64.29%,比 2008 年增长 34.29%。全市 33 个业余培训项目裁判员覆盖率达 100%,二级以上裁判员 1 883 人,一级以上裁判员 664 人,占 35.26%;其他 23 个项目二级以上裁判员 456 人,其中一级以上占 34.2%。

通过四年的试点推进,苏州已初步实现体育现代化的预期目标,2013 年、2014 年苏州市进一步统一到省级最新部署上来,经过两年的指标提档升级和深化实施,继续扎实推进各项工作,提升工作水平,预计 2014 年底将率先基本实现体育现代化。

(三) 苏州体育现代化的协同实施

纵观《苏州体育基本现代化主要指标及评估说明》,共有 6 大类 39 条 86 项指标,每个指标都有相应的责任单位,推动其具体实施,并规定了相应的完成时间。为全面分析苏州体育现代化的协同实施情况,本节采用社会网络分析法,探寻各责任单位之间的具体联系。

首先,以《苏州体育基本现代化主要指标及评估说明》的每一项任务指标对应的诸多责任单位作为一个分析单元,提取出责任单位名称。然后,利用 Excel 对关键词及其频率进行统计,并分别统计每两个责任单位同时在一项任务指标中出现的次数,共得到责任单位数 49 个,生成地方政策 49 * 49 共词矩阵。最后,采用 Ucinet 6 内部集成的 Netdraw 可视化软件展示,得到责任单位的共词矩阵社会网络关系,如图 3.2 所示。图中,每一个节点表示一个责任单位,节点之间的连线表示两个责任单位之间的联系,线条的粗细代表关系的强弱。

为更好地反映责任单位之间的联系,在图 3.2 的基础上,利用 Ucinet 内部调节工具筛选出在 4 个以上任务指标中共同出现的责任单位,得到包括“市体育局”在内的 12 个责任单位,其相互之间的关系网络如图 3.2 所示,连线上的数字表示两者在 12 个政策中共同出现的次数。由图 3.3 可见,市体育局与市财政局是两个绝对的核心,在体育现代化工作的实施中扮演重要角色,绝大多数事宜都由两者协办,同时也说明公共财政资金对体育现代化工作开展的重要性。仅次于苏州市财政局的是苏州市教育局、各辖市(区)政府,这说明了大多数的事项都坚持贯彻体教结合的原则,并在实施的过程中需要辖市区政府的大力配合。

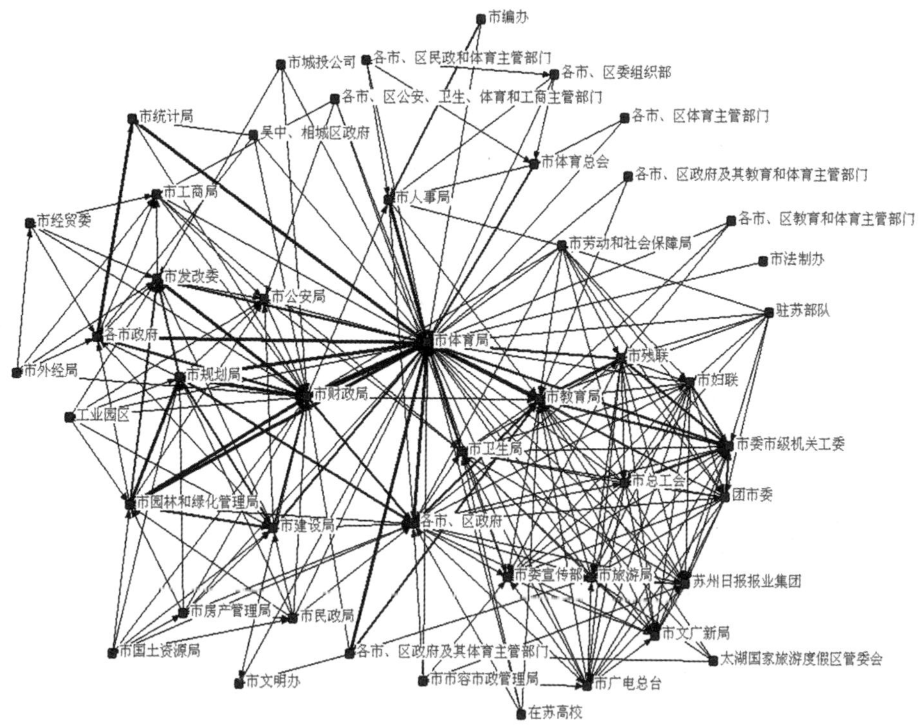

图 3.2　责任单位社会网络关系

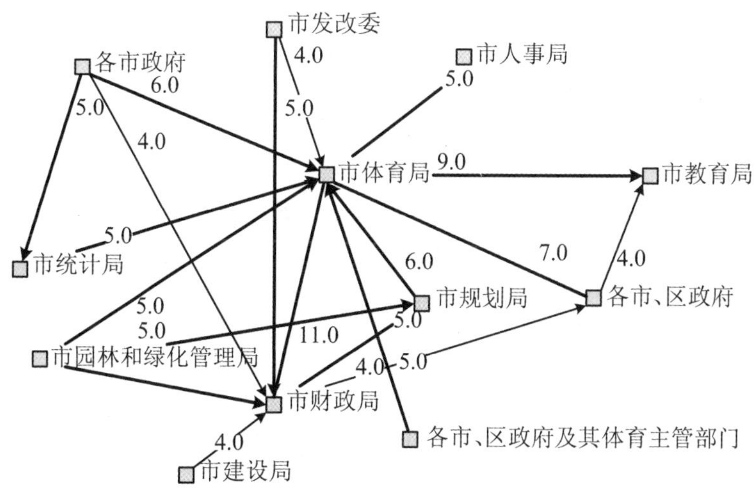

图 3.3　4 个以上任务指标中共有的责任单位

四、苏州市民公共体育服务需求与满意度调查分析

(一) 样本收集与基础分析

本次调查选取了苏州桂花公园、二郎巷社区、书院巷社区、滚绣坊社区、东园社区、北园社区、娄江社区、新江南社区为调查区域，8 个点共计发放问卷 360 份。每个社区由调查组成员随机抽取样本，上门当场填写问卷，问卷不记名。为确保调查客观反映群众满意程度，此次调查坚持客观公正，在指标设置上力求全面又突出重点，在样本抽取上注意代表性和广泛性。

本次调查共计回收问卷 347 份，其中有效问卷为 248 份，回收率为 96.39%，有效率为 68.89%。该问卷对调查对象(248 人次)的性别、年龄、文化程度、职业、收入等基本情况做了统计，并分别设置相应分级标准，具体构成如图 3.4 所示。由图 3.4可见：性别上，女性所占比例较大；年龄上，26～35 岁以及 60 岁以上人群比例较大；文化程度上，高中及大专学历人数最多；职业上，离退休人员和企业单位人员所占比例最大；收入上，1 万～5 万元人群所占的比例最大。

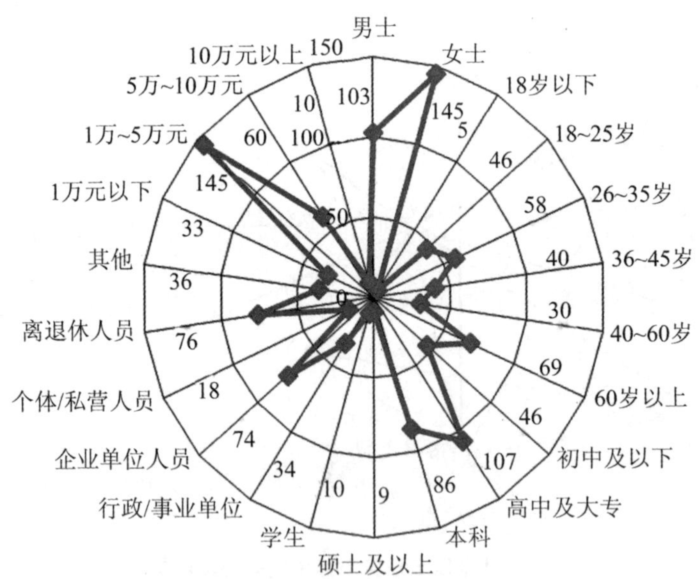

图 3.4　调查对象的特征情况

（二）苏州居民体育锻炼意愿分析

问卷对苏州居民体育锻炼意愿进行了调查，24.6%的调查对象每周锻炼1～2次，28.23%的人每周锻炼3～5次，11.29%的人每周锻炼6～7次，5.24%的人每周锻炼7次以上，19.79%的人每周去的次数不一样，可能不定期地进行体育锻炼。另外，还有10.89%的人从不进行体育锻炼，如图3.5所示。

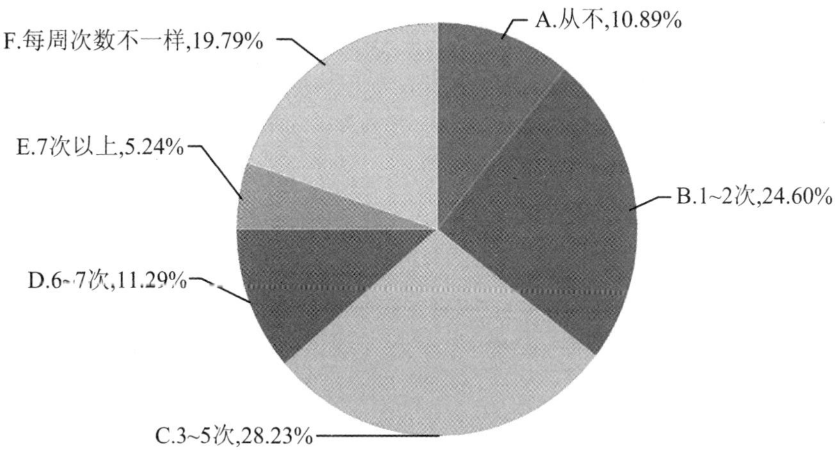

图3.5　苏州居民每周去公共体育活动场地健身的频率分布

（三）苏州市民公共体育服务满意度调查分析

评价指标不同，其满意度比例也有所不同。为此，我们设置了24项满意率相关指标，各指标的满意度如表3.6所示。

表3.6　评价指标与满意度对照表

评价指标＼满意度	很满意	满意	一般	不满意	很不满意	不清楚
公共体育场馆的覆盖率	12.05%	35.34%	36.95%	14.46%	1.20%	无此项
公共体育场馆的开放程度	10.84%	30.12%	27.71%	25.70%	1.20%	4.42%
公共体育场馆的收费标准	6.43%	28.11%	33.33%	24.90%	1.20%	6.02%
公众健身项目的设置	9.24%	39.36%	28.11%	18.88%	0.40%	4.02%
公众健身场地的覆盖率	8.84%	34.94%	37.35%	18.07%	0.80%	无此项
公众健身广场的环境	14.46%	37.75%	31.33%	15.66%	0.80%	无此项

续表

满意度 评价指标	很满意	满意	一般	不满意	很不满意	不清楚
学校健身体育设施的开放比率	7.63%	30.52%	31.73%	22.09%	4.42%	3.61%
学校健身体育设施的开放时间	7.63%	30.52%	29.32%	24.10%	4.42%	4.02%
举办公共体育活动的频率	10.84%	31.73%	29.32%	20.48%	2.01%	5.62%
体育活动的公众参与度	8.43%	39.36%	34.94%	16.06%	1.20%	无此项
公共体育宣传活动的频率与内容	8.43%	35.34%	42.57%	12.85%	0.80%	无此项
开展全民健身讲堂的频率	9.64%	31.33%	36.55%	15.66%	0.40%	6.43%
全民健身讲堂的内容	10.84%	30.52%	35.74%	12.05%	0.80%	10.04%
公民体质监测站的数量	8.03%	26.10%	36.55%	14.86%	1.20%	13.25%
公民体质监测站的服务质量	8.84%	27.71%	37.35%	11.24%	2.41%	12.45%
公民体质监测包含的项目	8.43%	26.91%	37.75%	12.85%	1.20%	12.85%
体育社团与俱乐部的活动丰富度	12.45%	36.14%	30.12%	11.65%	0.80%	8.84%
社会体育指导员数量	9.24%	34.54%	33.33%	10.84%	0.80%	11.24%
指导员指导工作的频率	10.04%	35.74%	33.73%	6.43%	2.41%	11.65%
惠民措施的种类及内容	9.24%	35.74%	34.94%	7.23%	1.61%	11.24%
公共部门应对群众需求的态度	10.44%	33.33%	44.58%	8.84%	2.81%	无此项
政府听取公民意见的情况	8.03%	30.52%	47.79%	8.43%	5.22%	无此项
政府对市民意见的回应情况	6.83%	34.94%	44.58%	10.04%	3.61%	无此项
公共体育服务供给的公平性	10.44%	32.53%	44.58%	8.84%	3.61%	无此项

从上表可见，各指标满意率均超过及格线60%，最大值为88.35%，最小值为67.47%。其中，满意率超过80%的指标有9项（公共体育场馆的覆盖率、公众健身场地的覆盖率、公众健身广场的环境、体育活动的公众参与度、公共体育宣传活动的频率与内容、公共部门应对群众需求的态度、政府听取公民意见的情况、政府对市民意见的回应情况、公共体育服务供给的公平性），满意率在70%～80%之间的有11项（公众健身项目的设置、举办公共体育活动的频率、开展全民健身讲堂的频率、全民健身讲堂的内容、公民体质监测站的数量、公民体质监测站的服务质量、公民体质监测包含的项目、体育社团与俱乐部的活动丰富度、社会体育指导员数量、指导员指导工作的频率、惠民措施的种类及内容），满意率在60%～70%之间的有4项（公共体育场馆的开放程度、公共体育场馆的收费标准、学校健身体育设施的开放比率、学校健身体育设施的开放时间）。因此，苏州各项体育公共服务的质量有很大的提升空间，尤其是体育场地设施建设和体育活动开展两个方面。

(四)苏州市民公共体育服务需求分析

近年来,在苏州市体育局各级有关部门的努力下,全民健身工作开展得有声有色,居民在室内外进行体育锻炼的频率比较高,对于各种公共体育服务需求旺盛,但对于具体项目的偏好却有所不同,本次调查结果也体现了这种差别,如表 3.7 所示。

表 3.7　苏州市民对各项公共体育服务的需求

选　项	不　同　需　求					
场地设施服务	室外活动场地	室内活动场地	室外健身器材	室内健身器材	免费洗浴设施	其他类
	72.58%	61.69%	60.08%	46.37%	32.26%	6.45%
组织服务	自发性的体育群体	会员制健身俱乐部	健身活动社团	竞技体育组织	其他类	不需要
	42.74%	37.10%	43.55%	15.73%	8.06%	12.50%
体质测评服务	体质测试	建立个人健康档案	定期体质追踪、复测、干预等后续服务	定期发布疾病预防控制知识	其他类	不需要
	76.61%	59.27%	56.45%	37.90%	0	2.82%
健身指导服务	各种健身项目培训服务	科学的健身指导方案	社会体育指导员培训	制订锻炼计划	提供运动处方	其他类
	53.63%	46.77%	36.69%	39.92%	22.18%	3.23%
活动开展服务	竞技类体育比赛	休闲类体育比赛	健身类体育比赛	企业或社区体育比赛	其他	—
	26.61%	50.00%	58.06%	29.44%	4.44%	—
信息咨询服务	体育活动信息服务	医疗健康保健信息服务	定期的体育健身讲座	体育赛事信息服务	企业或社区赛事组织服务	其他类
	50.40%	39.11%	30.05%	28.74%	23.39%	2.42%
体育惠民措施	重大赛事免费赠票	健身环境预警	场馆免费开放	医保、健身一卡通	其他类	—
	55.24%	25.40%	63.31%	37.50%	1.61%	—

首先,在对场地设施服务的需求上,居民对室外活动场地需求最大,人数占比为 72.58%;其次是室内活动场地需求,占 61.69%;再次是室外健身器材需求,占

60.08%；室内健身器材需求占46.37%；免费的洗浴设施需求占32.26%；其他类占6.45%。

在对组织服务的需求上，居民对健身活动社团的需求最大，人数占比为43.55%；其次是自发性的体育群体，占42.74%；再次是会员制健身俱乐部，占37.10%；然后是竞技体育组织，占15.73%。另外，选择“无”的人数占了12.5%，选择“其他类”的人数占了8.06%。

在对体质监测服务的需求上，居民最需要公共体育部门提供的服务是进行体质测试，如身高、体重、心肺功能、身高体重指数、运动能力等，人数占比为76.61%；其次是建立个人健康档案，占59.27%；然后是定期体质追踪、复测、干预等后续服务，占56.45%；最后是定期发布疾病预防控制知识，占37.9%；表示不需要体质监测服务的居民占了2.82%。

在对健身指导服务的需求上，居民需要公共体育服务部门提供各种健身项目培训服务的需求最大，人数占比为53.63%；其次是科学的健身指导方案，占46.77%；再次是制订锻炼计划，占39.92%；接着是社会体育指导员培训服务，占36.69%；然后是提供运动处方，占22.18%；选择其他方面的居民占了3.23%。

在对活动开展服务的需求上，占比重最大的是健身类体育比赛（健身操、太极拳等），人数占比为58.06%；其次是休闲类体育比赛（如保龄球、乒乓球、游泳、赛龙舟等），占50.00%；再次是企业或社区体育比赛（企业之间联合体育比赛，全民建设比赛等），占29.44%；然后是竞技类体育比赛（如足球比赛、篮球比赛等），占26.61%；选择其他方面的也占了4.44%。

在信息咨询服务的需求上，居民对于体育活动信息服务的需求最大，人数占比为50.40%；其次是保健信息服务，占39.11%；再次是定期的体育健身讲座，点30.05%；接着是体育赛事信息服务，占28.74%；然后是企业或社区赛事组织服务，占23.39%；其他方面占2.42%。

在对体育惠民措施的需求上，居民最需要的惠民措施为场馆免费开放，人数占比为63.31%；其次是重大赛事免费赠票，占55.24%；再次是医保、健身一卡通，占37.50%；然后是健身环境预警，占25.40%，其他方面占1.61%。

此次调查也分别统计了调查对象的性别、年龄、文化程度、职业、收入等基本情况上的差异对体育场地设施服务、组织服务、体质测评服务、健身指导服务、活动开展服务、信息咨询服务、体育惠民措施等服务的选择情况，现以体育场地设施服务的选择差异为例（见图3.6）来进行说明。

从图3.6可以看出：在性别上，女士对体育场地设施服务的需求比男士更大；年龄上，18岁以下的样本较少，18～25岁之间的最喜欢室内活动场地，26岁及以上年龄阶段的都是最喜欢室外活动场地，并出现26～35岁、60岁以上两类人群的需求高峰；文化程度上，初中及以下、高中及大专、本科学历的人都最喜欢室外活动场地，而硕士及以上学历的人更偏爱室内活动场地和室外健身器材，高中及大专学历的人对体育场地设施服务的需求最盛；职业上，学生、政府机关及事业单位人员更喜欢室内活动场地，企业单位人员更喜欢室外活动场地，个体私营人员最喜欢室外健身器材，离退休人员和其他人员都最喜欢室外活动场地，企业单位人员对体育场地设施服务的需求最盛；收入水平上，各收入水平的人群都更喜欢室外活动场所，其中年收入 10 万元以上的居民对于室外活动场地和室内活动场地的偏好相同，收入在 1 万～5 万元的居民对体育场地设施服务的需求最盛。

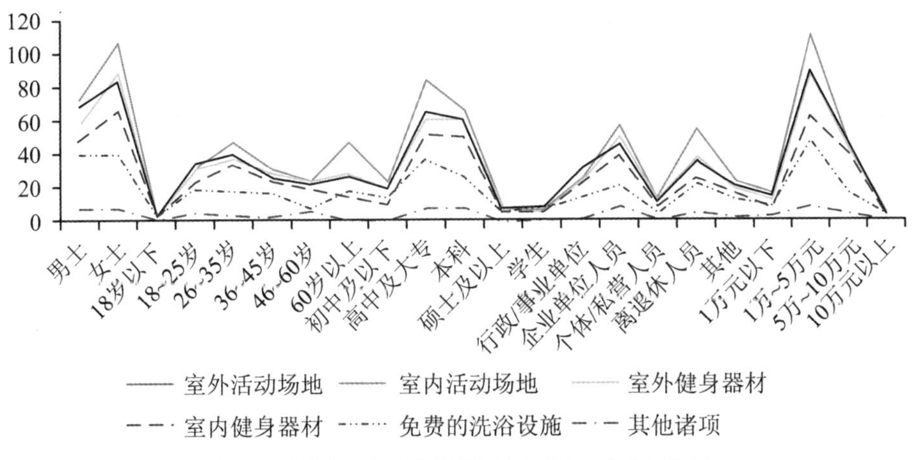

图 3.6　不同人群对体育场地设施服务的选择差异

第四章　苏州公共体育服务体系框架与内容设计

一、总体规划

(一) 指导思想

以邓小平理论、“三个代表”重要思想、科学发展观为指导，深入贯彻党的十八大和十八届二中、三中全会精神，紧紧围绕国家和省政府关于公共服务体系建设的战略部署，以保障人民群众基本体育权益为根本任务，以政府为主导，加强公共体育服务职责，加大政府购买、服务力度，创新政府基本公共体育服务方式，有效扩大公共体育服务供给。

坚持“以人为本、城乡一体、面向基层、服务群众”的方针，按照“公益性、基本性、均等性、便利性”的要求，遵循“保基本、强基层、建机制、重实效”的总体思路，加快构建基本公共体育服务体系，为苏州建设苏南现代化示范区、体育城市、和谐幸福城市做贡献。

(二) 基本原则

一是把握公益性，由政府主导，不以营利为目的；考虑大多数市民利益的同时，兼顾不同群体的意愿，使得全民受益。

二是把握普遍性，公共体育服务覆盖全民，实现机会均等和基本标准的统一，满足群众多元需求。

三是把握实用性，始终以市民实际需求为出发点，尊重市民的健身习惯，提供便民化服务。

四是把握长效性，将相关服务内容以制度或政策的形式确定下来，扎实、稳步推进。

五是把握文化性，融入苏州特有的生活方式、风土人情、传统习俗、价值观念，倡导健康文明的生活理念和运动方式。

六是把握效率性，重视公共体育服务投入、产出及配置的问题，遵循效率规律，让更多的社会组织参与公共体育服务活动、缩短公共体育产品供给的路径。

（三）基本依据

抓紧落实《国家体育总局江苏省人民政府建设公共体育服务体系示范区合作协议》，深度贯彻江苏省政府《关于推进公共体育服务体系示范区建设的实施意见》与《江苏省公共体育服务体系示范区创建标准》，同时，结合国务院最新印发的《关于加快发展体育产业促进体育消费的若干意见》(2014)、国家体育总局《2011～2020年奥运争光计划纲要》《苏州市全民健身实施计划(2011～2015年)》等规范性文件推动群众体育、竞技体育、体育产业等方面与公共体育服务密切相关事项的发展。

（四）基本目标

到2016年，初步建成惠及全民、公平公正、水平适度、可持续发展的具有苏州特色的基本公共体育服务体系，使苏州市公共体育设施网络更趋完善，服务运行机制更加健全，服务效能明显提高，健身意识不断增强，体育健身成为市民日常生活的重要组成部分。实现公共体育服务均等化、标准化、多元化，以优质的公共体育服务赢得广大公众的认可。

二、基本框架

苏州体育公共服务体系的构建涉及诸多因素，尤其受特定的环境因素制约。在公共体育服务要素的基础上，需要融入苏州社会经济、历史人文习惯等因素。苏州公共体育服务体系建设应由政府主导、社会共建、全民参与，旨在保障公民的体育权益，满足不同人群的体育健身需求。在借鉴上述理论研究与实践经验的基础上，我们将苏州公共体育服务体系概括为三个部分，包括5个重点方面、3个拓展方面和5个保障方面，简称“535体系”，具体如图4.1所示。

在此之前，我们进行了苏州市公共体育服务体系建设方案的设计与筛选，如表4.1所示。公共体育服务的核心内容莫过于13个方面，而关键点在于对13个体育事业发展要素的重组，确定重点建设方面。在综合衡量的基础上，我们选择方案三，设定5个重点方面，其他方面作为拓展与保障。

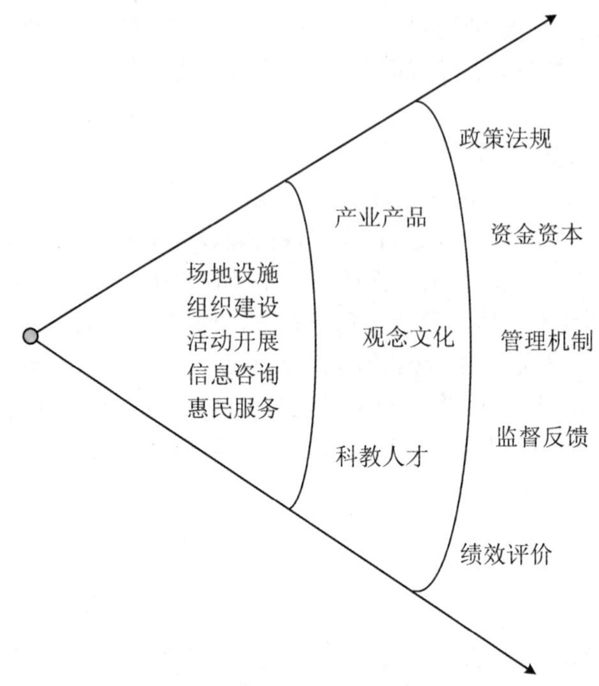

图 4.1 “535 体系”

表 4.1 3 个备选方案

方案一:“148 体系”		
1 基础	4 重点	8 保障
1. 场地设施服务	2. 组织建设服务 3. 活动开展服务 4. 体质监测与健身指导服务 5. 数字建设与信息咨询服务	6. 产业发展 7. 文化氛围 8. 科教人才 9. 政策法规 10. 资金支持 11. 体制机制 12. 监督反馈 13. 绩效评价

方案二:“1255 体系”			
1 基础	2 重点	5 拓展	5 保障
1. 场地设施服务	2. 组织建设服务 3. 活动开展服务	4. 体质监测与健身指导服务 5. 数字建设与信息咨询服务 6. 产业发展与市场监管服务 7. 观念改进与文化氛围服务 8. 科研教育与人才队伍服务	9. 政策法规 10. 资金支持 11. 体制机制 12. 监督反馈 13. 绩效评价

续表

方案三："535 体系"		
5 重点	3 拓展	5 保障
1. 场地设施服务 2. 组织建设服务 3. 活动开展服务 4. 体质监测与健身指导服务 5. 数字建设与信息咨询服务	6. 产业发展与市场监管服务 7. 观念改进与文化氛围服务 8. 科研教育与人才队伍服务	9. 政策法规 10. 资金支持 11. 体制机制 12. 监督反馈 13. 绩效评价

三、五个重点方面，直接面向公众的公共体育服务

公共体育服务的对象是广大群众。在科学发展观"以人为本"的核心要义指引下，在"竞技体育与群众体育协调发展"要求的指导下，在"体育大国向体育强国迈进"精神的指示下，苏州市体育局积极打造"争奥运金牌，谋百姓健康"的体育公共服务品牌，牢固树立"健身惠及百姓，体育也是民生"的发展理念。因此，公共体育服务体系的重点内容是与公众健身运动密切相关的要素，包括场地设施服务、组织建设服务、活动开展服务、信息咨询服务、惠民服务等五大服务项目。

(一) 体育场地设施体系

体育场地设施体系是由满足公众公共体育需求的场地、设施等要素构成的有机整体。场地设施体系是公共体育服务体系的物质载体。公共体育场地设施主要包括公共体育场馆、学校及机关和企事业单位所属的体育场地设施、以全民健身路径工程为主的社会健身休闲场地、商业性健身设施。只有形成一个遍及全市、合理布局、公平准入的公共体育场地、设施网络，才能实现构建公共体育服务体系的目的。因此，应根据是否便民利民，是否满足公众体育需求的角度出发，研究制订合理的公共体育场地设施建设方案，要逐步提高各类体育场地建设的数量，提高人均面积。同时，综合运用多种投融资工具和多种形式的财税优惠政策，促使各类社会资本和生产要素向公共体育服务领域合理流动，建立起覆盖城乡的多样化公共体育场地设施，以满足人们的各种体育需求。

在场地设施建设过程中，要注重"三个均衡、一个可持续"。

"三个均衡"指：

(1) 城乡均衡。推进城乡一体的"10 分钟体育圈"建设，加大公共体育资源向农村的倾斜力度，重点在尚没有公共体育设施的乡镇、村和城市街道、社区建设公

共体育设施，确保所有自然村实现体育设施全覆盖，各辖市（区）完善全民健身中心功能，各镇、行政村、自然村按标准建设体育设施。

（2）区域均衡。协调推进全市公共体育设施布局建设，重点完善和提升市辖市（区）健身设施功能，支持和引导部分薄弱地区进一步加大投入，完善全民健身设施网络，不断缩小区域间差距。

（3）结构均衡。要拓展适合老年人的健身项目，如棋牌类、垂钓类、慢走类等，加快老年人健身活动场地设施建设，为老年人开展体育活动提供便利。以田径、游泳、足球、篮球、乒乓球、羽毛球为重点，发展青少年喜爱的体育运动项目，大力推动各种球类运动场馆建设。

“可持续发展”是指加强对公共体育设施建设的维修与管理，规范公共体育设施建设的服务标准，扩大服务项目的内容，实现公共体育设施的建设、使用、维护和管理的一体化服务。对现有陈旧的体育设施进行维护、保养或更换，淘汰一批落后的健身工具，根据群众需求添置一批新型运动设施，发掘体育设施的新功能。

（二）组织服务体系

组织建设服务体系是由公共体育服务的领导、组织、协调及实施的部门和机构组成的有机整体。建立健全公共体育组织体系是公共体育服务体系构建的必要条件，是在公共体育服务体系中发挥主导作用的载体。一切公共体育政策的制定、公共体育服务的提供、公共体育服务方式的确立，最终都要直接或间接通过组织体系的组织、督导、协调、监控等环节来实现。它的正常运转才能保证公共体育服务的生产、安排与提供，才能让人民群众真切地感受到其体育权益的实现以及体育需求的满足。

根据组织体性质的不同，组织建设过程包括以下 4 个方面。

（1）强化行政服务职能。增强辖市（区）、镇（街道）体育服务职能，强化基层体育管理人才队伍建设，全市每个镇（街道）配备专兼职的体育管理人员，巩固和提升体育为民服务的组织保障。

（2）发展体育社团、体育协会、体育俱乐部。以深化社团改革为抓手，加大体育社团组织建设力度，推进体育社团延伸覆盖，扎实构建门类齐全、层次丰富、遍布城乡、富有活力的体育社团组织网络。同时，支持、鼓励企事业单位建立体育协会、体育俱乐部等体育组织，组建单位运动队或全民健身特色团队。积极引导各行业组建体育协会，发展会员，组织开展全民健身活动。

（3）发展体育指导员队伍。继续促进社会体育指导员队伍建设，使其在现有人数基础上稳固增长，并实现素质上的提高，为公众健身提供指导。

（4）发展志愿服务。扩大公共体育志愿服务队伍。通过公开途径，公平、公正选拔。根据不同体育活动特征，设定长期、中期、短期以及当次服务志愿者。

(三) 活动服务体系

活动开展服务体系是由满足公民健身、娱乐、教育、竞赛、休闲等公共活动需求的要素构成的有机整体。体育活动是体育的本质所在，是公共体育服务体系的核心。没有体育活动，公共体育服务体系中的其他任何要素均会失去发挥作用的载体。体育活动体系主要由健身性活动、娱乐性活动、教育性活动、竞赛性活动、休闲性活动等构成。要根据经济社会的发展，不断赋予体育活动新的内涵，大力开发公共体育活动的形式、内容和组织手段、方法。注重引导全民健身活动的开展，突出主题、力求实效，要贴近群众，引导群众自觉参与。

具体要做好以下四个方面：

(1) 精品赛事大众化。通过承办世界乒乓球锦标赛、环太湖公路自行车赛、环太湖国际竞走和行走多日赛等国际国内大型赛事，广泛开展相关群众性体育竞赛与活动，进一步扩大赛事影响，延伸赛事效应，提高市民参与度。

(2) 健身活动多样化。根据不同区域、不同人群的多元化需求，经常举办小型多样、群众喜闻乐见的健身活动。积极搭建全民健身活动展示平台，打破"市、辖市(区)每四年，镇(街道)每两年举办一次综合性运动会或全民健身节"的固有思维，减少综合性运动会的举办，转而多举办"条线运动会"，在外企运动会的基础上争取举办民企运动会，实现运动会的小型化纵横向全覆盖。

(3) 健身活动联动性。加强部门联动，发挥市文明办、农工办、机关工委、教育局、民政局、商务局、卫生局、人口计生委、工会、团市委、妇联、残联等单位的作用，举办各具特色的全民健身活动。继续办好"草根体育联赛""阳光体育联赛"等各种联赛。

(4) 特色活动品牌化。积极倡导"一区一品牌、一市一特色"，鼓励各地培育发展具有地方传统特色的品牌活动，做好传统与现代、科学与健康的有机结合，做好船拳、龙舟等传统体育项目的继承与发扬。努力打造在全省乃至全国有影响的全民健身品牌活动。

(四) 信息咨询服务体系

信息咨询服务体系是与公众体育利益密切相关的信息和咨询构成的体育信息管理系统，除基本的公共体育健身网络、公共体育信息咨询和体育健身信息供给等服务外，还包括互联网、移动终端、广播电视、报纸杂志等多渠道公共体育服务信息网络系统和信息管理系统。要通过信息互联网络的建设、信息资源开发的建设、人才队伍的建设、服务平台的建设以及管理机构的建设，构建以公共体育信息服务为主体，多层次、多渠道、多元化的公共体育信息服务体系科技平台，提高公共体育信息服务效率,推进公共体育信息化进程的加快。

该体系建设主要包括以下3个方面:

(1)"智慧体育"建设。通过搭建"智慧体育"平台,开展各种智慧应用,展示苏州智慧体育风采。积极开发苏州数字化体育资源库,实现全民健身数字地图覆盖全市,功能更加完善。依托广电网络开设"运动苏州"数字专栏,优化体育赛事播报。在公园、广场、绿地和有条件的社区试点推进体育信息、设施功能二维码服务。加快体育部门政务微博、微信开通运行,提高政务信息资源开发利用水平,提升办公自动化水平。

(2)提升网上服务。优化"苏州体育信息网",推进政务进一步公开,确保重要新闻资讯的查询。积极推进网上办公,新建或改进网上审批流程。优化体育信息集成查询系统,对体育产业、体育企业、体育社团、体育活动等相关信息进行排查与摸底,集成规范化的可查询信息。在原有场馆预定、"10分钟健身圈"、科学健身、健身器材、器材报修五大"网络公众服务"的基础上,进一步拓展网上服务模块。

(3)创新移动终端服务。开展健身科普短信免费订制业务,根据具体公众需求以打电话或者发邮件的形式免费订制健身科普短信。研发"运动苏州"手机客户端,提供体育信息浏览服务。

(五)惠民服务体系

该体系主要包括以下3个方面。

(1)体质监测服务体系。体质检测服务体系是指为全面研究分析公众体质健康状况及变化规律提供有效依据,以科学的数据指导公众体育健身活动广泛开展的系统。构建体质监测服务体系,为全民健身提供保障。构建体质健康监测的服务机制,对公众实施体质监控和追踪研究,定期公布体质健康的监测结果,正确引导公众对体质健康的认识。

(2)体育指导服务体系。它是指由指导公共体育活动需求的要素构成的有机整体,主要包括健身娱乐理论研究、健身娱乐方法研究与推广、运动技术指导等项目。推广科学锻炼手段与方法,依据个人体质状况提供有针对性的科学健身指导性服务,提高市民的健身水平和生活质量。扩大原有"三进"工程(进市区机关、进企事业单位、进城乡社区)地域范围,推进该工程进各辖市(区)与乡(镇)单位。通过预约,市、区体育部门安排高等级社会体育指导员、健身场馆教练员,或预约优秀体育教练员、运动员免费上门教学,优化并扩充原有教学项目,进行健身技能传授与相关健身知识讲座。同时,要联合气象台、电视台、广播电台等大众媒介,传播健身、养生相关信息,给予健身在天气、环境等方面的指导。

(3)其他惠民服务。如实施重大赛事免费赠票等惠民措施,苏州市承办的非商业赛事全部向苏州市民免费赠票,商业赛事提供一定比例的门票免费赠送给公众。实施对残疾人、低保户、特困职工、老年人等特殊群体健身锻炼半价优惠措施。不断加大体育中心、休闲公园、体育运动学校等场地场馆惠民开放力度，逐步扩大免费或优惠开放的体育项目范围，引导大中小学校等符合开放条件的企事业单位体育设施向社会开放，提高各类体育资源为公众服务的能力。实施职工基本医疗保险个人账户可购买健身服务功能。

四、三个拓展方面，部分服务于公共体育需求

(一) 产业发展与市场监管服务

体育产业具有与其他产业相同的共性——注重市场效益、讲求经济效益，同时又具有不同于其他产业部门的特性——其产品的重要功能还在于提高居民身体素质、发展社会生产、振奋民族精神、实现个人的全面发展和社会文明的全面进步。要加强产业规划，提升体育产业增加值在 GDP 中的比例，培育和扩大体育消费市场，打造知名品牌企业，完善产业链和产业带，注重对市场的有效监管。加快培育体育市场和体育消费人群，不断丰富体育公共产品的供给渠道和方式，满足市民多元化的体育需求。进一步完善产业发展政策扶持体系，做大做强体育产业龙头企业，做好体育彩票销售工作。建立体育产业反哺体育事业的发展机制，拓展体育事业发展的经费渠道，努力发挥体育产业对公共体育服务体系建设的支撑作用。重点支持发展体育保险业，缓解运动员在训练、比赛、日常生活中生命安全及疾病、退役后的养老问题。

(二) 观念改进与文化氛围服务

体育观念和文化建设在传播社会主义先进文化和塑造核心价值观方面具有积极的作用和重要的社会功能。充分认识体育的独特功能和社会价值，发挥竞技体育的巨大感染力和凝聚人心、振奋精神的独特引领作用，不断增强市民体育意识。借助体育竞赛、体育场馆、各类媒体、体育公益广告、体育名人等载体和形式，加大体育宣传，丰富体育文化内容。通过与报社、广电等部门合作开辟体育专栏专题，倡导“健康、快乐、和谐”的健身理念，倡导“合理膳食、适度运动、身心健康”的生活理念。不断深化“争奥运金牌，谋百姓健康”的体育服务品牌建设，将品牌意识融入各项体育工作，树立良好的公共体育服务形象。挖掘体育内涵，保护和传承苏州传统体育文化和人文历史，创作一批体育文化丛书产品。借助体育碑林、体育书法、汉砖体育人物画像拓片、名人绣像、体育邮票、体育摄像传播体育文化，强调吴地体

育特色，扩大体育感染力。将苏州市体育博物馆建设成为爱国主义教育基地、青少年教育基地、体育科普教育实践基地。

（三）科研教育与人才队伍服务

坚持“科教兴体、人才强体”的战略。充分发挥体育科研机构和高校在人才和科研条件方面的优势，加强科研合作，提高全市体育科技的发展水平。通过引进、培养优秀体育科技人才，加大科研经费投入，加强科技攻关，产出一批科研成果。促进科技在全民健身、运动训练、体育产品研发、场馆建设、体育信息技术等方面的广泛应用，提高科技贡献率。体育科学学会要广泛深入开展体育理论研究，加强体育工作实践的指导。体育科研机构可设立分支机构，积极为公民科学健身和业余训练开展科技服务。在队伍建设上，行政服务人员要深入开展理论研究、业务钻研、学术交流等，形成良好的学习氛围；实务中要分清职责、积极行动、密切配合；建立专项业务培训、在职学历教育、职业素质培养等为主要内容的教育培训制度，丰富教育培训的形式，提高教育培训的成效。社会体育指导员要实施轮训计划，定期开展技能培训。引进和培养一批优秀教练员、裁判员、体育科研人员和体育经营人才等，保持各类体育人才的数量和质量处于领先行列。重视运动员的教育，做好升级、升学工作，加强和在苏高校及国内其他高校的合作，拓宽运动员学历教育渠道。深入推进人事制度改革，不断完善公开公正的考评机制和优胜劣汰的竞争机制和竞聘上岗的任用机制。

五、五个保障方面，为公共体育服务保驾护航

（一）政策法规

体育政策法规是指由保障公共体育服务提供的相关政策、法律、法规等要素构成的有机整体。这一体系是保障公共体育服务供给运行的基石。在公共体育服务的政策法规系统中包含法律、行政法规、部门规章等子系统。

苏州市、辖市（区）级政府要将公共体育服务体系建设作为当前工作的重点，从政策层面予以支持与引导。将重要工作计划、工作内容、工作程序以规范性文件的形式予以确认，保证长效性与稳定性。制定统筹城乡体育发展的政策、吸引社会力量参与大型体育场馆建设与运营的政策、促进体育产业发展的政策措施、吸引社会力量参与公益体育事业等政策体系。

（二）资金资本

体育资金体系是指由公共体育资金的筹集、配置与使用等要素构成的有机整体。公共体育服务的经费问题是制约公共体育服务质量的关键，良好的资金体系是公共体育服务的血脉。合理有效的公共体育服务资金融资机制以及完善的资金分配与使用机制是公共体育服务体系良性运转的有力依托。公共体育服务的资金来源包括政府拨款、贴息贷款及融资、集资、社会捐助、赞助、基金会等。

建立以政府投入为主的公共体育服务体系，建设财政投入与保障机制，将公共体育服务体系建设纳入国民经济和社会发展规划、财政预算、政府工作报告、城乡建设规划以及各级政府民办实事项目。确保体育彩票公益金主要用于公共体育服务体系的建设上。探索多元化投入机制，鼓励、吸引社会力量参与公共体育服务体系建设。

（三）管理机制

管理机制是指管理系统的结构及其运行机理，本质上是管理系统的内在联系、功能及运行原理，是决定管理功效的核心问题。在政府主导的公共体育服务体系建设过程中，要特别注意减政放权、政事分开。体育行政部门侧重于规划引领、政策推动、标准制定等，充分调动各方面的积极性。建立政府统一领导、相关部门分工负责、社会团体积极参与的管理体制和工作机制。以农村和基层社区为重点，制定统筹城乡体育发展的相关规划、政策、措施。建立政府与公共体育服务机构的专家咨询制度、公共体育服务机构运营的公众参与制度，形成政府宏观管理、行业协会参与、公共机构法人治理的管理模式，建立城市对农村的体育援助机制。

积极推动体育发展方式转变，不断深化“政府主导、部门协同、社会共建、全民参与”的“大群体”工作格局，努力完善公共体育服务体系建设工作指导委员会联席会议制度。建立健全政府购买公共体育服务制度，确立购买服务的范围和方式，并对政府购买行为进行监督。引导社会力量参与公共体育服务体系建设，调动各方面的积极性。

（四）监督反馈

体育监督反馈体系是指由对公共体育服务的提供进行监督、控制、反馈等要素构成的有机整体。它是对监控公共体育服务部门服务能力，反馈公民体育需求信息等的相关制度及系统的总称。

苏州市应将公共体育服务体系建设纳入对地方政府的考核指标体系，纳入政府目标管理责任制。市政府每年以目标任务书的形式下达各辖市(区)公共体育服务体系建设任务,并对建设情况进行专项督查,督查报告向各辖市(区)政府反馈。同时,将公共体育服务体系建设作为考核市全民健身工作先进辖市(区)的重要内容,对完成公共体育服务体系建设任务的辖市(区)给予奖励。

(五) 绩效评价

公共体育服务的绩效评价体系是指由考核、评价公共体育服务提供能力的相关要素构成的有机整体。政府的绩效管理与评估是关系到政府治理水平和运作效率的核心问题,重要作用不仅表现在维护现有基本社会秩序、提高公共服务质量、改善公共责任机制上,而且是公众表达利益和参与政府管理的重要途径与方式。

苏州市政府将按《江苏省公共体育服务体系示范区创建标准》(苏南地区)对公共体育服务体系建设进行督察与验收,把苏州建成江苏省高水平公共体育服务体系示范区。苏州市政府建立并实施公共体育服务绩效评估制度。形成政府、社会、服务群体共同参与的监督管理体系,建立起政府、体育和财政部门、公共体育机构、重大体育项目工作考核机制。实行体育工作目标责任管理制,将服务农村、服务基层情况和群众满意度作为重要考核指标。

第五章　苏州公共体育服务体系的具体实施

一、政府主导实施的一般原理

（一）立足本地，推进公共体育服务体系的建设

苏州市要制定高于省级基本公共体育服务的标准，争创省级公共体育服务体系示范区，主动融入苏南现代化示范区建设之中。积极建设本辖区内公共体育服务体系，便利市民健身锻炼。苏州市公共体育服务体系建设是以政府为主导，鼓励企业、社会组织以及市民参与的动态、有机的过程。苏州市政府推动公共体育服务体系建设，最终是保障苏州市民的体育权益。苏州市政府在建设公共体育服务体系中，发挥着领导作用，苏州市政府为苏州市公共体育服务体系建设制订规划、出台相关政策、提供充足稳定的财政资金、推动体育社团发展以及倾听、满足市民锻炼健身的喜好。建设公共体育服务体系，是对苏州市政府治理能力的一次检验，主要包括以下几个方面。

第一，苏州市政府应在苏州已有公共体育服务基础上，制订苏州公共体育服务体系建设规划。目前，苏州市体育城乡基础设施全民覆盖，已形成以体育制造业与体育服务业为主的体育产业，建立了受市民欢迎的科学健身体系，全年全民健身已常规化。但苏州市公共体育服务体系仍然存在着不足，政府购买公共体育服务方式有待创新，大型体育场馆运用管理体制机制有待完善，体育产业化水平有待提高。而苏州市公共体育服务体系建设中存在的问题，都不是简单的问题，需要政府从全局角度思考、规划。苏州市公共体育服务体系建设现状亟待政府制订合理的规划。苏州市政府建设公共体育服务体系规划，有助于理清其公共体育服务体系的建设现状，根据苏州市市民需要、财政能力、体育文化等现实条件建设公共体育服务体系。

第二，苏州市政府应加强各政府部门联动。公共体育服务体系的建设是一个系统工程，它不仅需要苏州市政府与苏州市体育局的全力推进，也需要建设、规划、教育、园林等部门的配合。而不同部门因为工作内容存在差异，较少联系、合作。因此，公共体育服务体系的建设，需要苏州市政府成立公共体育服务体系建设委员

会，由苏州市体育局牵头，苏州市财政局、教育局、建设局、规划局、园林绿化等部门参与，只有将各部门的协作、沟通常规化，才能保证公共体育服务体系建设的顺利进行。

第三，苏州市政府应推动社会组织发展。公共体育服务的提供以实现公共利益为目标，即在提供公共体育服务的过程中，公众的意见是政府行动的重要“指示灯”。因此公共体育服务体系建设不仅应该反映市民的要求，也应该鼓励市民参与。社会组织参与公共体育服务体系建设，不仅具有专业性、灵活性的优势，同时也能够以理性的方式为市民参与公共体育服务体系建设提供途径。

第四，苏州市政府应为公共服务体系建设提供稳定、充足的资金。提供公共体育服务，满足市民健身锻炼要求，是政府一项民生工程，也是政府的基本职能。充足的财政资金，是建设公共体育服务体系的必要条件。苏州是我国发展较快的地区，经济、社会的快速发展促使苏州市民体验生活的呼声不断高涨，而苏州市的财政也具备了相应条件建设公共体育服务体系。

要保证公共体育服务体系建设的顺利进行，公共体育服务体系建设资金的渠道应当多样化。苏州市应当多渠道保证资金投入：一是专项资金。如苏州市应该设立体育社会组织发展基金和公益创投资金项目。对于符合规定的社会组织和公益项目，都应拨付资金给予支持。二是财政预算资金。苏州市应该在公共财政预算中增加“购买公共服务”的科目，将其转为财政固定项目列支，并随公共服务需求的增加而逐年调整，以保障政府购买公共体育服务机制的建立。目前，苏州市社会组织数目较多，但发展规模有限，政府资金的注入将为其创造新的发展机遇。因此，为防止资金匮乏成为社会组织发展的瓶颈，苏州市政府应该为公共体育服务体系提供稳定的财政支持，保证对公共体育服务的资金投入逐年增长，对公共体育服务的投入与经济增速保持一致。目前，苏州市对购买体育公共服务已经有所尝试，但难以满足市民对公共体育服务的需要。因此应增加购买公共体育服务的财政预算。三是体彩公益金。将体彩公益金以合理比例投入到公共体育服务的购买中，实现彩票收入的合理利用。

（二）立足社区，找准公共体育服务体系建设的动力

1. 社区公共体育服务动力体系建设的必要性

社区公共体育服务动力体系是推动社区公共体育服务体系建设的主要动力。社区公共体育动力机制是指由政府、企业、非营利组织以及社区居民组成的，以社区资源为基础，提供社区居民需要的公共体育服务的系统。在社区公共体育服务动力系统中，政府居于核心地位，是该动力系统的建立者与维护者；企业依靠其专业性及资本，为社区提供公共体育服务；非营利组织以其积极愿景吸引社区居民的加入，并利用其号召力聚合多种力量，为社区居民提供公共体育服务；社区居民是

社区公共服务的直接受益者，他们容易广泛参与到社区公共体育服务的建设过程中。

苏州市政府为了更好地为市民提供公共服务，也在不断提升自身管理水平和管理理念。经过三十多年的发展，已经认识到政府对于社会事务的大包大揽并不能为社会提供优质、高效的服务；政府掌握的资金和其他资源有限，很难满足市民个性化的体育锻炼需要；体育社团是一支崛起的新力量，能够为市民提供体育指导，组织多样的体育活动。面对挑战和机遇，苏州市体育行政主管部门尝试构建社区公共体育服务体系动力机制，为政府、企业、非营利组织和社区居民提供沟通、交流的平台，组织各方力量共同建设公共体育服务体系。

2. 社区公共体育服务动力体系建设的理论基础

基层政府建设公共体育服务体系，建立公共体育服务体系动力机制具有必然性，治理理论为其提供了理论基础。社区治理理论是治理理论的多种实践形式之一。社区治理理论认为，对于社区事务的管理，需要政府与社区力量、居民和企业合作。政府难以时时了解到民众对于公共服务的意见和要求；企业没有足够动力提供公共服务；社会组织虽有能力提供公共服务，但社会组织的规模和影响力有限；公众了解自己的需要，但如果没有合理的参与途径，会导致公众的非理性参与或对公共事务的漠视。

但如果为社区力量提供一定的机制，正视并发挥社区多种力量的积极作用，将能够更好地解决社区事务。因为社区力量具有以下特点：一是社区组织更了解社区实际情况，更关注社区居民的需要，同时提供的服务也比政府更具有弹性和灵活性；二是社区组织能够为社区居民提供参与管理社区事务的机会。社区居民对于社区事务的管理，有助于提升居民的归属感，真正融入社区，进而提供建设社区组织所需的服务。

社区治理主要通过以下方式提供公共服务：一是志愿服务。社区组织发动社区居民投身于社区事务的管理，如组织体育活动、宣传健身知识等。二是由社区组织和企业利用社区资源提供公共服务。社区事务的特点，就是要充分利用社区自身的资源，吸纳社区组织的独立性，从而为社区居民提供优质服务。如社区的体育社团可以建立体育锻炼培训组织，为居民提供体育健身指导。三是消费者控制。即如果政府或社区组织不提供社区居民需要的服务，那么社区居民将通过其他途径满足自身需求。这就确保社区居民的需求都能被满足；社区组织的服务由社区居民根据实际情况自由选择，以实现优胜劣汰。

但也应该注意，社区治理并不是社区力量推动产生的，它是政府主动建立的。政府需要为社区组织、居民和企业的平等沟通、理解提供平台，并促成伙伴关系的建立。同时，政府在社区治理中的责任，并不是直接提供公共服务，而是要负担规划、决策、协调和监督的责任。政府不仅需要建立社区治理机制，也需要促使各方面力量的合作。

传统上，政府提供的所有公共产品都具有强制性。公共产品是由政府提供的，满足所有公民日常生活需要的产品和服务，而且公共产品使用者的情况参差不齐，政府不具备提供多样化公共服务的能力和经济条件。但随着经济的发展，大众的需求在不断改变、权利意识也在不断提高，大众早已不满足于政府单一的公共服务。大众需求的改变，并没有直接导致政府供给公共产品的改变。随着先进管理思想的传播，政府机构的改革，政府越来越重视公众的诉求，并能以开放的姿态积极回应公众。然而，公共体育服务体系建设动力机制的构建，对于政府仍然是一个挑战。因其要求各成员之间平等协商、合作，所以政府并不具有发号施令的领导地位。各市辖区政府、市政府应树立与公共体育服务体系动力机制组成成员平等协商的理念，鼓励其他成员自由表达意见，积极引导公共体育服务体系动力机制的运作。

社区治理合理地协调了社区利益相关者的关系，即平等的协商、合作。政府不再是唯一的决策者和实践者；社区组织发挥其优势，为社区提供了优质的公共体育服务，得到了发展；公众的意见不仅被重视，也可能亲自参与公共事务的管理；企业既实现了其经济目的，也为社区建设做出了贡献。社区治理不仅为政府管理公共事务提供了新的途径，也为企业、社会组织、公民参与公共事务管理提供了渠道。而公共体育服务体系建设动力机制就是网络治理理论在公共体育服务体系建设中的具体应用。

3. 动力机制的具体建设

(1) 明晰角色

正如前文所述，政府是公共体育服务体系建设的主导者，发挥着领导作用。但这并不意味着政府是唯一的建设者。市辖区、县级政府要贯彻苏州市公共体育服务建设的要求，就要建立公共体育服务体系建设的动力机制。

第一，建立社区多方力量协商机制。在市辖区和县级行政区域中，自治组织主要有街道办、业主委员会和物业公司。政府应与街道办和业主委员会就建设辖区内公共体育服务体系划清范围，帮助街道办和业主委员会明确并执行其对建设公共体育服务体系的职责；另一方面，政府可以通过拨付资金来规范自治组织的行为。同时，市辖区、县政府应该与社区自治组织、联合相关企业推动公共体育服务体系建设，这主要通过政府购买公共体育服务来实现。

公共体育服务体系的复杂性和系统性决定了它的发展需要政府、社区组织、企业等多方力量的共同努力。政府主导是对公共体育服务体系整体的、宏观方向的主导，而不是对具体的、微观方向的操作。由于公共体育服务的公益性，决定了市场很难提供公共服务。因此，政府发挥主导作用的一个重要形式就是成为公共体育服务体系建立所需费用的投入主体。政府投入一方面是要进行公共体育健身资源的建设和维护，另一方面是为建设公共体育服务体系提供资金。尤其是在发展初期，政府投入是公益性全民健身事业发展的初始动力，对公共体育服务体系的构建意义重大。在之后的发展过程中，民间组织包括社会团体、民办非企业和基金会甚至个人都可以成为公共体育服务体系建设的积极参与者，在新的投入主体出现之后，政府应当成为公共体育服务体系建立和发展的投入主体之一，并对公共体育服务体系的建立进行监督和引导。公共体育服务体系的建立需要全社会的支持和参与，公益性全民健身事业单位、社会团体、企业、基金会、个人都应该积极参与到公益性全民健身事业的发展进程中，为实现公益性全民健身事业在全社会的共建共享，构建科学的公共体育服务体系贡献力量。

第二，明确政府职责。体育是直接作用于人的，特别是公益性全民健身，它涵盖了所有地域和人群。它直接涉及人的体魄强健，服务于人的综合素质全面发展，因此要牢固树立“以人为本”和“促进人的全面发展”的理念。由于社会收入和贫富差距的逐步扩大，造成了社会弱势群体的生活窘境。在公共体育服务健身设施的投资和规划建设过程中要充分考虑到农村公共体育健身场地设施和健身服务供给的落后状况，苏州市要加大对贫困地区在全民健身服务上的投入力度，特别是加大对不发达地区投资建设的力度，实现城乡的统筹协调发展。

目前，苏州市城乡体育公共服务存在差距，城市居民参加体育锻炼的次数比乡镇居民参与锻炼的次数多；城市居民的体质也好于乡镇居民。乡镇地区经济不发达，人们健身意识薄弱是产生这种差异的原因之一，但城乡体育公共服务的差距是其主要原因。因此，苏州市政府应该增加对经济较为落后地区的转移支付，为城乡居民提供平等的公共体育服务。同时，积极推进新型城镇化建设，这是历史潮流和构建公共体育服务体系建设的关键。把加大体育健身宣传和体育场地设施建设的力度和广度作为当前和今后一段时期内构建面向广大农民的体育健身服务工作的核心。

(2) 制定政策

政策与法规是任何部门发展过程中必须遵守的“行为准则”。公共体育服务体系建设是体育事业发展的一部分，我国体育事业部门现行的法规法律和文件等，构成了公益性全民健身服务体系发展的政策与法律环境。公共体育服务体系的建设不能脱离这个大环境。公共体育服务体系建设初期，与之相适应的管理条例、管理办法、指导性文件、优惠政策以及经济政策等都还不健全。因此，只有尽快完善关于公共体育服务体系建设的相关政策和法律，才能为公共体育服务体系的建立提供基本的宏观外部环境。苏州市各级政府应该加快为公共体育服务体系建设制定实施标准，以保障公共体育服务体系建设的顺利进行，为实现全民健身事业持续、健康、稳定的发展提供法治保障。

(3) 整合资源

公共体育服务体系的建设具有复杂性和长期性，而政府能够提供的财政支持也是有限的。因此应充分挖掘和发挥公益性社会组织和各类基金会参与公益性全民健身事业发展的作用，探索企业等各类民间组织与公共体育服务建设动力机制主体的合作形式，为公共体育服务体系的运行提供多渠道资金来源。苏州市体育局和各种体育组织应通过有影响力、高质量的体育活动向社会展示取得的成果，在此基础上实现多渠道融资，如社会捐赠。苏州市可以鼓励、动员公益性组织、企业向公共体育服务体系建设捐赠资金，相应地，向捐赠企业提供税收、政策的优惠；对提供捐赠的公益组织在年审和评估中给予一定的加分。

（4）培育社会组织

苏州市政府应该积极培育社会组织。社会组织提供公共体育服务，具有专业性、志愿性和高效性的特点，是公共服务理想的生产者。政府向社会组织购买公共服务，能够发挥公共财政资金的最大效益，特别是运用契约方式，将公共服务交给社会组织来提供，是提高公共服务效率的重要路径。社会组织的培育，主要从以下几个方面着手。

第一，加强社会组织队伍、制度建设。政府购买公共服务，其实质是政府通过购买社会组织生产的服务来向社会提供公共服务。社会组织发展越好，提供的服务质量越高，政府购买的效果就越好。因而，社会组织的发展，成为政府购买公共体育服务质量高低的关键。但就苏州实际情况而言，社会组织数量有限、技能单一、资源缺乏。因而，为高效提供公共体育服务，苏州市体育局应该充分利用苏州公益园的社会组织孵化功能。

建立社会组织直接登记制度。体育类社会组织符合我国关于社会组织直接登记为独立法人机构的条件，因此苏州市体育局应同苏州市民政局协商，简化体育类社团登记制度。同时，体育局不再直接管理体育类社会组织的业务，而是负责对社会组织活动的指导和监督，为社会组织的发展营造宽松的社会环境。苏州市也应当探索将以社区为活动范围的体育类社会组织的管理权限下放到街道的办法。

设立社会组织发展专项资金。对于社会组织的发展，资金有着重要作用。苏州市应当设立社会组织专项资金，列入财政预算，并建立专项资金竞争性分配制度。社会组织以向社区、苏州市提供公共体育服务等方式向专项资金申请支持。苏州市也应当探索建立社会组织发展的捐赠制度，鼓励热心企业、公益组织和市民参与社会组织的建设。

充分利用社会组织孵化基地。2014 年 5 月，苏州市社会组织孵化基地——苏州市公益园开园启用。苏州市体育局协同苏州公益园，安排体育类社会组织入驻，为体育类社会组织提供场地和人员培训、技术支持；通过公益园中的“业务交流会”和“公益论坛”，提高体育类社会组织的业务能力。

完善人才引进和培养制度。苏州市体育局应当加大社会组织专业人才引入，研究制定符合当前需要的人员流动、户籍、工资福利等政策。加大对社会组织工作人员的培训力度，提高其专业性。

第二，做好社会组织评估、监督工作。社会组织不仅需要政府的支持与引导，离不开政府的评估与监督。随着我国社会组织管理方法的改革和社会组织自身发展的需要，社会组织对于组织行为的安排，具有更多的自主性。但社会组织的健康发展，离不开政府的监管。因此，苏州市体育局应该以社会组织的评级和年检等方式，推进全市体育社团的日常管理工作逐步进入规范程序。尤其要重视社会组织的财务工作。体育局一旦发现社会组织存在问题，应及时纠正。

实行社会组织评估制度。苏州市体育局应当对体育类社会组织实行年度评估。根据社会组织一个年度内举办的体育活动、提供的公共体育服务的数量和质量，评价社会组织的工作。将对社会组织的评估结果，作为社会组织分级和承接公共服务的条件。通过实施社会组织的评估，提升社会组织举办体育活动的影响力和提供公共服务的质量。

建立信息公开制度。苏州市体育局应要求体育类社会组织公开其信息。社会组织应当建立网站，将组织的业务程序、服务项目和收费标准公开；同时，社会组织应当主动公开重大事项、接受捐赠的情况，实现社会组织自律管理。苏州市体育局应当推动社会组织依照章程活动，建立民主管理机制，实现民主选举，接受民众监督，实行信息公开、规范运作。

第三，鼓励社会组织提供公共体育服务，承办体育比赛。对于体育社团来说，其建立之初的目标，就是组织市民参与体育活动，组织各项体育活动。只有满足市民的体育锻炼健身需要、举办有影响力的体育赛事，体育社团才能被市民、政府认可。因此，为了体育社团的健康发展和政府购买公共体育服务的顺利实现，苏州市体育局应该鼓励体育社团提供多样的体育服务，鼓励有实力的社团承办大型赛事。

苏州市体育局应该首先制定公共体育服务购买目录，并向各社会组织公布；之后，苏州市体育局应完善筛选社会组织提供公共体育服务的制度。体育局通过完善的制度和程序，保障体育社会组织提供公共服务的顺利实现。同时，鼓励社会组织承办体育赛事。由于苏州市体育局人员有限，因此难以承办大型赛事。而苏州市每年要开展大量体育比赛，既有大型体育赛事，也有小型的群众赛事。相比于体育局，体育社团具有专业性、拥有大量的会员的优势。因此，体育社团承办体育赛事，不仅有助于发挥体育社团的作用，也有助于提高其影响力。

(5) 鼓励公众参与

公共体育服务体系的建设是为了满足市民的体育运动需求，公众比其他社会力量更了解其自身真实的体育运动需求。公众的参与，不仅能够提高公共体育服务体系建设的合法性，而且也能够保证公共体育服务体系建设的实效性。公众作为公共体育服务体系的对象，对公共体育服务体系的认可度和使用度，是评价公共体育服务体系建设实效的主要标准。苏州市体育局应当通过多方面的舆论宣传，向市民说明体育运动的重要性和建设公共体育服务体系的必要性，从而提高居民参与健身活动的积极性，让更多的人加入到体育健身的队伍中来，扩大体育人口的比例，进一步促进社区体育、学校体育、俱乐部体育、农村体育的协调发展。另一方面，苏州市体育社团数量不足，难以满足市民参与丰富多样的体育活动和参与体育社团的需求。这与我国政府对社会团体的管理政策有关,但更重要的是公众较低的参与意识。公众并未充分认识到参与体育社团的必要性,甚至还对体育社团的存在价值存有疑虑。因此,苏州市体育局应当鼓励公众认识体育社团的社会价值,鼓励公众参与体育社团和公共服务体系的建设。在社会主义市场经济不断发展的过程中,政府应当顺应体育公益发展的大趋势,通过制定相关政策鼓励并保障非营利部门的发展,加强对公益性全民健身事业的宣传,有意识、有步骤、有计划地将社会力量吸引到公共体育服务体系的构建中来。

市民是建设公共体育服务体系功能机制中的主要组成部分,市民不仅是公共服务的消费者,同时也是政府公共行为的监督者。政府在完成一项决策时,需要收集各方面的信息,但是世界复杂多变,政府收集的信息也并不全面。而公众是公共服务的消费者,他们清楚自己的想法,因此公众参与政府决策,能够为政府提供有效的信息。体育公共服务是政府为公众提供的公共服务,其目的是为了实现公众体育锻炼的权利。然而政府在提供体育公共服务的过程中,有可能将部门、个人利益置于公共利益之上,因此公众需要履行其监督权。

市民参与公共体育服务体系建设,有多种途径:苏州市政府应该鼓励市民参与关于公共体育服务体系建设的决策。公共体育服务体系是为了满足公众体育锻炼的需求,因此必然要反映公众的偏好。将公众意见纳入政府决策,有助于建设人民满意的公共体育服务体系。市政府应该通过听证会、讨论会等形式,为市民表达看法提供渠道,以市民的意见来修正公共体育服务体系的建设方案。政府应该鼓励市民参与公共体育服务的提供。一方面,政府可以鼓励具有一定体育知识的市民,如体育教师、专业体育运动员成为社会体育指导员;另一方面,政府应该鼓励市民参与社会组织,如体育俱乐部、非营利组织等,跟随社会组织为苏州市提供公共体育服务。政府应当鼓励市民参与公共体育服务体系的建设,这将有助于市民提高对公共体育服务体系的认同感,从而为公共体育服务体系的建设赢得更广泛的群众基础。政府应该鼓励市民监督公共体育服务体系的建设过程。政府应该及时公布公共体育服务体系的建设信息,设立便捷的监督渠道,便利市民监督政府行为。政府应该虚心接受市民对于公共体育服务体系的意见并做出改进。

(三) 立足协同,强调跨部门间的合力

跨部门协同可以分为紧急状态下的协同和常态管理中的协同两种基本类型。两者之间的主要区别在于:① 社会关注度不同——紧急状态具有突发性、不确定性、后果严重等特性,容易引起高层领导和社会的高度重视,所形成的政治气氛会迫使相关部门积极协同以寻求解决方案,而常态管理一般不具备这些特性。② 资源配置机制不同——处理紧急状态往往超越特定部门或地方政府的资源和能力,需要其他外部资源的投入,紧急状态下这些资源不可能预先进行科学规划,且不惜

代价解决问题的气氛容易造成资源配置和使用的低效率。③ 协同机制和运作过程存在一些明显差别。④ 所产生的后果不同——紧急状态下协同失灵的负面影响立竿见影,失去的是公信力、政治合法性甚至权位,而常态管理中的协同失灵往往带来机会的丧失,包括防止不良事件发生的机会避免萌芽状态问题扩大化的机会以及无形中增进公共价值的机会。

另外,经济合作与发展组织(OECD)把跨部门协同机制分为两大类:结构性协同机制和程序性协同机制。结构性协同机制侧重协同的组织载体,即为实现跨部门协同而设计的结构性安排,如中心政策小组、部际联席会议、专项任务小组等。程序性协同机制则侧重于实现协同的程序性安排和技术手段,如面临跨界问题时的议程设定和决策程序制度化信息交流平台促进协同的财政工具和控制工具的选择等。

苏州公共体育服务体系建设所需的部门协同,尤指常态下的跨部门协同、程序性协同。虽然公共服务供给中会出现协同失灵的情况,但在苏州市建设公共体育服务体系的过程中,我们依旧强调跨部门协作的作用。苏州公共体育服务体系的建设需要诸多部门的联动及合力推进。苏州市体育局要有迎难而上的决心,以高度团结和对市民的责任感为动力,攻克各种复杂问题。同时要与财政局、文广局、教育局、卫计局、气象局、城管局、环保局、规划局、建设局、园林局等市政府部门通力合作,贯彻实施苏州市公共体育服务体系的具体内容。

促进跨部门协作的一个主要目标是要能促进服务型政府的建设,而服务型政府的意义在于能够更加高效地应对社会民众的公共服务诉求。从这个意义上说,调整政府部门间关系的一个重要的预置条件应该是如何正确理解与把握政府与社会之间的关系。这意味着,跨部门协作不应只是涉及政府内部各机构与部门之间的协作与整合,还应包含政府与社会多元主体如第三部门、市场主体以及社会团体之间的关系。从西方典型国家的经验来看,取得明显成效的政府部门间协调机制都与"政府—社会"关系的调整密不可分。但就目前中国政府改革的现状来看,比较突出的问题是,调整政府部门间关系的努力过分依赖于政府内部的"单边行动",缺乏与社会各主体间的有效互动。从政治生态系统的逻辑分析,政治生态建设一直处于空白状态。由于这种互动机制的缺乏,往往造成跨部门协作的内部动力不足,其效果也时常不能有效地促进政府公共服务职能的履行。因此,在建构服务型政府的历史大背景下,单凭政府的单边主义行动难以有效地促进跨部门协作机制的形成与发展,需要"政府—社会"维度进行一次全面的互动改革。在互动改革的视域下,跨部门协作的视角从政府体系内部扩展到政府体系所处的整个政治生态环境,通过政治生态环境的改良促进政府职能定位的有效实现。由此,使两个层次的逻辑导向得以结合与互动。

苏州市社会组织的参与,能够为公共服务体系的建设提供专业的服务和多元化的思路。苏州市社会组织要积极响应苏州市政府建设公共服务体系的号召,以自身的专长和优势支持公共体育服务体系建设。苏州市政府建设公共体育服务，是以政府购买公共体育服务为创新之处。因此，社会组织要发挥本组织优势，积极申请提供政府所购买的公共体育服务。在政府与社会组织的共同努力下，苏州市能够为市民提供丰富的体育产品。

二、自我实施

(一) 苏州市体育局职责及职能分工

按照苏州市政府的职权分工，苏州市体育局主要有以下职责：① 贯彻执行国家体育工作的方针政策和各项法律法规，拟订苏州市体育工作的政策法规并督促实施。② 推动多元化体育服务体系建设，推进体育体制改革；研究全市体育工作的发展战略和发展目标；编制全市体育事业中长期发展规划和年度计划，并对执行情况进行监督检查。③ 统筹规划全市群众体育发展，推行全民健身计划。推动国民体质监测和社会体育指导工作队伍制度建设，推进体育社会化和全民健身活动的开展。④ 统筹规划全市运动项目布局。指导各类优秀运动队伍建设，负责全市专业和业余体育训练工作和优秀体育后备人才的培养输送。同有关部门制定本市参加大赛的奖励政策。⑤ 统筹规划全市青少年体育发展，指导和推进青少年体育工作。⑥ 组织参加和承办重大体育比赛；制订并组织实施全市体育竞赛计划，指导监督全市体育竞赛。⑦ 拟订全市体育产业发展规划、政策，负责体育市场监督执法监管工作，负责全市体育彩票发行管理工作。⑧ 组织开展体育科学研究和体育宣传工作，组织开展体育运动中的反兴奋剂工作；负责市体育事业经费的计划管理；参与市级公共体育设施规划建设布局和监督管理。⑨ 指导、管理全市体育外事工作，开展国际间和港澳台地区的体育交流与合作。⑩ 负责市级体育社会团体的资格审查和业务指导工作，指导体育总会和单项体育协会开展各项活动。⑪ 承办市政府交办的其他事项。

苏州市体育局下设办公室、群众体育处、竞技体育处、青少年体育处、体育经济产业处、组织人事处 6 个内设机构，均为正科级建制，并根据体育现代化建设的需要设有体育现代化办公室。另按有关规定设置派驻纪检组、监察室（合署办公）和机关党委。

(1) 办公室（信息处、法制处、行政许可服务处）：组织、指导全市体育发展战略和政策研究，拟订全市体育事业发展规划；拟订全市有关体育事业的地方性政策、法规、规章；负责机关文电、文秘、会务、机要、文史、档案、信访、保密、信息（政务）公开、督查督办、综合协调、新闻宣传等工作；负责局机关行政后勤事务和本局卫生长效管理等工作；负责市体育系统信息化工作和办公自动化工作；负责“苏州体育信息网站”和苏州体育政务网建设管理；指导、组织全局法制教育和行政执法、行政复议等工作；负责局行政许可服务事项。

(2) 群众体育处：拟订群众体育发展规划；推动和指导全民健身运动，建立和完善全民健身服务体系；管理全民健身设施；组织开展综合性群众体育活动；推动实施社会体育指导员和国民体质监测制度；推动并监督实施国家体育锻炼标准；指导和协调社会各部门、各行业群众性体育活动的开展；指导、协调体育社团开展群众性的体育活动；指导健身气功管理工作；负责群众体育干部业务培训；制订群众体育工作表彰奖励方案并组织实施。

(3) 竞技体育处：拟订竞技体育发展规划草案；负责省队市管运动队训练参赛和建设；指导、协调运动队伍的科研工作，组织开展反兴奋剂工作；拟订市体育局参加省及以上综合性运动会的奖励方案并组织实施；拟订市级体育竞赛工作方案计划并组织实施，协调、指导全市其他竞赛工作；指导、协调、监督在本市举办的国内和国际重大体育竞赛工作；负责省级以上体育比赛的登记、申请工作；负责教练员的管理培训、考核工作；负责全市裁判综合管理及二级以上裁判员、运动员等级审批、申报工作；指导、协调省队市管运动队的文化教育工作。

(4) 青少年体育处：拟订青少年体育工作发展规划草案，青少年业余训练管理制度；统筹运动项目的设置和布局；负责协调业余教练员的管理培训、考核工作；巩固完善全市业余训练网络；指导、协调业余训练及后备人才的培养工作；指导、协调业余运动员文化教育工作；指导、监督青少年体育锻炼标准的实施和青少年体育俱乐部的资格审查；负责体育传统项目学校和特色体育项目学校的申报、检查、验收、命名、审批工作，配合教育部门指导学校青少年的体育活动；指导、协调、审核各项目代表队参加省及以上比赛的工作。

(5) 体育经济产业处：研究体育产业发展状况，拟订体育产业发展规划、政策措施，组织体育产业统计调查工作，指导体育市场管理；负责局机关和监督管理直属事业单位的经济财务及政府采购工作；组织制订和实施体育基本建设规划，推动体育标准化建设，指导公共体育设施建设经费使用并监督管理；承担体育事业综合统计、直属单位财务审计工作；负责机关和直属单位国有资产管理工作；管理、监督体育彩票发行和公益金使用。

(6) 组织人事处：贯彻执行党的组织路线和干部政策以及局党组的决定，拟订本局干部队伍建设规划；拟订局干部人事管理规章制度；协助市委组织部做好市管干部管理工作，提出局机关机构设置和干部调配使用的建议；指导直属单位搞好领导干部的考核工作；选拔培养局年轻后备干部；负责管理局机关及局直属单位的机构、编制、干部、人事、劳资、奖励等工作；负责、指导局机关和直属单位安全保卫综合治理及相关工作；配合省体育局做好省队市管运动队人事管理工作，负责优秀运动员退役安置工作；拟订全市体育人才培训计划并组织实施；参与并承办全市教练员以及体育系统内其他人员专业技术职务评审工作，组织实施本系统专业技术工人的技术等级培训、考核工作；组织指导局机关公务员和专业技术人员继续教育、业务教育培训工作；负责局机关及直属单位干部职工人事档案管理、侨务统战、民族宗教和计划生育工作。

贯彻体育外事及对港澳台地区的体育工作政策，拟订体育外事活动计划并组织实施，负责局机关和直属单位出国（境）人员申请、政审、援外等工作，负责局机关及直属单位离退休人员管理、服务工作。

（二）苏州体育局各部门在公共体育服务体系建设中的分工协作

建设公共体育服务体系是一个系统工程，需要苏州市体育局各处室分工协作。在现有职责与当前工作的基础上，主要处室的工作分配如下：

1. 办公室服务事项的部分列举

（1）会同苏州经信委和电信公司，在“智慧苏州”门户下搭建“智慧体育”平台，开展各种智慧应用。

（2）统计各项体育工作数据，集成规范化的可查询信息。建设网上体育电子图书馆、数字健身馆和健身远程指导网络等 3 个以上地方特色数字资源库，实现全民健身数字地图覆盖全市，功能更加完善。

（3）依托广电网络和官方网站开设“运动苏州”数字专栏专题，优化体育赛事播报，宣传全民健身。研发“运动苏州”手机客户端，提供体育信息浏览服务。

（4）在各种体育设施标志牌上添加二维码，为市民提供触手可及的健身服务信息。

（5）完善体育部门政务微博、微信，提高政务信息资源开发利用水平，及时了解民意、参与互动。

（6）继续开展健身科普短信免费订制业务，实现每月 1 次免费体育科普短信的发送，帮助公众获取科学健身方法。

（7）优化“苏州体育信息网”，进一步推进政务网上公开，确保重要新闻资讯的查询。积极推进网上办公，新建或改进网上审批流程。优化“10 分钟体育健身圈”电子地图（查询服务系统）的功能，及时更新信息，为城乡居民提供便利的信息查询服务。建设网络“市民健身养生保健服务平台”。

（8）联合气象台、电视台、广播电台等大众媒介，传播健身、养生相关知识，给予健身的天气、环境等方面的指导。

（9）制定统筹城乡体育发展的政策、吸引社会力量参与大型体育场馆建设与运营的政策、完善促进体育产业发展的政策措施、吸引社会力量参与公益体育事业政策等政策体系。

(10) 许可、审批进一步向"苏州行政服务中心"分流，设立便民窗口，拓宽"一站式"服务范围。

(11) 继续贯彻实施《苏州市城区体育设施布局专项规划(2008～2020年)》，完善市区体育设施布局，加快综合性、片区级等各类体育场馆建设，人均公共体育场地面积达3平方米。市级"两个中心"工程、辖区(市)"新四个一"工程覆盖率达100%。

(12) 全面建成城乡一体的"10分钟体育健身圈"，创建一批设施完善、活动丰富、服务优质的城市示范社区，在旧城改造和城镇化进程中新建、改建、扩建的居民小区以及新建公园、绿地、广场，其健身设施配建率达100%。

(13) 镇(街道)"三室一场一路径"、行政村(社区)"两室一场一路径"覆盖率达100%，80%的自然村建有"一室(场)"或"一路径"，80%的镇级健身活动中心、文体活动中心等公共体育设施完成改建、扩建或提档升级。

(14) 继续贯彻实施《苏州市健身步道系统规划》，完成总里程200公里的健身步道及其附属设施建设，每辖区(市)不低于20公里。拓展公园、小区、广场内的健身场地，每万人拥有的晨/晚练健身站(点)不低于5个。

(15) 辖区(市)在社区试点设立健身养生示范站点或者新的综合指导站点，体质测试后提供健身技能传授、中医养生、康复理疗、身体保健等方面的服务。

(16) 增强辖区(市)、镇(街道)体育行政管理部门体育服务职能，强化基层体育管理人才队伍建设，全市100%镇(街道)配备专职的体育管理人员，100%行政村(社区)配备体育工作协管员。

(17) 加强体育管理人员、体育经营人员、教练员、运动员、裁判员的专业技能培训和文化学历教育。辖区(市)体育行政管理部门在职员工参加培训时间每年不少于15天，乡镇(街道)、行政村(社区)基层体育专职人员参加集中培训时间每年不少于5天。市辖区(市)内80%以上一线社会体育指导员每两年受到1次以上体育部门举办的技能培训。

(18) 加大体育社团组织建设力度，通过建立协会分会、体育俱乐部等形式延伸基层体育组织力量。市本级体育协会数不低于35个，3A级以上体育社团达市级体育社团数在40%以上，90%以上的体育社团建有体育俱乐部。

(19) 通过碑林、书法、汉砖体育人物画像拓片、名人绣像、邮票、博物馆等方式传播体育文化，凸显苏州体育特色。

2. 群众体育处服务事项的部分列举

(1) 负责市、辖区(市)每4年举办1次市级层面群众性运动会，市级项目总数不少于10个，参加人数不少于800人；县级项目总数不少于8个，参加人数不少于600人。运动会项目从省全民健身运动会项目中选定。

(2) 开展"体育惠民111大行动"，选取市区100个优秀晨晚练示范站点，集中推广一套健身气功和一套太极拳。

(3) 全市经常参加体育锻炼的人数比例为总人口的50%以上，每人掌握1～2项体育锻炼技能。

(4) 加强部门联动，举办各类人群、各具特色的全民健身活动。继续办好草根体育联赛、阳光体育联赛等各种联赛。

(5) 办好全民健身运动会。打造10项在全省乃至全国有影响力的全民健身品牌活动。

(6) 积极倡导“一区(市)一品牌、一校一特色”。鼓励各地培育发展具有地方传统特色的品牌活动，做好船拳、龙舟等传统体育项目的继承与发扬。

(7) 全市100%的街道(镇)都建有体育总会、老年人体育协会、社会体育指导员协会和3个以上单项体育协会，辖区(市)体育总会和全民健身指导委员会覆盖率达100%。在此基础上，逐步向行政村(社区)延伸覆盖。社团年内新增会员10万人以上，有组织参加体育锻炼人口的比例达40%以上。

(8) 支持、鼓励企事业单位建立体育协会或体育俱乐部，组建单位运动队或全民健身特色团队，积极引导各行业组建体育协会，发展会员。

(9) 实施“333”工程：各县级市、区至少建成200人以上的体育特色团队3支，各镇(街道)至少建成100人以上的体育特色团队3支，各村(社区)至少建成30人以上的体育特色团队3支。

(10) 社会体育指导员队伍建设基本满足基层群众健身需求，年新增3 000人以上。每万人拥有社会体育指导员人数不低于25人，其中常年坚持在一线的人员比率不低于50%。每个晨晚练站点配备3名以上社会体育指导员。继续实施大学生村官社会体育指导员工程，大学生村官指导员覆盖率达100%。

(11) 做大做强全民健身小分队，根据项目特点成立若干个服务分队，50%以上的健身项目有小分队。

(12) 基层全民健身场地设施与设备管理规范，100%晨晚练健身站(点)有名录、有功能查询、有告示牌(告示牌含健身站点名、健身项目、社会体育指导员、健身时间等内容)，室外健身器材有体育部门正式印发的管理维护制度，有管理维护经费或投入，有开放规章制度。

(13) 继续推进学校体育场馆在不影响正常教学秩序和保障学校安全的情况下向社会开放，增加学校体育设施向社会开放比率，具备开放条件的学校开放率达70%。

(14) 扩大全民健身“三进”工程覆盖面，深入基层开展健身技能传授、体质测试、健身知识讲座等志愿服务。优化并扩充现有的12个教学项目，开展个性化、针对性的健身指导。继续办好全民健身大课堂，创新活动组织方式，各辖区(市)自行设立免费教学点3个以上。

(15) 全面推广医保健身一卡通，扩大阳光健身卡购买服务的范围，简化购买健身服务的流程。

（16）进一步增强全社会的体育健身意识，更加重视体育权利观、体育文化观和终生体育观。借助各种载体和形式，加大体育宣传，丰富体育文化内容。倡导“健康、快乐、和谐”的健身理念和“每天锻炼一小时，健康生活一辈子”的生活理念。

3. 竞技体育处服务事项的部分列举

（1）负责市每年承办2次（含）以上国际体育赛事，承办2次（含）以上全国性体育比赛赛事；辖区（市）每年承办1次（含）以上国际体育赛事或全国性体育比赛赛事，承办2次（含）以上省、市级体育赛事。通过承办国际国内大型赛事，广泛开展相关群众性体育竞赛与活动，进一步扩大赛事影响，延伸赛事效应，提高市民参与度。

（2）办好2015年世乒赛。打造3项以上具有国际国内广泛影响力的苏州城市体育品牌赛事。

（3）继续实施重大赛事免费赠票等惠民措施，本市承办的非商业赛事全部向市民免费赠票。全国性高级别赛事要有不低于门票总数一定比例份额的免费票赠送市民。

（4）弘扬奥林匹克精神、中华体育精神和苏州体育精神，发挥竞技的引领和带动作用。

4. 青少年体育处服务事项的部分列举

（1）继续推进中小学校体育场馆在不影响正常教学秩序和保障学校安全的情况下向社会开放，具备开放条件的学校开放率达70%。

（2）发展青少年喜爱的田径、游泳、足球、篮球、排球、乒乓球、羽毛球、体操、武术等运动项目，推动各类运动项目的场馆建设。重点推进中小学“足篮排”三大球的普及与发展。发展室外时尚体育，如轮滑、滑板、街舞等运动。

（3）进一步做好阳光体育运动的组织协调工作，办好区域内的各种青少年体育联赛。

（4）会同教育部门，组织落实中小学生体育锻炼，加强中小学生体质监测，体质测试合格率大于92%。

5. 体育经济产业处服务事项的部分列举

（1）体育产业对公共体育服务的完善和带动作用明显提高。全市国家级体育产业基地、省级体育产业基地示范基地建设更加规范，体育产业增加值占GDP比例、体育服务业增加值占第三产业的比例、人均体育消费占人均可支配收入的比例在全省保持领先。体育消费产品更加丰富，四大体育服务业市场更加完善。

（2）全市体育彩票年销售总量保持全省第一。彩票公益金用于全民健身工作投入比例不低于60%。

（3）报刊、书籍、影视作品等文化载体中体育文化产品数量和质量进一步提升，体育文化软实力明显增强。

（4）整合经营性场馆资源，进行统一策划、统一营销，最大限度满足公众健身需求，享受更多实惠。

6. 其他直属单位服务事项的部分列举

除上述各重要处室外，苏州市体育局还有16个直属单位，他们在公共体育服务体系的建设过程中也承担着诸多重要单项服务事项。如苏州市市民健身中心为全民健身活动提供社会公益服务，为运动员训练提供各类保障服务，组织开展并承办各类社会体育文化活动和公益性重大赛事活动，提供场馆的公益性租赁服务和其他相关社会服务。

三、购买实施

公共体育服务体系的建设，是苏州市政府为满足市民体育运动的权利而实施的惠民政策。为最大限度满足市民体育运动的需求，苏州市不断加大对公共体育服务的投入，创新公共体育服务提供方式，以购买的方式调动社会力量积极参与到提供公共体育服务当中。政府购买这种新颖的公共体育服务供给方式，不仅改变了传统的供给模式，而且能够为市民提供多样的、急需的公共体育服务，合理配置公共资源，满足公众体育运动的需求。

（一）成立领导机构

政府购买公共服务是提高公共服务供给效率的途径。政府以不同的方式提供公共服务，其职责也发生了转变。政府不直接从事公共服务的生产，而是负责决定公共服务的种类、数量，寻找合适的公共服务生产者，监督公共服务的质量。苏州市以政府购买这种方式改革传统公共产品供给方式为核心，建设公共体育服务体系，为市民提供多样化、优质的公共体育服务。苏州市建设公共体育服务体系，其思路是政府主导，多方社会力量合作，市民积极参与，共同建成公共体育服务体系。对于苏州市体育局来说，通过购买的方式提供公共体育服务是一种新的尝试，因而也就没有相应的机构负责。因此，苏州市体育局首先要成立购买公共体育服务的领导机构。

苏州市实行政府购买公共体育服务，由体育局主要负责。但构建公共体育服务体系需要多个政府部门的联动，因此领导机构的设置应该考虑到与多个政府部门的联络问题。

市体育局应利用现有办事机构组建购买公共体育服务领导小组，分组长由体育局局长担任，副组长由市财政局相关人员与市体育局副局长担任，其他成员由体育局各处室正、副处长担任。领导为保证公共体育服务小组的正常运行，在市体育局办公室设立购买公共体育服务领导小组办公室，办公室主任由体育局局长担任。

领导机构的设立，为政府购买公共体育服务提供了组织基础，有助于各项责任的落实、公共体育服务购买的顺利实现。领导机构设立之后，需要明确该领导机构的职责：

（1）建立公共体育服务体系建设动力机制，并负责其运行。公共体育服务体系建设动力机制由政府、企业、社会组织以及市民共同组成，是推动政府购买公共体育服务不断发展的直接力量，是多种社会力量治理社会事务的合作形式。购买公共体育服务领导机构应为多种社会力量提供对话、合作的平台，并将该项活动常规化。

（2）负责制定苏州市购买公共体育服务的相关规定。政府以购买的方式提供公共服务，是为了改变以传统方式提供公共服务的低效率。而以购买方式提供公共服务之所以能够提高政府提供公共服务的水平，关键在于购买方式能够打破政府作为唯一公共服务生产者的垄断和封闭。为了实现政府以购买方式提供公共服务的有效性，政府应当以明确的购买流程来实现其改进目标——制定政府购买公共服务的规定。目前，《政府采购法》规定了政府购买公共服务的适用范围和实施程序。但苏州市购买公共体育服务，一方面公共体育服务是提供给市民的，并不是为政府内部提供办公条件；另一方面，公共体育服务虽属于公共服务的范畴，但其具有自身的独特性，苏州市也有着不同于其他地区的特殊情况。因此，苏州市政府应当制定苏州市购买公共体育服务的规定，明确规定政府购买公共体育服务的内容、程序、方式和政府职责。苏州市应当以《政府采购法》、江苏省《关于推荐政府购买公共服务工作的指导意见》等法律法规和文件为依据，根据苏州市实际情况，制定苏州市购买公共体育服务的详细规定，规范公共体育服务购买行为。

（3）制定购买清单。规范的公共体育服务购买程序，能够保证政府购买的合法性，实现政府购买公共服务的高效性。不明确的政府购买范围，存在着一系列隐患：第一，按照我国行政体制的规定，政府的事权同财权挂钩。而政府购买公共服务，是将原本由政府提供的公共服务由社会组织或其他组织提供，即政府事权的丧失，也就意味着政府的财权受到影响。因此，政府并不总是愿意以购买的方式改革以往的政府提供公共服务的方式，甚至会阻碍政府购买公共服务这一改革的进程。第二，政府可能愿意购买的公共服务是收益少、事难办的部分，即政府将此类“包袱”丢给社会组织或其他组织，减轻政府负担。第三，政府借着购买的名义，不明确说明所购买公共服务的范围，要求公共服务的承接者代替政府提供多种服务。政府以公权为后盾，要求社会组织提供所购买范围之外的服务，不仅损坏了社会组织承接公共服务的积极性和可行性，也违背了政府购买公共服务的精神实质。

为避免苏州市购买公共体育服务出现上述问题，苏州市应当规定购买公共体育服务的清单。购买清单应当以满足苏州市市民最迫切的体育运动要求为先，充分发挥社会组织、企业的专业特长。对于苏州市体育局并不擅长提供的、社会组织或企业擅长提供的专业性公共体育服务，应当以购买的方式提供；对于体育局、社会组织、企业都擅长提供的公共体育服务，也应当以购买的形式提供，以减轻苏州市体育局提供事务性的公共体育服务的负担，以便使其从琐碎、低专业性的事务中解放出来，专心提供苏州市公共体育服务的总体规划和监督等无形公共体育服务。

(4) 负责购买公共服务前期论证、购买过程。目前，我国政府购买公共服务的方式主要分为独立性购买、非独立性购买。独立性购买方式又分为竞争性购买和非竞争性购买。独立性购买是指政府与公共服务的承接者之间不存在行政隶属关系，两者是独立的。非独立性购买是指政府与公共服务的承接者之间存在着行政隶属或其他关系，由政府以指定方式确定公共服务的承接者，这种购买方式不以公共服务购买契约为基础，因此又被称为"形式购买"。竞争性购买是指政府确定购买公共服务之后，由几个社会组织或其他组织以投标或其他方式竞争取得生产公共服务的资格，这种形式的购买真正体现了政府购买公共服务的内涵。非竞争性购买是指政府为规避购买公共服务存在的风险，指定在某个领域内领先的社会组织或其他组织提供公共服务，或指定与政府早有业务联系的组织提供服务。

目前我国政府购买公共服务的实践形式，并不能完全保证政府购买公共服务的公开性，因此，需要严格的购买程序来规范政府购买行为。苏州市体育局应当规定政府购买公共体育服务的实施流程。按照《政府采购法》的规定，根据苏州市的公共体育服务购买清单，以严格的流程，公开的信息，购买公共体育服务。

(二) 确定承接主体

政府以购买的形式提供公共服务，是对传统的仅由政府提供公共服务方式的变革。这种新的公共服务的提供方式，不仅有助于打破政府垄断公共服务的局面，也有助于发挥专业的社会组织或其他组织的专业性，为公众提供高质量的公共服务。因此，对于公共服务承接者的选择就直接关系着公众所享受的公共服务质量的高低。专业的公共服务承接者能够提供专业的公共服务。因此，政府为保证社会力量发挥其专业性，应当建立公开、公平的竞争环境。公开的竞争环境能够监督政府选择公共服务承接者，防止在购买公共服务过程中出现腐败、寻租等问题，也能够为社会组织发挥其专业优势提供保障，实现政府购买公共服务的真谛。

确保承接者在发挥专业优势和自身灵活性、透明性的前提下，能够为市民提供优质、高效的公共服务。因此，购买公共体育服务的承接主体需要明确规定。根据苏州市相关规定，确定承接者主要是在民政部门登记的社会组织，在工商管理部门或行业主管部门登记的企业等。为了确保提供公共体育服务的质量，承接者必须是能够独立承担民事责任能力的法人；具有良好的专业技能、专业人才和优秀的从业记录。

在确定公共体育服务的过程中，要逐步增加以公开招标等透明、按照规则竞争的选择方式。在以公开招标方式选择公共体育服务承接者时，要严格按照《政府采购法》及苏州市的相关规定，公布招标内容，允许多家社会组织或其他组织参与竞争，以科学的选择标准和公平的选择程序选定公共体育服务的承接者。

在以非竞争性形式、形式性购买等方式确定承接者时，体育局也应当按照规定确定承接者。在以非竞争性方式确定公共体育服务承接者时，体育局应当按照社会组织能够提供的公共体育服务水平来确定承接者，同时也应当扩大选择范围，不局限于先前合作过的社会组织、知名度高的社会组织，应不断加入近年来不断发展壮大的其他社会组织，保障所选择的承接者的最优性。

体育局在使用形式性购买方式确定公共体育服务承接者时，应当以秉持契约的精神，以合同的形式明确所要购买公共体育服务的数量和范围，而不能借购买之名义延伸行政权力，要求社会组织或其他组织无限提供公共体育服务，将社会组织或其他组织变成体育局的下属部门。同时在使用形式性购买时，要加强对承接者的考核。形式性购买的承接者，一般都与行政部门有着复杂的联系，行政机构极有可能以购买公共服务的名义资助社会组织或其他组织，而这些承接者也乐于坐享其成，最终将违背政府购买公共服务的本质和目的。因此，苏州市体育局在以形式性购买方式购买公共体育服务时，应当加强对承接者的考察、监督，慎重地选择承接者，以严格的标准要求承接者，确保发挥政府购买公共服务的优势，为市民提供高效、专业的公共体育服务。

（三）确定购买内容

苏州市政府以政府购买的方式提供公共体育服务，是为了提高政府提供公共体育服务的效率，满足市民体育运动的需求。而一定时期内用于购买公共体育服务的资金是有限的，因此，必然要以合理的方式确定政府购买公共体育服务的内容。政府以购买的方式提供公共体育服务，并不是要推卸提供公共体育服务的责任，也不是将所有的职责以购买的方式提供。

为了高效、科学地提供公共体育服务，苏州市体育局应当以以下标准确定所有购买的公共体育服务：第一，购买事务性的公共体育服务。政府的职责主要分为两类：一类是行政管理类的工作，体育局的主要职责是制定体育活动开展的政策；另一类是业务性的工作，即提供具体的公共体育服务，如建设体育设施、举办体育比赛等。在购买公共体育服务时，应当只购买事务性的公共体育服务。而体育局应当成为规则的制定者，完善各类体育活动开展的制度、政策，监督承接者提供各项具体公共体育服务。第二，体育局应当购买社会力量能够提供的公共体育服务。政府以购买形式提供公共服务，政府仍然是公共服务的提供者，只是将原来由政府承担的公共服务的生产者的职责交给了公共服务的承接者，政府的责任就是以多种措施保障所提供的公共服务的质量。因此，政府不应将以购买的形式提供公共服务作为一种推卸责任的借口，要根据社会组织及其他组织的专业能力的发展，确定所要购买的公共服务，同时不断提高社会组织的实力，扩大能够购买公共服务的范围。第三，体育局在确定所要购买的体育服务时，应当充分重视市民的需求和呼声，选择市民最迫切需要的公共体育服务。依据人民群众最迫切、最普遍的需要选择所购买公共体育服务的种类。确保政府以购买形式提供的公共体育服务能够真正满足市民的体育运动需求，确保政府更好地履行其职能。

购买内容主要包括：

(1) 市级以上各类体育赛事和体育活动的举办。

(2) 组织苏州市运动队、运动员参加省级以上的各类体育比赛。

(3) 业余训练等项目的培训。

(4) 社会体育指导员等的培训。

(5) 体育从业人员、运动员、教练员等的培训。

(6) 组织学校、企事业单位等空闲体育设施有序地向社会开放。

(7) 体育场馆的经营管理。

(8) 全民健身活动站(点)的管理。

(9) 国民体质测试。

(10) 体育中介服务。

(11) 公共体育服务的其他项目。

(四) 购买方式

政府购买公共服务的形式多样，苏州市应当采取适合所购买公共产品的形式来选择购买方式。目前，苏州市主要采取政府采购、直接资助以及项目申请等方式。政府采购是指由政府确定需采购的公共体育服务，并由政府付款后直接提供给市民；直接资助是指政府选择某个组织、企业向市民提供公共体育服务并向其提供如资金、税收等多种形式的资助；项目申请则是指由社会组织、体育社团等申请自身提供市民所需的、政府并未提供的公共体育服务。

(1) 对于符合政府采购规定的公共体育服务，都应归入政府采购的范围，按照《政府采购法》来采购。

(2) 直接资助制是由购买主体根据省市相关的政策文件规定，对具有一定资质能够提供公共体育服务的社会组织(社会力量)，按照承接者提供公共体育服务的质量、数量以及公众的评价支付补助资金，有如下两种形式：一是定额补助：按照社会组织向市民实际提供的公共体育服务数量和质量，依规定的补贴标准，为社会组织提供补贴。二是凭单结算：向公共体育服务的对象发放凭单，由市民自愿选择所要消费的公共服务，政府按照公共体育服务生产者所获得的凭单数量向其兑现资金。

(3) 项目申请制,按照相关规定包括项目公布、项目申报、项目初审、项目论证(项目评审)、项目公示、项目签约、项目实施。

(五) 项目实施

政府以购买形式提供公共服务,是一种新的尝试和探索。对于这种提供公共服务的形式,政府和社会组织都处于摸索的阶段。因此,对于政府购买公共服务的项目实施阶段,需要政府与社会组织或其他组织不断交流,根据公众对于所提供公共服务的反馈不断调整项目的实施方式。

(1) 充分沟通。政府是公共服务的传统提供者,而社会组织是公共服务的新型生产者。因此,社会组织或其他组织提供公共服务时,初期必然会遇到很多问题。政府虽然是公共服务的购买者,但是也有义务指导社会力量提供优质的公共服务。同时,社会力量作为公共体育服务的承接者,在为市民提供公共服务时,必然会遇到很多新问题,这就需要其与政府不断沟通,以便及时调整政府购买公共服务的标准,确保社会力量以自身最优的水平提供足量的公共服务。对于苏州市体育局来说,不仅应当及时与生产公共服务的社会组织及其他组织沟通,必要时也应指导这些组织提供公共服务,并及时听取社会力量在生产公共体育服务时遇到的新问题,以实事求是的态度确保公共体育服务的优质提供。

(2) 组织实施。在社会组织提供公共体育服务时,政府要督促其按照要求提供足量、优质的公共体育服务。社会组织应严格按照合约条款履行义务,按期向市民提供优质的公共服务,不得转包、分包,发现转包、分包的应立即终止合同。政府作为购买主体依据合约督促社会组织提供公共体育服务,并对其实施考核。

(3) 经费管理。足额的资金是保障社会组织提供优质公共体育服务的主要条件。体育局应当保障社会组织生产公共体育服务时,有充裕的资金。社会组织(社会力量)应按照项目资金管理要求,单独核算。政府购买公共体育服务资金要做到专款专用,保障政府购买公共体育服务的数量和质量。对于支付给承接者的资金,政府将分两次拨付,项目合同签订后付给 50%的资金,项目完成并通过审核后再付给剩余 50%的资金。

(六) 强化监督

政府以购买的形式提供公共服务,并不意味着政府能够以提供资金的方式履行所有职责,而随着政府履行职责形式的变化,政府需要不断改变其定位。政府在购买公共服务时,不需要像以往负责公共产品的生产,但政府仍然负有确保所提供公共产品质量的责任。即政府责任从生产公共产品变为监督社会力量提供公共产品。苏州市购买公共体育服务,体育局也应当承担确保社会力量提供优质的公共体育服务的责任。

(1) 加强组织领导,健全工作机制。市体育局、市财政局要高度重视,加强对政府购买体育公共服务工作的领导,完善工作制度,确保工作规范有序的开展。苏州市应由市体育局、市财政局组成政府购买公共体育服务领导小组,负责实施。

(2) 严格监督管理,接受社会监督。领导小组负责对社会组织提供公共体育服务的具体过程进行监督。按照"公平、公正、公开"的原则将购买过程、评价结果向社会公布,接受社会监督。绩效评价优秀、服务项目执行情况好的社会组织(社会力量)将给予信用加分。对不能如期完成或完成质量较差、具有失信行为的社会组织(社会力量)除了依照合同约定进行处置之外,还可按不良行为记入该单位诚信档案。

四、年度实施

苏州公共体育服务体系建设不可一蹴而就,需要在一个相当长的时间内有序地推进。从 2014 年始至 2016 年,苏州公共体育服务体系以 3 年的建设时间为第一个周期。在这一周期内,苏州市公共体育服务体系建设总体上有两个阶段的实施目标。需要注意的是,这种分两阶段的实施只是从逻辑层次上划分的,实践中可同时进行。

(一) 2014～2015 年:打牢体育设施、体育组织、体育活动三个基础,全面建成城乡一体的"10 分钟体育健身圈"

(1) 加快综合性、片区级等各类体育场馆建设,人均公共体育场地面积达 3 平方米。市级"两个中心"、辖市(区)"新四个一"工程覆盖率达 100%。

(2) 镇(街道)"三室一场一路径"、行政村(社区)"两室一场一路径"覆盖率达 100%,80%自然村建有"一室(场)"或"一路径",80%镇级健身活动中心或文体活动中心完成改建、扩建或提档升级。

(3) 完成总里程 200 千米的健身步道及其附属设施建设,每辖市(区)不低于 20 千米。

(4) 提高学校体育设施向社会开放的比率,具备开放条件的学校开放率达 70%。

(5) 每万人拥有的晨晚练健身点不低于 5 个。晨晚练健身点 100%有名录、有公示能查询、有告示牌,室外健身器材有管理维护制度、管理维护经费、开放规章制度。

(6) 强化基层体育管理人才队伍的建设,镇(街道)100%配备专职体育管理人员,行政村(社区)100%配备体育工作协管员。

(7) 市本级体育协会数不低于 35 个,3A 级以上体育社团占市级体育社团数的 40%以上,90%以上的体育社团建有体育俱乐部。各类社团年新增会员在 10 万人以上,有组织参加体育锻炼人口的比例达 40%以上。50%以上的健身项目有小分队。

(8) 镇(街道)100%建有体育总会、老年人体育协会、社会体育指导员协会和 3 个以上单项体育协会,辖市(区)体育总会和全民健身指导委员会覆盖率达 100%。

(9) 实施“333”工程:各辖市(区)至少建成 200 人以上的体育特色团队 3 支,各镇(街道)至少建成 100 人以上的体育特色团队 3 支,各村(社区)至少建成 30 人以上的体育特色团队 3 支。

(10) 社会体育指导员年新增 3 000 人以上,每万人拥有其人数不低于 25 人,常年坚持在一线的人员比率不低于 50%。各晨晚练点配备 3 名以上社会体育指导员,大学生村官 100%培育为社会体育指导员。

(11) 市、辖市(区)每 4 年举办 1 次市级层面群众性运动会。市每年承办国际体育赛事和全国性体育赛事各 2 次以上;辖市(区)每年承办国际体育赛事或全国性体育赛事 1 次以上,承办省、市级体育赛事 2 次以上。通过竞技带动作用,提高市民参与度。

(12) 开展体育惠民“111 大行动”:选取市区 100 个优秀晨晚练示范点,集中推广一套健身气功和一套太极拳。

(13) 全市经常参加体育锻炼的人数比例为总人口的 50%以上,每人掌握 1~2 项体育锻炼技能。

(14) 办好全民健身运动会,打造 10 项在全省乃至全国有影响的全民健身品牌活动。办好 2015 年世乒赛,打造 3 项以上具有国际国内广泛影响力的苏州城市体育品牌赛事。

(15) 积极推进“一校一品,一区(市)一品”。

(二) 2015~2016 年:完善智慧体育、加大惠民措施、拓展支撑服务,提升基本公共体育服务质量

(1) 在“智慧苏州”门户下搭建市民体育养生保健综合服务平台、体育赛事综合信息管理平台、体育文化综合服务平台、体育训练监测与研究分析平台等智慧体育平台,开展智慧健身、智慧场馆、智慧赛事等智慧应用。

(2) 创新“10 分钟体育健身圈”电子地图的服务功能。建设网上体育电子图书馆、数字健身馆和健身远程指导网络 3 个地方特色数字资源库,建立晨晚练点、社会体育指导员、国民体质监测、体育场馆四大数据库。

(3) 开设“运动苏州”数字专栏专题，优化体育赛事、天气环境播报，普及全民健身知识。每月1次免费发送体育科普短信。

(4) 在各种体育设施标志牌上添加二维码，研发“运动苏州”手机客户端，便利体育信息浏览服务。

(5) 完善局政务微博，开通局微信公众平台，发布政务信息、提供在线服务和实现交流互动。

(6) 完善四级国民体质监测体系，每年面向基层群众开展国民体质测试，开具运动处方，公布体质测试结果。市民体质测试合格率超过92%。辖市(区)每年参与国民体质监测的平均人次数超过3 000人次。辖市(区)在社区试点设立健身养生示范站点。

(7) 扩大全民健身“三进”工程覆盖面，优化现有的12个教学项目。继续办好全民健身大课堂，创新活动组织方式，各辖市(区)自行设立免费教学点3个以上。

(8) 本市承办的非商业赛事全部向市民免费赠票，商业赛事及其他全国性高级别赛事提供一定比例的门票免费赠送市民。实施对残疾人、低保户、特困职工、老年人等特殊群体健身锻炼半价优惠措施，设置方便的活动时段和服务项目。

(9) 整合经营性场馆资源，进行统一策划、统一营销，使公众享受更多健身实惠。全面推广医保健身一卡通。

(10) 进一步增强公众的体育意识，更加重视体育权利观、体育文化观、终生体育观，弘扬苏州体育精神。

(11) 借助各种载体和形式，加大体育宣传。倡导“健康、快乐、和谐”的健身理念和“每天锻炼一小时，健康生活一辈子”的生活理念，不断深化“争奥运金牌，谋百姓健康”的体育服务品牌建设。

(12) 体育文化产品数量和质量进一步提升，体育文化软实力明显增强。通过碑林、书法、汉砖体育人物画像拓片、名人绣像、邮票、博物馆等途径，传播苏州特色体育文化。

(13) 体育产业对公共体育服务的完善和带动作用明显提高。“两类基地建设”更加规范，“三类衡量比重”保持全省领先。丰富体育消费产品，完善四大体育服务业市场。全市体育彩票年销售总量保持全省领先，体彩公益金用于全民健身工作投入的比例不低于60%。

(14) 加强与体育科研机构、高校体育学院的合作，加强基本公共体育服务研究，推广运用最新体育科研成果。

(15) 加强各类公共体育从业人员的专业技能培训和文化学历教育。辖市(区)体育部门在职员工，乡镇(街道)、行政村(社区)基层体育专职人员参加培训时间每年分别不少于15天、5天。市辖市(区)内80%以上一线社会体育指导员每2年受到1次以上体育部门举办的技能培训。

第六章 苏州公共体育服务体系建设的支撑与保障

建立体育公共服务保障支撑体系是保证整个体育服务系统高效运行的条件，体育公共服务体系的正常运转离不开完备的支撑与保障体系，否则公共体育服务体系就成为无源之水、无本之木。作为苏州市公共体育服务体系最外层的保障面，主要由体育科教支撑系统、政策法规支撑系统、社会舆论氛围营造、产业支撑、组织队伍保障、机制保障、资金保障、沟通与交流、监督与反馈、绩效评价保障等10个要素构成。苏州市推进全民健身计划、构建公共体育服务体系示范区需要不断完善公共体育服务的支撑和保障体系，当局、社会和个人要通力合作贡献各自的力量。

一、政策法规支撑

(一) 构建公共体育服务政府政策扶持体系

第一，各级政府要将体育事业纳入国民经济和社会发展总体规划。各级政府要负责体育发展计划以及体育政策和法规的制定及组织实施。在“三纳入”的重要基础上，力争纳入各级政府为民办实事项目，完成全面纳入。在政府制定决策时把公共体育服务考虑进去，在制定苏州市当地的国民经济发展规划与社会发展规划时也要将公共体育服务体系的建设考虑进去，在设计对政府绩效考评的指标体系时要把对公共体育服务的考核也加入进去，在城乡进行整体建设规划时同样要考虑到体育公共服务系统的建设。

第二，要因地制宜地完善政策导向和支持。苏州市建设公共体育服务示范区除了要从宏观上制订发展规划，还要根据各地的具体实情将建设公共体育服务体系的任务列入各地现代化建设的范围。各级政府要在贯彻执行政策的同时加强引导，避免拖延、误解等因素导致政策的执行达不到理想状态，同时要把基础公共体育服务建设纳入到当地的推进计划中。

第三，制定并落实吸引社会力量参与公益体育事业的有关政策作为政府公共体育服务的重要补充。采取一些支持措施吸引和鼓励其他社会力量加入大型体育场馆的建设与运营中来，通过委托管理、合作经营、连锁经营、托管经营、购买服务等方式，全面提高大型体育场馆的运营效能和服务水平。政府要实现公共体育场馆向社会大众低收费甚至免费开放的政策，制定和执行促进体育产业发展的具体政策措施。苏州市出台《加快发展体育产业的实施意见》，并建立市级体育产业发展的引导资金。对于进入体育产业的社会资本和力量采取减免税款、担保与贴息等众多途径来扶持。采用先进理念和运作模式，采用多种方式进行招商选资，增加体育公共服务体系的服务主体。鼓励社会力量参与篮球、排球、足球俱乐部的建设，并给予税收等政策支持。做好退役运动员的后期安置工作，根据省优秀退役运动员的组织安置办法，将首先考虑安排有杰出贡献的优秀运动员到省、市政当局或相关机构就业。退役运动员在他们的黄金时期为社会和国家做出了突出的贡献，为祖国赢得了无上的荣誉，在他们退出竞技体育场的时候，政府要关注他们今后的去路，在制定就业促进政策的时候要将退役运动员的就业与安置工作考虑进去。在创业培训、经营管理与创业孵化基地建设等各方面进行扶持，将一批批退役运动员发展成为公共体育事业的优秀人才。

第四，推进体教融合发展，加大对体育后备人才基地和各类体校的扶持力度。国家体育总局关于建设体育公共服务体系示范区合作协议中强调了国家体育总局要支持江苏省推进体教融合发展，探索运动员文化教育的运作管理模式，对江苏省建立国家级高水平体育后备人才基地、青年体育训练营与兴办高校高水平运动队给予政策支持。在江苏省探索体育教师、业余体校教练员和训练教学管理干部培训的新模式。支持江苏省加大学校体育场馆向社会公众开放的程度，并给予政策上的扶持与具体业务指点。少年强则国强，青少年群体的体质健康对于整个社会的未来发展具有十分重要的意义。要切实地提高青少年群体的体质需要政府当局积极主动地实施学生体质的健康促进行动计划。改革体育后备人才的培养机制，统一协调和管理各类体育学校，将他们的建设纳入教育发展规划进行统筹管理。同时要关注传统体育项目的体校建设，大力培育和发展青年体育俱乐部，落实税收优惠和财政补贴政策，保证青少年体育服务遍及学校和社区。

（二）完善公共体育服务体系的法制保障

中国虽颁布了一系列的体育法规，体育法规体系尚存在不协调与不完备的情况。现阶段，我国的体育政策与法规性文件大都较宏观，缺乏具体、明确的政策支撑。体育权利是每个公民的合法权利，只要是对体育事业发展有积极作用的合法行为，都应当受到法律的保护。

1. 体育法律法规对体育公共服务体系的重要保障意义和作用

第一，体育法规是法律规范的一种形式，它是对体育领域中活动主体各种关系以及行为进行规范的一种规范性文件。国家出台和颁布的与体育法律相关的规范首先为体育事业的建设和发展提供了根本的方针与原则，并明确了具体的措施，是全社会体育事业发展的法律依据，有助于增强公民的法律意识与法制观念。

第二，体育法律法规是国家和政府管理体育事业，促进体育活动各主体协调发展的重要手段。国家按照体育事业发展的自身规律与社会主义事业发展的要求，利用法律明确各体育活动参与主体的职责、权利与义务，理顺繁杂的体育社会关系，调节和处理体育事业发展过程中的各种矛盾与纠纷，用法律来管理体育事业，才能反映体育的规律性，做到按客观规律办事。

第三，加强在体育领域的立法是中国国际体育交流发展的必然选择，符合国际体育发展的趋势。近年来，我国在国际舞台上活跃程度的不断增加，各种形式以及各个地区间的体育国际交流活动日趋增多。不管是与国际体育组织的合作与交流，还是参加各种体育竞赛，全部要求遵循体育活动中的国际惯例。我们在国际体育交流活动中不可避免地会产生一些与国际惯例不一致的情况，要解决这类衔接问题需要通过体育立法来确立国际上的体育惯例在体育法规中的重要地位，让中国在国际体育交流合作中，顺应国际体育发展的趋势，保护国家的利益，发挥其应有的积极作用。

第四，通过体育法规、政策把党和国家的体育方针和政策具体化、条文化、法律化，确保各项体育政策与方针得以顺利贯彻与实施，以促进体育事业的蓬勃发展。

2. 体育法规的保障作用

第一，体育法规肩负着协调一定体育社会关系的任务，它鼓励公民依据体育运动发展的客观规律主动地参与体育活动，并保障公民的体育权利。体育法规保障功能首先体现在它保障人们进行体育运动的权利。我国民众的体育权利在宪法和目前的体育法规当中都有广泛及明确的规定。

第二，体育法规保障体育行政部门可以做到依法行使行政权力。体育是全民的事业，它的发展涉及多个部门，如人民团体、人民解放军、武警部队等。假使我们的体育法律规范不完善，就容易导致有关部门在现实工作中相互干扰，不利于部门之间关系的协调，甚至会影响我国体育事业的整体利益。因此，需要在国家发展总体规划指导下，发展体育事业。通过制定体育法律法规，确保体育行政部门做到依法行政，依法行使体育行政管理职能，充分发挥多方面的积极性，才能有助于我国公共体育事业健康、稳定、协调地发展。

第三，体育法律法规保障体育产业的健康发展。我国随着市场经济的迅猛发展，体育服务与活动加速社会化，体育产业发展水平逐步提高。为了进一步释放体育市场活力，需加强体育法规建设，为其营造良好环境。

第四，完善我国的体育法律法规能够有效地保障我国对外体育交往的顺利进行。随着改革开放和经济全球化的发展，我国的体育事业也实行了全方位的对外开放，对外体育交往活动越来越频繁。只有通过体育立法，我国才能在国际体育交流合作中保护自身的合法权益，发展同世界各个国家和地区体育组织之间的友好合作，才能够加快提高我国体育技术水平，开展同国际体育人才和团队的友好交流，帮助我国的体育法律规范尽快与国际组织原则及规定相衔接，以确保中国对外体育活动的顺利开展。

3. 我国体育法规体系

(1) 宪法和国家体育政策法规。中华人民共和国宪法规定:“国家发展体育运动，开展群众性的体育运动，增强人民体质。”这是我们国家对于体育发展的总的指导思想和基本原则。1996 年江泽民主席指出“体育工作的基本任务是增进人民身体健康”。此外，1995 年国务院颁布《全民健身计划纲要》，2011 年推出《全民健身计划(2011～2015 年)》。1995 年通过《中华人民共和国体育法》，填补了体育立法方面的空缺。

(2) 有关公共体育专门的行政法规中有专门体育行政法规和其他行政法规中有关体育的条款和内容。前者主要是国务院颁布的一些办法和条例，还有中央军委颁布的一些规定和标准，后者还包括其他一些行政法规中包含的具体的体育条款和相关内容。

(3) 体育行政规章。我国的体育行政规章是指国务院行政部门颁布的有关体育的通知、决定、办法、意见等。主要有由国务院的一些行政部门共同发布的、国务院体育行政部门发布的、国务院其他行政部门颁布的直接与体育相关的规章。

(4) 地方性体育法规和规章。地方性体育法规和规章是指省、直辖市的人民代表大会和它们的常务委员会以及省、自治区的人民政府所在地与经过国务院批准的较大的市的人民政府在不同宪法、法律与行政法规相抵触的首要前提下制定规章。

苏州市建设公共体育服务体系适用的法律法规具体如表 6.1 所示。

表 6.1 苏州市建设公共体育服务体系适用的法律法规

位阶	名称
根本法律	《中华人民共和国宪法》:“国家发展体育事业，开展群众性的体育活动，增强人民体质。”这是我们国家对于体育发展的总的指导思想和基本原则
基本法律	/
普通法律	《中华人民共和国体育法》(1995)
行政法规	《国家体育锻炼标准施行办法》(1989)(2013 年修订为《国家体育锻炼标准施行办法》)
	《学校体育工作条例》(1990)
	《外国人来华登山管理办法》(1991)
	《全民健身计划纲要》(1995)
	《国家体委关于深化改革加快发展县级体育事业的意见》(1996)

续表

位　阶		名　　称
行政法规		《国家体育总局职能配置、内设机构和人员编制规定》(1998)
		《国家体育总局、民政部、公安部关于加强健身气功活动管理有关问题的意见》(1999)
		《奥林匹克标志保护条例》(2002)
		《中共中央、国务院关于进一步加强和改进新时期体育工作的意见》(2002)
		《公共文化体育设施条例》(2003)
		《反兴奋剂条例》(2003)
		《全民健身条例》(2009)
地方法规		《社会团体登记管理条例》(2007)
		《江苏省学生体质健康促进条例》(2009)
		《江苏省全民健身条例》(2010 年修订)
		《苏州市市民体育健身条例》(2001)
		《苏州市体育经营活动管理条例》(2011)
		苏州市人民代表大会常务委员会关于修改《苏州市市民体育健身条例》的决定(2011)
行政规章	部门规章	《全国体育竞赛管理办法》(试行)(2000)
		《国民体质测定标准施行办法》(2001)
		《关于进一步加强用于全民健身的体育彩票公益金使用管理的通知》(2004)
		《关于进一步加强社会体育指导员工作的意见》(2005)
		《关于发挥乡镇综合文化站的功能进一步加强农村体育工作的意见》(2010)
		《关于进一步加强职工体育工作的意见》(2010)
		《全民健身计划(2011 — 2015 年)》(2011)
		《关于印发苏南现代化建设示范区规划的通知》(2013)
	地方规章	《江苏省全民健身实施计划(2011 — 2015 年)》
		《江苏省政府关于加快发展体育产业促进体育消费的实施意见》(2015)
		《苏州市经营性健美操场所管理规定》(2009)
		《运动员技术等级管理办法》(2009)

续表

位阶		名称
行政规章	地方规章	《苏州市运动员技术等级管理办法实施细则》(2011)
		《苏州市体育产业示范基地认定和管理办法(试行)》(2012)
		《苏州市"体融通"贷款担保实施细则(试行)》(2013)
		《苏州市体育产业发展引导资金使用管理办法》(2013)
		《苏州市体育产业补贴项目实施细则(试行)》(2014)

二、体育科教支撑

(一) 大力发展体育科研

社会的每次进步离不开科学和技术的创新,科技是支撑体育服务的重要条件,当今的体育运动离不开科技的支撑。为了确保公共体育服务的顺利开展,苏州市必须要注重体育科技的进步,不断改良传统的科技,加强公共体育服务的科学研究和体育科技成果的转化、推广工作等。20世纪90年代,我国确定了"科技兴体"的重大体育事业发展战略。科学技术是第一生产力,体育事业的发展进步离不开科学技术的进步,在公共体育领域,体育科学技术和体育科研对公共体育的发展做出了很大的贡献。

体育科学研究和体育科技的支撑功能主要体现在以下几个方面:首先,体育科学研究领域的基础理论研究结论对于我们正确认识体育现象,引导我们走出误区,对我们总结体育事业的发展规律有重大的帮助。其次,利用通过改良体育设备,可以提高公民体育健身的效率,使群众体育健身更加便捷。科学细致地分析不同的体育服务,总结出成功和高效的经验,并进行推广和开发。再次,利用现代信息技术建立起公共体育服务的平台和公共体育服务技术支撑系统,在当地电视、电台和政府官方网站设专门的栏目、通过专门的版面来宣传全民健身,有利于实现当地体育信息资源的共建共享。最后,体育科技的进步和发展对于竞技体育的意义十分重大,赛场上运动员的表现除了与他们的勤奋训练息息相关外,也离不开科技的支撑,竞技体育的目标是挑战人类的极限,它从设备、场地、机械到服装、鞋帽等一系列因素都与科技有关,职业运动员的技能训练、预防伤害、体育器材、身体机能与技能的调节都不能没有科学技术的支撑,在科技因素的帮助下运动员能被最大限度地激发出自身的潜在体能。运动员们在奥运会和各类大型赛事上的精彩表现和取得的各种优异成绩都是我国"科技兴体"战略的重要表现。

因此，苏州市应利用现代科技大力发展智慧体育，根据苏州市推进智慧体育建设的行动计划建设“一库两网三化”的苏州市智慧体育信息化服务体系，实施苏州体育网站集群工程。与电信公司合作，在“智慧苏州”门户下搭建市民体育养生保健综合服务平台、体育赛事综合信息管理平台、体育文化综合服务平台与体育训练监测与研究分析平台等智慧体育平台，开展智慧健身与智慧场馆和赛事等智慧应用。

在现有技术基础上完善苏州市“10分钟体育健身圈”的电子地图查询功能，建设体育电子图书馆、数字健身馆以及健身远程指导网络等特色数字资源库。同时，可以依托苏州市广电网络与地方官方网站开辟“运动苏州”的数字专栏，优化体育赛事、天气环境播报与全民健身的宣传。继续开展健身科普短信免费定制业务，定期免费发送体育科普的短信。

尝试自主研发“运动苏州”手机客户端，便捷群众对体育资讯的浏览和关注，在各个体育设施标志牌上添加二维码，为民众提供触手可及的健身服务信息。利用微博、微信等社交平台来发布政务信息，实现互动交流，为广大群众提供在线服务。

除了技术外，体育科研在公共体育服务体系的建设和发展中也起到了很大的支持作用。体育科学研究所是为公共体育服务提供科技指导和技术支撑的主要组织机构。江苏省体育科学研究所在体育服务与体育活动方面为江苏省的体育公共事业提供了强有力的科技支持。

江苏省体育科学研究所是江苏省直接为竞技体育单位提供服务和保障的科研机构，主要进行竞技体育的科技攻关与服务工作，包括对职业运动员进行科学监控、开展身体机能的评定、运动营养、体力恢复、技术诊断、力量诊断与训练的研究及应用。以运动员备战奥运会以及全运会等重大体育赛事为中心展开大量的科技服务与攻关研究。省体育科技研究所的科技人员对他们进行运动技术分析，身体机能的监控和营养的调控，采取针对性的措施解决问题，取得了不小的成效。

此外，江苏省还拥有体育科学学会，其主要开展国内外的体育学术交流活动，提高体育科学技术知识的普及程度、传播先进技术和经验，开发和推广体育科研成果。体育科学学会所开展的研究课题和所取得的研究成果内容十分全面丰富，涵盖竞技体育、群众体育、体育产业等多方面，发表的体育科研学术论文数量众多，为公共体育服务体系奠定了很好的理论基础。

苏州市体育科学研究所配合省体育科学研究所办好专业运动队的监测训练工作。在每年国民体质监测工作中，组织全市体育科学学术交流活动和体育科技服务工作，为苏州市的公共体育服务体系提供了坚实的科技支撑。在2014年苏州的第十八届运动会时期，苏州市体育科研所获得了江苏省体育局的表彰，荣获先进单位的称号。苏州市体育科研所作为苏州市体育事业的重要科研机构在十八届三中全会的精神号召下不断地为苏州市的体育事业做出积极贡献，推动苏州市和整个江苏省加快建设体育强省。

2014 年，苏州市为了加强体育科技对公共体育事业发展的重要支撑作用，加快苏州市体育现代化，公布了有关开展 2014 年体育科研局课题申报工作的通知，动员有关职员一起参与苏州市体育事业发展过程中理论和实践问题的研究。经专家评审，结合苏州市体育事业发展的实际确定了 23 项立项资助课题，确定《苏州市户外健身"登山"运动现状调查研究》等 18 项课题为立项不资助课题。这些课题的开展，对强化苏州市体育科研的实力和加快体育事业的发展有着极大的促进作用。其中，23 项立项资助的课题都是围绕如何促进民众的健身活动提高公民身体素质，涉及儿童、青少年、妇女、老年人群体以及竞技体育、群众体育等方面。

现如今，苏州市体育科研的研究范围不断地扩大，在许多相关的研究领域也有不少的建树，显示出了较高的科研水平，也取得了不少的研究成果。同时，苏州市体育科学研究得到了不断的深化与发展，加快了体育科研工作的改革发展步伐，使研究更加符合体育发展的需求。智慧体育离不开体育科研的支持，苏州市率先启动了苏州市"10 分钟体育健身圈"的电子地图制作工作，已经录入各类场地设施信息 13 000 余条，群众可以通过相关系统很方便地进行查询。苏州市还成立了电子地图信息维护队，对电子地图实行长效化的管理和运作。

（二）全面重视体育教育

苏州市重视体育教育，2014 年苏州市体育工作重点中强调要组织好全市中学和小学的体育联赛，不断推进体育运动项目进校园。还将不断增加各类手球学校、足球学校的数量，不断提高办学的质量，同时加快开展田径、篮球、足球等重点体育项目的体育教师培训，对他们进行专家授课，提高体育教师和裁判员的专业技能和水准。2013 年苏州市举行了"市长杯"校园足球赛和手球学校联赛，首次选用了主客场联赛制的形式，创新了青少年体育的形式，通过媒体宣传和组织评选等激励方式极大地提高了参赛单位和青少年学生的体育积极性。

苏州市注重对中小学学生进行体育精神教育，不断实现苏州市青少年体育的创新。在校园内弘扬"健身强体""生命在于运动""生命不息、运动不止"等体育健身精神，向青少年传递"崇尚健康、爱运动"的理念，关心学生的体质与健康状况。除关注青少年的体育创新外，苏州市还与中国科学技术大学开展合作，依托中国科学技术大学的科研力量来进一步提高公共体育服务的专业化水平，开办了体育系统首个 MPA 班，重点围绕体育产业和体育管理进行教学，培养学员的实践能力和素质，不断加强对苏州市体育社团和公共体育服务的引导和扶持。表 6.2 为苏州市国家级青少年体育俱乐部统计表。

表 6.2　苏州市国家级青少年体育俱乐部统计表

序　　号	俱　乐　部　名　称
1	苏州市儿童业余体校
2	苏州市金阊区三元街道办事处
3	苏州大学附属中学(青少年体育俱乐部)
4	苏州市新区第一中学(新翼青少年体育俱乐部)
5	苏州市运动学校(振吴青少年体育俱乐部)
6	苏州市青少年体育训练基地(青少年体育俱乐部)
7	苏州市吴门桥街道办事处
8	苏州市彩香中学(彩香青少年体育俱乐部)
9	苏州市草桥小学校
10	苏州市全民健身活动中心
11	苏州吴江市鲈乡实验小学
12	苏州张家港市体育中心
13	苏州市田家炳实验中学
14	吴江松陵高级中学奥林匹克体育俱乐部
15	吴江市实验小学青少年俱乐部
16	常熟市阳光青少年体育俱乐部
17	苏州市“成林”青少年体育俱乐部(三中)
18	太仓市城厢青少年阳光体育俱乐部(城厢一小)
19	吴江市平望金苹果青少年体育俱乐部(平望实小)
20	太仓市新区阳光青少年体育俱乐部(朱棣文小学)
21	苏州市银杏娃青少年体育俱乐部(平江实小)
22	木渎灵天青少年体育俱乐部(吴中区木渎实验中学)
23	太仓市城厢镇第三小学
24	常熟市昆承小学
25	太仓实验小学
26	苏州市晨曦青少年体育俱乐部(金阊城西中心小学)
27	常熟市聚沙青少年运动俱乐部(梅李小学)
28	苏州工业园区第二实验小学乒乓球俱乐部
29	苏州市风火轮轮滑俱乐部

数据来源:苏州市政府信息公开网。

三、氛围营造

(一) 营造热爱运动、崇尚健康的社会氛围

通过竞技体育、群众体育等典型活动的开展,掀起一股“运动风”,有计划、分类别、多层次地引导市民参与各种体育健身和锻炼,努力让健身成为百姓的生活方式,倡导“合理膳食、适度运动、身心健康”的生活理念。进一步增强全社会的体育意识,更加重视体育权利观、体育文化观、终生体育观。在重要休闲区、运动区等场所设立体育碑林(体育赛事大事记、体育文化沿革史、体育名人传记等),传播体育知识,激发体育热情,并将体育书法汇编成册,注重体育文化的传承。苏州市有着许许多多的体育名人,利用体育明星效应可以有效地扩大群众体育健身精神的宣传范围,将这些体育名人的体育事迹撰写成出版刊物和书籍往往能极大地提升整个城市的体育文化底蕴,在整个城市中营造一种崇尚体育锻炼的社会氛围。

要加强科学健身知识的宣传力度,广泛宣传体育精神,树立健康环保的生活理念。开展世界冠军与奥运会冠军下基层、进企业的活动,充分发挥竞技体育的独特吸引力和感染力,增强民众的凝聚力,振奋全民体育精神。不断增强市民体育意识,从而形成一股强大的精神力量,影响人们的思想和行为。

借助各种载体和形式,加大体育宣传,丰富体育文化内容,提高城乡居民的科学健身素养。有调查研究发现,居民关注体育新闻、体育赛事的积极性和热情不高,对《全民健身条例》的了解程度也有很大的差异,老年人成为最关注体育健康的群体,群众在自己的闲暇时间进行健身锻炼的意识比较淡薄,其中最为重要的调查结果是居民对体育锻炼作用的了解十分浅显。

这就启示我们在现阶段需要不断加大对《全民健身条例》的宣传力度,花大力气营造浓厚的全民健身氛围,尤其是要普及体育锻炼对居民身心健康的重大意义,有意识地引导居民更多地关注体育新闻和重大体育赛事和资讯,树立健康环保的健身理念。可以以社区为切入点,有意识、有步骤地定期开展体育健康讲座,设立体育专栏,帮助居民树立起正确的健身锻炼态度。

利用规模较大、影响范围较广的重大体育节日和体育赛事,扩大宣传范围和影响,使整个社会树立崇尚健身、积极参与运动的良好体育风气。我们可以在全民健身日之外再增加全民健身周或全民健身月这样的群众健身活动日,定期开展活动,经过一段时间便可在公民当中营造浓厚的全民健身氛围。良好的体育健身社会氛围有助于推进全社会公共体育服务的健康发展,培养市民对运动的兴趣,对市民养成良好的健身习惯有很大的促进作用。

2013 年，苏州市“全民健身月”持续了两个月，苏州全市各个级别的全民健身活动将近 1 700 项。包括举行“全民健身日”广播操比赛和“假日体育”活动，公民参与的数量也非常多。此外，苏州市老年人体育协会也组织举办了一些大型活动，包括健步走活动、端午节赛龙舟、千村农民乒乓球、篮球赛等，为广大老年群体提供了方便且丰富的健身平台。同时，江苏省各地也举行了各类全民体育健身活动，引起了全民健身的热潮。张家港市和昆山市都积极联动举办了各具特色的群众健身活动，张家港市开展了为期 6 个月的全民健身联赛，2 000 多名运动员参加了数千场比赛，昆山市也推出了全民健身的八大系列活动，全年举办大大小小的体育活动近 500 项，参与人数达 70 万人。此外，还有常熟市和太仓市等地也推出了本地区的群众健身活动。

(二) 弘扬团结拼搏、关心体育、热爱体育的体育精神

弘扬奥林匹克精神、中华体育精神和苏州体育精神。通过体育健身活动、公共宣传、科普讲座等形式，大力弘扬苏州健儿为祖国争光、团结拼搏、无私奉献、追求卓越的体育精神。苏州市每年都利用各类媒体进行全民健身精神的普及和传播，苏州市与市广电总台合作拍摄了健身路径使用方法专题片，通过电视频道向市民播放。苏州市的主流媒体定期刊发整版的假日体育活动、全民健身大课堂展示、广播体育比赛、十大惠民举措等。特别是在《姑苏晚报》开辟专栏，对假日体育的精彩图片进行连续刊登，金鸡湖端午龙舟赛在中央台 9 套播出。此外，张家港、昆山都在《中国体育报》刊发专版的报道。

苏州在 2011 年举办首个全民健身节，节日期间举办适合不同群体和年龄阶层的健身体育活动。同时，开设了宣传专栏，进行宣传板报的制作、定期发放宣传资料、开展健康咨询活动、举行健身科普讲座等。在健身节举办期内，苏州市还推出全民健身系列大课堂国民体质监测车巡回服务活动，向公众提供体质测试与健身知识专家咨询的服务。做好群众体育活动的宣传和带动工作，为苏州市的公共体育服务体系营造一股强烈的群众体育运动风。

苏州市还开展了许多有特色的青少年阳光体育活动，这项活动主要针对小学生和中学生，为了提高青少年群体的乒乓球项目水平，同时也是为了推动苏州市全民健身活动的进一步开展，培养市民当中的幼儿群体的体育健身热情，不断地弘扬拼搏向上的体育精神。

(三) 弘扬苏州体育文化，激发体育发展的持久动力

姑苏文化源远流长，在中华几千年文明的长河中姑苏文化一直经久不衰。世世代代的苏州人民用他们的智慧和汗水创造了灿烂的苏州文化，绚丽多彩的苏州

文化为苏州这座城市积淀了浓厚的文化底蕴。体育文化具有很强的感染力和凝聚力,苏州体育文化是苏州体育形象的名片,它在苏州与全国别的省市区以及国外进行体育文化和体育事务交流中起到了很大的作用。苏州传统体育文化历史悠久、博大精深,传统体育文化注重人与自然的和谐相处,强调身体感官的舒适和意念的感受,随着时代的迁移,苏州传统文化也慢慢地与现代体育形式和理念相融合,逐渐显现出新的生机和新的风格,已从片面的养生理念向全面健身理念发展。

船拳是一种水上表演运动,属于中华武术宝库的一项重要的武术形式,船拳发源于吴越春秋时期,是苏州市一个传统的体育活动形式。每年夏天苏州市郊外地区都会在端午节与中秋节出船拳,现在在苏州,船拳已经成为民众增强体质的一种重要锻炼活动。船拳已成为苏州市的非物质文化遗产项目,苏州市还建了专门的船拳馆以及“开口船拳”陈列馆。

苏州龙舟极具地方特色,属于我国赛龙舟的重要代表之一。在 20 世纪 80 年代中期,赛龙舟已经被国家列为体育比赛项目,苏州市也定期举办一年一度的金鸡湖龙舟赛,其已经成为苏州市的传统比赛,在 2015 年的金鸡湖龙舟赛上还增加了“端午民俗风情游园会”,通过游园会的形式让市民深入了解苏州市的民俗风情和龙舟竞技,市民可以通过亲身经历来回顾传统的体育项目和技艺,游园会上重温了传统的康乐球等体育活动。这种方式有效地对苏州传统民俗技艺和体育项目进行了普及和宣传,同时最大限度地让民众参与到了群众体育项目中来。除了弘扬民族传统体育文化、挖掘体育文化的内涵,还可以唤醒人们对于传统体育形式的记忆,在某种程度上有助于苏州传统体育文化与人文历史的传承与保护。这些活动都充分体现了吴地体育的特色,在很大程度上扩大了体育的感染力。

苏州市还拥有专门的体育博物馆,苏州市体育博物馆是第一个高度专业性、体育性的博物馆。博物馆注重对姑苏体育文化和体育精神的传播与弘扬,展现了体育人文。体育博物馆是弘扬体育文化和发扬体育精神的重要途径,苏州市体育博物馆藏有十分丰富的珍贵资料和文物,它承担着为苏州市民普及体育健身知识和文化的重要任务,通过博物馆的形式集中地展现了吴地文化和苏州体育文化的历史。

目前,苏州市博物馆已经通过各种渠道收集了超过百幅苏州著名书法家的古代体育诗歌书法作品。同时还将继续挖掘苏州体育文化,开始酝酿编写苏州体育历史,出版《苏州体育书法碑刻作品集》。除了体育博物馆,要大力弘扬苏州市的体育文化还可以借鉴 2008 年为了迎接奥运会在北京举办的古代体育诗歌书法刻瓷展的做法,举办苏州古代诗歌书法刻瓷展,这种展览以体育为中心精神,采取体育诗歌、书法、陶瓷、雕刻等方式和手法,融合了诗、书、画、陶多种艺术形式,采取这样的方式对于宣传苏州体育文化和营造浓厚的体育氛围有着极大的意义。

四、产业支撑

（一）加快培育体育市场和体育消费人群

1. 要加快培育体育市场和消费人群

要尽可能地满足公民多元化的体育需求应尽可能地扩大公共体育产品供给的渠道和形式。体育市场的主体是广大市民，他们对体育服务以及体育用品的需求决定着体育市场的长远发展。在社会文明和世界经济的迅猛发展中，公民的生活质量得到了很大的改善，生活水平持续攀升，公民的物质文化需求也在不断地增长，人们对身体健康水平提出了更高的要求。根据我们对苏州市居民公共体育服务需求的调研，居民去公共体育活动场地进行体育锻炼的频率比较高，对公共体育活动场地需求旺盛。调研还发现目前苏州公共体育服务的形式太过单一，不能满足被调查者多样化的需求。公共体育部门提供的体育场地配套服务不到位，公共体育组织服务不健全。公共体育场体质监测服务少，内容单一。健身指导服务缺失，公共部门体育活动服务、体育信息咨询服务单一，针对社会弱势群体的公共体育服务不完善，其配置水平还有待提高等问题。

体育需求已经成为现代公民的重要需求，已成为人们日常需求的一个重要组成部分。但目前的体育市场还不尽完善，产业结构和具体的市场机制还不够成熟，需要解决的问题还有很多。体育产业是我国国民经济的重要组成部分，为了全面、准确地把握体育产业的总体规模以及更好地进行管理和指导，对体育产业的分类和统计工作成为政府的工作重点。学术界一般将体育产业划分为六大类，即体育竞技表演业、健身休闲业、中介服务业、用品业、建筑业和其他体育服务业。2014年，苏州市初步建成了体育产业名录库，名录库中一共汇总记载了将近6 000家体育产业企业。

体育产业的相关分类体系建设对于培育我国的体育市场和促进体育产业的和谐发展具有积极的作用和重要的理论与现实意义，有助于政府制定科学合理的体育产业发展政策。要采取各种方式积极有效地开发苏州市的体育市场，引导民众进行理性的体育消费，不断繁荣苏州城乡的体育市场。在遵循公平、开放的原则下努力构建竞争有序的体育产业体系。一步一步地开展极限运动等新兴的体育运动项目。也可以尝试新型的体育商业形式，继续建立和完善体育市场流通体系。根据苏州市的特色和地域特点以及体育传统，拓展比较占优势的体育发展空间，探索和创新体育赛事和综合型运动会的运作模式。

2. 完善产业发展政策扶持体系

为了深入发展体育产业，不断发展壮大体育市场，保持产业发展的活力，政府根据现实情况和条件提出了体育产业的发展意见。在文件中政府从宏观上对将来体育产业的发展做了全局性的规划，提到在将来要首先逐步建立起与当代体育发展规律相符合的、门类齐全、布局合理、进行规范运作、拥有相当竞争力与影响力的体育产业系统。要重点培育一些规模优势较明显的体育产业集聚区，争取培养一批能在与国际体育品牌相竞争的本土体育品牌，打造一系列重点企业和集团。加大政府财政对体育产业的资金投入，要将苏州市体育产业纳入到政府当局的财政资金扶持重点范围，把体育产业重大项目的建设纳入到政府的财政总体安排。

2013 年，苏州市设置了苏州市市级体育产业发展引导资金，引导资金中的项目补贴金额就达 500 万元，还有逾 5 000 万元的中小体育企业贷款保证金。有条件的地区在发展体育产业方面应当尽可能地设置引导资金，从资金上给予一定的扶持，充分发挥财政资金的引导与带动作用。此外，还要强化金融的扶持，对具备条件和资格的体育企业允许其进入资本市场，通过各种方式筹集资金。进一步加强对融资担保体系的管理，继续支持和引导金融机构对体育企业的信贷支持。体育基金会在发展体育产业和公共体育事业方面具有重要作用，为了有效地使用体育基金和充分发挥它应有的作用，需要规范市场化运作，加强对体育基金的使用管理。

还要完善税费政策、鼓励社会投资。对那些具备条件的非营利体育组织的收入，根据税法的相关规定，可以对他们实行所得税的有关优惠政策。对于个人、企业或其他的社会力量，他们通过社会公益性组织对体育赛事和体育设施以及其他方面进行捐赠时，施行一定的税收减免。

3. 做大做强体育产业龙头企业

在体育产业发展方面，苏州市还没有形成强大的龙头企业和领头羊企业。龙头企业的示范效应在整个体育产业的发展过程当中不可或缺。现阶段，首先要优化和调整体育产业的布局，从整个大局和大方向上进行规划和统筹，实现资金与人才等其他资源的有效配置。在苏州体育健身休闲、赛事开发、场馆服务、用品制造等产业群都具备一定的优势，要充分发挥他们的集聚效应与示范效应。依托苏州市的城市资源和产业优势，建设一批具有苏州特色的体育产业城市群。加强规划和引导，发挥龙头企业的示范、辐射和带头作用。引入竞争机制，以市场为导向，采取补贴、资助与政府采购招标等多种方式，有效解决公共体育产品的生产与供应，最终实现提供主体与提供方式的多样化。全面形成多方合力，积极争取省体育产业的资金支持与社会力量的支持。

昆山市在体育产业方面走在整个江苏省的前列，昆山市体育产业总产值达 200 亿元，增加值在 40 亿元以上。昆山市是为数不多的对体育产业进行规范化体育产业统计的市，昆山市亿元以上企业有 36 家，2 000 万元以上的体育企业有

2 840家。昆山市体育产业高速发展的原因一方面在于它的产业布局比较高端和完善，另一方面它的体育产业链良好，产业发展做到了有层次，高中低、半径覆盖范围比较广，产业发展比较均衡，在发展中偏重于项目的带动。昆山市在对体育产业集聚区的建设过程中依托国内一流大学的科研能力，制定科学合理的产业发展规划，并制定了以科技为先导、以产业为支撑、以研发为特色、以效益为目标的发展战略。同时，在锦溪建设锦溪国家体育科技产业园，以锦溪国际体育科技产业园作为昆山市发展体育产业集聚区主导核心区，探讨其示范效应，并在积累广泛经验的基础上进行推广。

昆山市在体育产业方面，拥有一批极具地方特色与实力的企业集团。如全球最大的体育产业供应商禧玛诺集团，受众面最广的自行车生产企业捷安特，还有捷美集团，在开发户外用品方面一直秉承着做民族品牌，让本土品牌国际化的理念，创立了昆山的登山协会，通过登山活动为品牌的发展树立良好的口碑，将品牌推广出去，这些都是昆山体育产业中的佼佼者，是体育产业体系中的有机组成部分。在新经济时代背景下，昆山本着最便捷的理念打造智慧体育，将研发和推广体育移动终端应用软件面向广大市民，提高场馆利用率和昆山体育馆资源的开放度。

(二) 提升产业水平

目前，体育产业在我国是一个新兴的产业，在发展上仍存在不同方面的问题。体育产业领域还没有比较成熟完善的行业管理标准与产业统计指标体系。体育产业的发展受到了许多的阻碍。同时，由于经济全球化的不断发展以及我国国内体育市场的不断成熟和壮大，国内的体育产业还受到来自国际体育产业的强大竞争，国外品牌大量抢占市场，使得本土的体育产业举步维艰。我国体育产业的管理理念相对落后，管理人员的整体实力不够强，极度缺乏高水平的管理人才。随着市场以及消费人群不断发展壮大，各个地域间发展不平衡的问题也越来越突出。

我们要依据目前的体育产业发展态势和体育产业的工作特点和运行规律，不断进行体制创新和机制创新，努力构建更加开放和充满活力的体育工作体制和运行机制。首先，从政府层面，政府应转变职能，政府在资源的分配过程中应当发挥其宏观调控的功能，明确自身的职责范围。另外一方面，还要朝着体制创新、机制转换、以市场为导向与不断增添活力的目标，大力推进国有经营性体育事业单位转企改革与国有体育企业进行规范的公司制改革。此外，要继续推进公共服务创新与市场培育方面的创新，探索多元投入。加强体育社团的建设，提高产业的发展水平。协调推进相关产业的发展，与其他领域的相关产业进行良性互动，扩大辐射效应。

采取措施强化体育产业范围内的知识产权保护，在21世纪知识产权的保护越来越受到重视，在体育产业和体育事业发展的过程中会产生许多新的名词和新的产品与服务，政府要给予一定的扶持帮助和鼓励体育组织、体育赛事合法开发其专有名词、标志等无形的资产，增强对苏州体育遗产的保护与开发利用。

全凭政府去投资和提供公共体育用品和服务显然无法满足全社会对公用体育服务的需求，在这个方面政府应当鼓励和支持其他的社会资本去投资和提供相关的服务和产品，这样既可以减轻政府的负担，同时可以让政府集中精力解决更重要的公共体育问题。各级各类体育场馆和设施的建设同样可以由社会力量来完成，政府在财税政策方面给予优惠。特别是对于投资对外贸易和体育经济技术合作方面的企业，政府会给予更大的扶持，同时降低中小企业进入市场的门槛，发挥各类企业的力量，共同建设公共体育服务体系。

苏州各个体育中心要从体育公益目标出发，深化改革、优化业务结构、丰富管理内容、提高综合效益，促进场馆运营的健康发展。构建体育产业和文化、旅游、科技等行业的深度融合，形成合力构建体育产业发展的良好体制、机制。增加健身产业就业机会，着力提高公民的体育消费规模与消费水平。

(三) 充分利用体育资源，打造公共体育服务特色品牌

因地制宜，突出苏州市的区域特色，选择、总结和推广具有苏州特色示范效应的服务，以独具特色的体育项目服务普通大众，以特色体育丰富群众的业余体育文化生活，要充分发挥苏州特色体育服务项目在当地的影响。举办江苏人民喜爱的、积极参与的体育赛事，以及具有国际影响力的高水平赛事等。发挥示范效应，苏州市也要积极发挥大型活动的引领和带动作用。要继续办好环金鸡湖半程国际马拉松赛、端午赛龙舟、昆山万人徒步大会等重大赛事。不断进行体育产业的管理创新和科技创新，不断推进本土体育产业品牌的建设工作。

苏州市应当有意识地重点打造一些拥有自主知识产权的体育品牌和具有国际知名度的体育品牌，培育 2～3 个国际一流的体育赛事和一批传统品牌赛事，创建一批健身服务品牌和大型连锁健身服务品牌，通过品牌效应和优势来推进本地体育产业的发展。经过多年的努力，苏州市目前在这些重大赛事的规格、规模和国际化程度方面均有了新突破，品牌活动效果更加显现。在这些品牌赛事的基础上精心规划、引导各地打造特色品牌体育活动。不断扩大自行车骑游系列活动、围棋团体联赛、乒乓球俱乐部联赛等活动的辐射半径和参与范围。

五、机制保障

完善体育公共服务的保障机制，积极地推进体育公共服务的转型发展，继续强

化“政府主导、部门协同、社会共建、全民参与”的“大群体”工作格局。完善市民健身工作指导委员会联席会议制度,完善政府购买公共体育服务的制度,引导其他力量参与到公共体育服务体系建设的进程中来。苏州市政府要尝试减政放权、政事分开,体育行政部门侧重于规划引领、政策推动、标准制定等方面的工作,充分调动各方面的积极性。在大群体工作格局之下创新政府的工作机制和管理体制,政府在主导地位上要明确各个部门的职责,引导社会力量广泛参与。以广大农村地区与基层社区为重点,制定城乡体育协调统一发展的相关规划与政策措施。要逐步构建公共体育服务机构同政府的专家咨询制度,公共体育服务机构运营中的公众参与机制,探索并形成当局宏观管理、各个行业协会参与以及公共机构法人治理模式。农村公共体育服务体系的建设存在许多现实的阻碍,没有足够的条件发展完备的服务体系,所以苏州市要逐步建立起对农村等基层地区的援助机制,帮助他们建立和完善公共体育服务体系。

对管理体制与运行机制进行创新,鼓励社会组织进入体育公共服务领域。政府与相关体育行政部门是我国体育公共服务的供给主体,它们全面履行行政管理职能。但仅凭这一主体的力量还无法很好地满足民众多元化的体育服务需求。社会力量在公共体育设施的建设方面参与程度不高,服务质量有限。为了最大限度地调动社会力量参与公共体育服务活动的积极性,为居民提供高效优质的服务,苏州市政府必须加快公共体育服务的社会化改革步伐,加速公共体育服务管理部门的职能转化,从根本上缓解公共体育服务的供需矛盾。我们要明确公共体育服务的性质,对政府与社会参与组织的角色进行准确地界定。体育事业是公共事业,在鼓励社会力量进入公共体育服务领域的同时要准确甄别各类公共体育服务产品和兴办主体的属性。明确各主体在提供公共体育服务当中的重要作用,努力做到物尽其用。政府必须要把握好合理的尺度,划定清楚必须要管、一般管和尽量少管的范围,完善公共体育服务体系的社会参与机制。

具体来说,首先,政府应从宏观上进行管理,从微观的具体服务管理领域中退出来,有选择性地把一些公共体育服务职能和服务资源向社会和市场转移。其次,为了尽可能地提高服务效率和充分地利用现有资源,突破行政垄断的桎梏,把传统的体育事业单位从政府中剥离出来,再次回到社会,使得它们成为独立的主体,可以依照法律规范提供社会公共体育服务,在非营利的、单纯的、公益性体育服务领域发挥主体作用。降低门槛,构建多方举办、多种渠道提供服务、平等竞争、协同发展的多元化公共体育服务格局。重点打造民间服务组织,广泛调动其积极性,开拓公共体育服务社会的供给渠道。应当允许市场组织采用市场机制与手段,赋予其独立利益主体地位。市场组织在某些方面可以为居民提供更加便捷的服务,在这种程度上政府可以尝试把市场组织当作提供公共体育服务的合伙人,为公共体育服务体系从供给上提供最为坚实的保障,满足公民不断增长的、多元化的体育服务需求。

六、投入保障

（一）加大财政投入，发挥公共财政的基础保障作用

公共体育事业的发展离不开政府公共财政的支持，我国公共财政在体育事业方面的经费支出与西方发达国家相比还有很大的差距。体育公共财政投入占GDP的比重十分小。国外的经验告诉我们，政府财政投入是建设公共体育服务保障体系的重要支柱。美、英、日等国投入体育事业的财政经费占本国国民生产总值的比重在1%以上。政府在制订基本建设投资计划时要把公共体育基本设施建设经费也列入其中，全民健身事业的经费也要列入财政预算。依据我国的相关规定，政府部门要科学合理地使用体育彩票公益金，强化监督和管理，把体育彩票公益金用于全民健身事业上。财政资金是发展公共体育服务事业的最根本基础，没有资金的保障，任何公共体育服务都无法得到落实。政府应当完善全民健身事业的经费保障机制，扩大对重大健身活动的经费投入。

对向公众免费开放体育设施的学校适当给予财政补贴，并为其办理有关责任保险。通过财政加大转移支付的额度，扶持经济实力相对来说比较薄弱的地区发展全民健身事业。近年来，苏州市政府各级财政逐年增加了对体育工作的投入，体育彩票公益金每年用于全民健身活动方面的比重多于60%，在过去的几年，苏州市本级财政投入相关经费为4 000万元，与此同时，在市体育局各个部门的积极争取下取得了广泛的社会支持，每年筹措的公共体育活动经费将近2 000万元。建设全民健身体育设施和顺利开展各项全民健身活动都离不开政府财政的支持。例如，苏州市政府每年对“10分钟体育健身圈”的建设都投入了大量的资金。

政府的公共财政投入与公共体育服务的经费仍有较大差距。政府更加注重竞技体育，体育事业的经费大多投入到了竞技体育上，而群众体育投入不足。合理的资金投入是发展公共体育服务事业的最根本保证，各级人民政府应该将全民健身工作所需的经费列入本级政府的财政预算，并根据当地物质经济发展水平逐渐增加在公共体育事业上的财政投入。依据彩票公益金的使用和分配办法，体育彩票公益金应该根据我国的相关规定使用在全民健身事业上。

为了给予公共体育事业更多财政上的支撑，政府要制定针对性的财政政策，对一些属于公益性质的项目实行财政上的帮助，以此来维护社会公平公正。苏州市可以对社会上相对弱势的群体无偿开放公共体育场地或经营性体育场地设施，政府适当给予补贴，使每个居民都能享受到同样的服务。增加农村公共体育投入，逐步建立和完善乡镇群众体育组织，充实农村居民的业余体育生活。完善公共体育

事业的投入保障机制，根据本地体育公共服务体系建设中长期规划与年度计划，合理安排必要的保障经费，所需经费列入本级财政预算，并逐年增长。

（二）大力发挥体育彩票公益金的作用

体育彩票公益金是我国公共体育事业发展的重要资金来源，它是经过国务院批准从当年体育彩票销售总额当中根据相关的比例提取的用来发展公共体育事业的专项资金。根据我国《体育彩票公益金管理暂行办法》，体育彩票公益金主要包括体彩销售收入的30%（不能小于30%）、下级依据规定的比例上缴的公益金、公益金的利息收入和即开型彩票弃奖收入。体育行政部门或专门管理机构应严格按照公益金收入和支出计划来使用体彩公益金，资助和开展全民健身活动、解决大型体育运动会比赛经费不足问题以及维护和增建体育设施，扶持贫困地区的体育事业发展。

2012年，苏州市市级体育彩票公益金预算安排了11 923.30万元，下达支出指标10 624.80万元，实际使用4 230.39万元。苏州市儿童体育学校、苏州市全民健身中心、苏州市月亮湾网球中心等工程依据进度结转下年继续使用66 101 800元，其他结余856 100元。2012年，苏州市市级体育彩票公益金投入全民健身工程项目的预算占总支出的比重大约是62%，达73 403 000元，主要涉及全民健身工程建设活动、假日体育活动、特色学校补助、体育传统、体育设施添置及改造以及苏州市儿童体育学校、全民健身中心、月亮湾网球中心工程等项目。为奥运争光计划项目预算45 830 000元，占总开支的38%左右（见图6.1）。

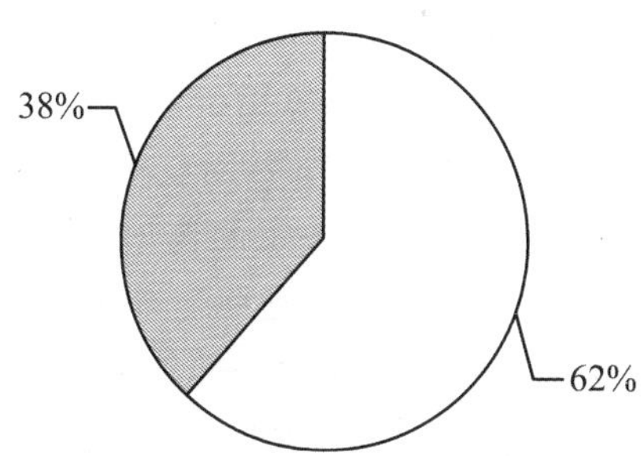

□ 全民健身计划支出　▨ 奥运争光计划支出

图6.1　苏州市2012年体彩公益金支出情况饼状图

数据来源：苏州市审计局。

全民健身计划是体育彩票公益金的重要支出范围，加快建立和完善苏州的公共体育服务体系需要不断地发挥体育彩票公益金的作用，体育彩票公益金用于全民健身计划和奥运争光计划的支出几乎涵盖了整个公共体育服务体系，包括对全民健身工程场馆建设的支出，对社会体育指导员和各级青少年体育事业支出以及各级各类群众体育运动会和健身活动的资助，还包括建设体育运动场地与新添体育器材等。此外，许多大型体育赛事和大型运动会的举办以及运动队的训练，对退役运动员的安置和竞技体育器材购置都离不开公益金的大力支持。

苏州市体彩公益金的使用取得了良好的效果，无论是在群众体育还是在竞技体育方面都获得了不少的成果，极大地促进了公共体育服务体系的构建，但彩票公益金的使用和安排在审计中发现了一些问题，主要体现在一些个别的大型群众体育活动超支，部分比赛的内容与预算有一定的差异。此外，还有一部分活动经费未列入预算里，这些问题都需要相关部门尽快纠正和完善，为公共体育服务的建设奠定良好的资金基础。

（三）吸引社会投入

公共体育服务的行政管理人员每年都在不断增加，这逐步增加了政府的财政负担。单纯地依靠政府财政支出和彩票公益金无法完全满足市民的公共体育需求。民众的公共体育服务需求越来越多元化，需要政府行政管理部门的管理和治理更加精细化和专业化，政府部门的财力有限，已经越来越难满足群众的体育服务需求。在这种情况下，在建设和发展公共体育服务体系的过程中可以允许民间资本与社会力量参与进来。一方面可以减少政府的财政负担，同时通过调动社会力量的积极性能够起到很好的宣传与感染作用，扩大公共体育服务体系的影响力。

公共体育服务的社会投入包括社会捐赠、社会赞助以及各种社会基金。实行激励政策，鼓励社会各方捐赠公益体育事业，争取更多的社会力量参与进来，扩大体育资金投入渠道。赞助体育活动是社会赞助的重要内容之一，以前就有健力宝集团赞助第 24 届奥运会的中国代表团的赞助活动。许多大型的公益体育活动的活动资金十分不充足，离开社会捐赠和社会赞助就很难开展，吸引和鼓励社会赞助对于减轻公共体育服务的财政负担也有一定的作用。现如今，社会赞助对企业有着很大的宣传作用。通过赞助公共体育事业除了能够赢得社会好感外，还可以提升企业在社会公众中的知名度，树立良好的外部形象。越来越多的社会企业认识到做好公关对企业尤为重要，并关注企业的社会责任感，对公共体育活动的赞助活动也越来越多，金额和数量也越来越大。

随着苏州市社会经济的快速发展，广大群众对体育健身的需求成跳跃式增加。但由于诸多历史原因，在这一阶段还不能完全满足人民群众体育健身的多元需求。为了尽可能地对体育资源进行合理分配和利用，需要创造条件慢慢引导企业事业单位的体育设施逐步地向居民进行开放，真正实现资源的共享和利用。同时，对于基层的公共体育设施要实现免费或优惠向市民开放，设置方便残障人士以及老年人、少年儿童的活动区域和服务项目，而且在“全民健身日”期间必须对公众无偿开放。公共体育设施管理单位应当建立和实施服务规范、安全管理、修复保养等机制,确保公共体育设施的正常使用。要加强协调与沟通,构造服务网络,提升服务能力。为各类体育健身娱乐群体提供高效优良的体育服务。提供多层次、多个时间段、多种优惠的多样化服务,不断丰富服务内容和方式。

学校是学生群体进行体育锻炼的集中场所,学校都配备有一套完整的体育健身设备和场所,在节假日这些场地和设施一般得不到利用,所以学校应当在课余时间和节假日向青少年开放体育设施,创建学校向社会公众开放体育健身设施的机制,对于新建造与改建的健身设施要尽可能对社会公众进行开放。我国鼓励民办的学校开放体育设施,公办学校应该尽可能地创造更多的条件向社会公众开放其体育设施。对于开放体育设施的一些学校,政府可以依据实际情况对他们给予一定的扶持与帮助。

七、组织队伍保障

(一) 加强政府行政管理人员的建设

按照党的章程,完成党支部推荐选举,任用一批优秀干部,继续加快开展反腐倡廉工作,注重警示和教育,严格执行制度,加强监督和执法工作。要高度重视思想政治素质的教育,加强他们的党性修养。让"为人民服务"的根本宗旨深植于党员干部的脑海中,使其时刻以踏踏实实为人民群众服务为己任。同时还要拓宽各级党员干部的视野,加强学习和社会实践,使其具有更加开阔的视野和敏锐的观察力,紧紧跟随时代发展与改革开放的潮流,走在公共体育事业建设的最前端。苏州市体育局开展基层党组织与社区结对活动,党员干部深入社区宣讲体育工作政策、成果,面对面地了解群众健身诉求,共有 18 个党支部与 24 个社区建立了结对关系。

要抓好党风廉政建设和精神文明建设。公共体育服务体系的健康发展离不开基层党组织的建设,基层的党员干部队伍是最直接的组织者,要使广大的人民群众投入到全民健身计划中来就要有一支团结务实、廉洁奉公、开拓创新的领导班子,要切实推进党风廉政建设和精神文明建设,加强基层组织的凝聚力与号召力,加速为苏州市体育公共服务体系提供牢固的组织队伍保障。党员干部要深入群众,深入基层,实时准确地掌握基层群众的多样化体育服务需求,摸清群众最关心的体育健身服务问题,站在人民群众的立场来帮助和解决居民的基本体育诉求,认真分析和研究群众的困惑和难题,帮助他们转变传统的体育健身观念。加强对党员干部的监督和管理,规范监督机制,推行民主监督,全面推进政务公开,建立层次清晰、责任明确且监督力较强的措施和监督运行机制。对于违法乱纪的成员,要严肃处理，保持队伍的纯洁与活力，要充分发挥先进分子的模范带头作用。

此外，还要强化党组织的基层干部的业务素质建设。首先，要不断加强社会主义市场经济知识的教育和学习，使广大党员干部树立市场经济意识，提高其参与市场经济的能力，推进公共体育服务体系的发展。其次，要强化体育知识的普及和教育，社会发展突飞猛进，体育科技和各类领域的新现象也层出不穷，只有不断加大对党员干部体育知识的普及和教育，才能更好地提高他们的科学文化素质，更好地推动公共体育服务体系的建设和发展。

打造一支充满理想、有道德、有文化、懂纪律以及精通体育业务的队伍。加强公共体育服务领域的社会主义精神文明建设，用邓小平理论坚持不懈地教育体育队伍。大力弘扬为祖国争光、无私奉献的精神以及科学诚信、遵纪守法、团结协作、顽强奋斗的体育精神，提高体育队伍整体的社会道德水平。深化人事制度改革，逐渐培养一支具备良好政治素质与业务水平，拥有合理的知识结构，廉洁高效的体育队伍。

（二）延伸体育组织网络、不断发展体育社团和体育俱乐部

江苏省 2014 年的体育工作重点中明确指出要加速全社会的体育社团向基层延伸，努力争取体育总协会、社会体育指导员协会与老年人体育协会在城镇以及街道实现全覆盖。促进群众体育组织延伸到乡镇和农村等基层地区。选取建立分支协会、特色体育团队等组织，帮助和指导各式各样的体育组织进入企业、进入机关、进入乡镇、进入社区。广泛的群众体育组织是居民进行体育健身活动的重要基础。目前，江苏省的体育组织网络以各个健身俱乐部和晨(晚)练点为分散点，以各种各样的体育社团作为线，形成了点线结合广泛覆盖的城乡体育组织网络。扩大群众性体育组织的覆盖面，力争覆盖所有的群体。群众性体育组织在城乡居民参与体育锻炼享受体育服务的过程中起到了重要的纽带作用，每位公民都能在这样的基层体育组织中找到自己的角色和位置，充分地投入到体育健身活动中去。

到 2014 年，苏州市的全民体育健身网络不断向各镇和各街道延伸，组织网络得到了很大的完善。现阶段含有市属的体育类社团 34 家，市级所属的体育类民办非企业单位超过 30 家，通过自身的组织网络，许多协会与俱乐部开展了一些联赛活动，不断地满足居民多元化的体育活动需求。苏州市还新增两个市属体育协会以及 5 个体育俱乐部，有 4 个协会完成了换届选举工作，新增注册会员 7 万多人，整个苏州市的会员人数达到 60 万人，在江苏省位列第一，体育社团的发展展现出蓬勃的活力。经过各方不懈努力，全市的老年人体育协会和体育社会指导员协会覆盖率超过 70%，张家港市的体育社团延伸至农村和社区，昆山与太仓两市的延伸覆盖率达到 80%。

(三) 加强社会指导员建设

加强社会体育指导员组织队伍的建设，为居民进行科学指导。为了规范和提高社会体育指导员的水平和素质，确保公共体育活动的健康开展，对社会体育指导员实行技术等级制度。当地政府的体育行政主管部门应该向他们提供相关的技能培训和专业知识教育，并建立起档案。对职业体育指导员要实行职业资格证书制度，对于高危险性体育项目的职业社会体育指导员，必须要按照规定取得职业资格证书。同时要重视和强化社会体育指导员与管理人才的在岗培训工作，完善体育职业技能鉴定制度，提高队伍整体素质和水平。

针对社会体育指导员这样的公共体育服务人员开展轮训计划，定期进行职业技能培训。除市、县体育局定期进行培训外，也要对苏州市体育系统中的群众体育工作者、各类体育协会的体育骨干人员以及农村和社区体育管理干部展开全面完整的培训工作，提升他们的业务水平和整体专业素质。增强苏州市国民体质监测的力度，加强苏州市以及县级科学健身指导队伍的建设。公共体育服务的人才队伍规模还不够大，在现实生活中社会体育指导员的规模也不大，我们可以考虑采用一定的优惠政策来鼓励运动员甚至是体育科研工作者一起加入到公共体育服务体系中来。

根据有关数据，截至 2015 年底，苏州市社会体育指导员有 24 960 人，其中国家级社会体育指导员 119 名，一级社会体育指导员 582 名，二级 6 687 名，三级 17 572 名，比 2014 年多了 3 000 名左右。苏州市整年共送训国家级别的社会体育指导员 50 名，一级社会体育指导员 181 名。苏州同苏州大学体育学院合作，共同举办了 9 期二级社会体育指导员培训班，参加者达 1 766 人。苏州市还对苏州市体育局直属训练单位教练员举办了具有针对性的专场培训。

除了体育社会指导员外，体育志愿服务者也是公共体育服务体系的重要组织基础，志愿服务者与群众有着比较直接和亲密的交流，在不断扩大和增强社会体育指导员队伍的基础上还应该不断地扩大志愿服务的队伍，让群众体育活动得到充分的发展。

苏州市不断强化健身指导志愿服务，全面推进全民健身“三进”工程的实施力度。有将近 13 000 名志愿服务机构和人员上门提供健身指导和体质监测服务。并多次开展健身养生知识的专题讲座。苏州居民可以预约包括广播体操、健身气功、太极拳等项目在内的十几个运动项目。苏州体育局按照苏州市居民的体育服务需求，向 5 000 多名居民提供了体育健身指导服务，向将近 10 000 人提供了国民体质测试与健康体质的评估服务，邀请江苏省的著名学者和专家开设了专题讲座，宣传体育锻炼和科学健身等相关知识。通过这个工程帮助人们“学会一项健身技能、掌握一种运动方法、参与一项健身运动”。

八、沟通与交流合作

公共体育服务体系的服务对象是广大人民群众，在构建苏州市公共体育服务体系的过程中除了要实时地深入群众了解他们的体育需求外，还必须要不断加强内部沟通和外部交流。

（一）内部沟通

公共体育服务体系的内部协调和沟通机制如果不畅通，势必会阻碍公共体育服务体系的有效运行，降低服务效率，浪费有限的体育资源。苏州市在建设公共体育服务体系的时候除了要注重体系的统一性和完整性外，还要加强各个子系统和结构的内部交流和沟通，畅通信息沟通渠道，打破旧观念树立交互沟通的理念，增进信息的互动反馈。

通过内部交流和沟通能够帮助规范体系的规则，使得信息传递规范化，增强整体体系内部成员的凝聚力，化解矛盾、减轻摩擦，发挥整个系统的最佳效能。公共体育服务体系提升需要各个部门之间的协同推进，在体育健身设施建设（如体育公园、健身步道建设等）上，发展和改革委员会、财政局、住建、规划、市容市政等部门要紧密合作。在体育活动组织上，农委、总工会、团市委、妇联、残联、老龄委等部门要给予密切配合。

（二）外部交流

首先，要加强跨地区、跨行业的体育交流与合作，特别是积极开展长三角地区的体育合作交流活动，加强与解放军及周边省、市的稳定合作关系，优势互补，共同发展。公共体育服务体系不是一个封闭的系统，而是一个多元的、开放的体系，适当地进行跨地区和跨行业的体育活动交流是整个体系飞速发展的必然要求。苏州市要争创公共体育服务示范区就要通过体育活动和体育事务的交流合作来提升影响力，学习有益的经验。

其次，推进苏州市体育国际化的程度，定期展开对外交流活动，加强与国际体育组织的友好合作。体育活动的国际交流对于加强苏州市体育事业的国际化程度和促进各类体育事业尽快与国际接轨有重要的意义。江苏省国际体育交流中心每年都有详尽的对外交流计划，聘请外国教练开展体育训练、开展国际体育表演和竞赛等。英国、美国、日本和德国在公共体育服务建设方面做得很好，积累了丰富的经验。苏州市可以定期与这些国家进行交流，安排人员进行实地调研，学习他们的成功之处，从他们的做法中汲取对苏州市有益的经验。加强体育活动的外部交流首先可以从他人身上汲取有益的启示，学习到更多高效有益的办法。其次还可以提高苏州市体育事业的整体水平，通过与国际体育组织和其他地区的切磋和交流能够增强自身的竞争力，增加危机感，不断积极进取，提高整体实力。

苏州市在开展体育活动的对外交流方面，曾参与甚至承办国际赛事和活动，扩大了苏州市的体育知名度和开放程度。苏州主办了2014世界跆拳道大赛，包括韩、英、俄罗斯在内的56个国家参加了此次大赛。2014国际网联男子巡回赛在张家港拉开帷幕，有包括中、韩、日、新加坡等国家的近百名运动员参加。苏州市已连续3年成功举办了国际乒乓球巡回赛，积累了丰富的办赛经验。

九、监督反馈

公共体育服务体系的监督反馈系统是指由对公共体育服务的提供进行监督、控制、反馈等因素组成的有机整体。

随着经济体制改革的深化，社会结构和利益格局在不断地调整变革，在这样一个体育观念深刻变化的时期，体育领域反腐倡廉形势仍然十分严峻，许多体制性的问题与发展性的问题共存，公共体育事业中还存在着一些不正之风。在新形势下，加强对体育事业的监督和检查显得尤为重要。体育事业的监督和检查由体育局的纪检监察部门来执行，体育总局纪检组监察局几乎每一年都会组织全国各个省市或部分省区市有关监察工作的座谈会议，会议上会对往年的纪检工作进行概括和回顾，再提出新年度的反腐倡廉和体育行风建设工作思路和措施。2015年夏天进行的我国体育系统的纪检监察会议，明确指出要充分把握新形势下公共体育领域的反腐倡廉新情况，以加强监督和促进改革、创新，加大责任追究力度，严格掌控和监督赛事活动、运动员选拔等环节。

苏州市体育局的纪检监察部门也在不断加强苏州市体育局的党风廉政建设，继续推进领导干部廉洁自律。落实好党内监督条例与廉政建设的责任制度，积极开展各种各样的廉政建设教育活动，不断深化职工的思想认识，提升队伍的整体素质。对违纪违法的当事人及负有重要责任的领导要进行责任追究，根据实际情况做出相应的处分。

监督反馈机制缺失是体系建设过程中一个十分严重的问题，目前尚未建立起成熟健全的评估反馈系统。反馈是管理过程中很重要的环节，在建设公共体育服务体系的过程中一般更侧重于整个体系的实施和效果，往往会忽视反馈这个环节。反馈体系通常是与考核或评估体系相联系的，在对公共体育服务体系进行考核评估后，能够看出各项工作是否达到了预期的目标和效果，但是仅仅进行考核是完全不够的，缺乏反馈的绩效管理和体系不能实时地把握系统的问题。全民健身事业的服务群体是广大群众，只有广大市民觉得满意，整个体系才算真正的有效，但在政府公共管理的过程中对公民满意度或是公民的反馈工作做得还不够，对政府绩效评估的反馈较少。这样易导致体系陷入死循环，不利于公共体育服务体系的长期发展。

十、绩效评价

绩效评价体系是一个有机的整体，它是由考核、评价公共体育服务提供能力等相关要素构成的。体育公共服务体系关系到政府当局的治理水平和行政效率，具有重要的意义。它的核心作用不单单体现在维持社会的基本秩序、改善公共责任机制、改善公共体育服务的质量，也体现在其是公民合法地表达礼仪与自身诉求的一个重要途径。

体育公共服务绩效评估体系的关键在于奥运争光计划、体育场馆建设、全民健身活动以及公民满意度等方面。公共体育服务体系的绩效评估工作事关整个体系的有效运行。目前，对公共体育服务体系的评估，其评估的主体还比较单一，公民的评估主体地位还不够明确。更多的是上级对下级的考核评估，缺乏政府对自身的考评与社会公众或专业机构对政府的评价。

苏州市严格按照江苏省各市、县的体育工作考核办法进行考核评估。市体育工作主要考核群众、竞技体育、体育竞赛、保障条件和体育产业以及综合部分，苏州市体育局也根据江苏省的市级全民健身工作评价标准来考核评估公共体育事业。按照"体育组织、体育设施、健身指导、健身活动、行政管理与法规制度、经费支持"这几个类别和A、B、C几个等级进行考评。除此之外，为了推进全民健身锻炼活动，苏州市体育局针对各个全民健身活动中心进行定点评估。做好公共体育服务体系的绩效评估工作才能提高整个体系的效率，广泛地推进全面健身活动。

第七章　苏州公共体育服务的绩效评估

诸多学者认为，公共体育部门的绩效评估是采用科学的方法，按照科学的标准，依旧特定的程序对公共体育服务进行的尽可能准确的评价。

公共体育服务的绩效评估是公共体育事业实现和谐发展的重要方式，是人民群众对公共体育事业进行有效监督的重要途径，也是政府部门改进管理、提升效能的良好途径，它对建立公共体育服务体系的公共责任机制有重要意义。因此，应当建立有效的公共体育服务绩效评估体系，找出公共体育行政部门存在的问题和不足，及时准确地进行监督和管理，让有限的体育资源发挥最大的效能，满足人民群众对公共体育服务的需求，保障人民享受体育服务的权利。

公共体育服务评价指标体系和评价机制的建立，首先必须从实际情况出发确定评价对象公共体育服务内容与范围，不仅要同社会发展同步，而且要同社会经济增长成正比，这样才能为公共体育服务的评价机制奠定良好的基础。其次，评价体系应尽可能满足公众日益增长的需求、具备地方特色。再次，评价标准必须易于理解，便于后期操作。最后，要完善社会参与评估的途径和办法，通过公众接触、听证、社会民意调查、利益代表协商等形式确保评价的合法性。

一、政府绩效评估方法

（一）层次分析法

层次分析法是将复杂问题分解为多个组成因素，并将这些因素按支配关系进一步分解，按目标层、准则层、指标层排列起来，形成一个多目标、多层次的模型，形成有序的递阶层次结构。通过两两比较的方式确定层次中诸因素的相对重要性，然后综合评估主体的判断，确定诸因素相对重要性的总顺序。它的基本思想就是将组成复杂问题的多个元素权重的整体判断转变为对这些元素进行“两两比较”，然后再转为对这些元素的整体权重进行排序判断，最后确立各元素的权重。

政府绩效评估指标体系是一个具有多层次、多指标的复合体系，在这个复合体系中，各层次、各指标的相对重要性各不相同，难以科学确定，层次分析法通过构造判断矩阵，先对单层指标进行权重计算，然后再进行层次间的指标总排序，来确定所有指标因素相对于总指标的相对权重，为确定类似指标体系权重提供了一种很好的解决途径。利用层次分析法，不仅可以降低工作难度，提高指标权重的精确度和科学性，而且通过采取对判断矩阵进行一致性检验等措施，有利于提高权重确定的信度和效度，同时，计算矩阵特征向量时，可以利用和积法、幂法和方根法等多种方法，并可以应用计算机来处理数据，具有较强的可操作性。

但层次分析法存在 3 个不足之处和问题：第一，在层次分析法用两两比较法来给多个指标确定权重时，容易破坏排序的传递性，导致不一致，为此层次分析法本身要进行一致性检验。一旦这个检验通不过的话，就需要重新进行两两比较来调整权重，直到一致性检验通过为止。这种调整，当指标数较少时困难不大，一旦指标很多时这种调整将会十分费劲，而且还会使得最后确定的权重既不主观也不客观，而是主观判断屈从于层次分析法的需要的结果。第二，层次分析法的应用需要一套确定的指标体系，因为指标体系的选取本身就带有很大的主观性和随意性，从而使得层次分析法的应用很可能只是在并非科学的指标体系之上进行量化。第三，由于政府绩效指标之间存在很强的相关性，层次分析法无法处理指标之间的相关性，使得具有相关性的绩效指标存在重复计算权重的可能性。因此，层次分析法作为一种量化指标权重的方法在对政府绩效评估研究的应用上具有很大的局限性。

（二）因子分析法

因子分析法是多元变量统计方法，它用较少个数的公共因子的线性函数和特定因子之和来表达原来观测的每个变量，从研究相关矩阵内部的依赖关系出发，把一些错综复杂的变量归纳为少数几个综合因子的一种多变量统计分析方法。因子分析法可以客观、准确地把握绩效评价指标体系中单个指标对管理绩效的影响程度，将众多的指标变量归结为几个公共因子，在保证数据信息丢失最少的原则下，对高维变量空间做降维处理，以达到便于分析的目的。它减轻了收集信息的工作量，并且保证各综合指标代表的信息不重叠。

政府的产出具有多元性和复杂性，而且产出之间具有较强的相关性，所以很难确定哪些产出可以作为绩效评估的合适指标。此外，绩效评估指标的确定要考虑到绩效指标的有限性和有效性，如果绩效指标过多，必然使得评估的成本加大，造成绩效的损失。并且指标权重的设定也是一个值得权衡和解决的问题，因子分析法可以很好地解决这些问题，使用因子分析法这种科学的方法评价政府综合绩效，不仅可以简化分析系统的结构，还增强了因子的解释能力，可以更好地提高政府绩效。

因子分析方法也有其局限性，局限性在于它需要较多的比较对象，而且因子分析的数学模型比较复杂，它在评估政府绩效上的效果还有待实践的进一步检验。

（三）平衡计分卡法

平衡计分卡是一种以信息为基础，系统地考虑组织业绩驱动因素，多维度地平衡指标评价因素的一种业绩评价指标体系。同时它也是一种将组织长期战略目标与业绩驱动因素相结合、动态实施组织长期战略的战略管理系统，它以前是企业绩效评估的一种方法，在政府绩效中得到借鉴和发展。由于政府绩效考核目标的战略导向性和平衡计分卡的战略目标导向正好契合，所以平衡计分卡在战略意义上可以运用于政府绩效评估。

平衡计分卡兼顾了长期与短期目标、财务与非财务目标、滞后与先行指标、外部业绩与内部业绩指标，既强调了结果，也对结果形成的动因、过程进行了衡量与分析，所以能全面、客观、及时地反映组织战略实施的效果。其次，随着信息经济时代的到来，民营化作为公共物品供给的替代方案已渐成趋势，未来公共服务经营之间的竞争也必然加剧，组织自身的实力在不断变化，新的发展机会也在不断出现，组织的战略要重新制定和不断调整。平衡计分法为组织的战略制定调整提供了全面、客观、及时的依据。

平衡计分卡把组织的战略转化为具体的目标和测评指标，组织的管理者能够快速、全面地了解掌握组织的现状和未来，同时能够在大量的数据信息中，集中精力于那些对组织的生存发展有关键作用的数据和信息，从整个系统中可以观测到任何一个指标的修正对其他指标的影响，并领悟、掌握到其中的关联关系。因此，平衡计分卡是一个非常好的反馈系统，利用平衡计分卡对地方政府绩效进行全面、客观的评价，便于组织对其发展战略进行检验、确认和修正，使战略本身能根据组织的竞争环境、市场环境、社会环境以及组织内部条件所发生的变化而不断演变。

在实际工作中，以平衡计分卡为导向的政府绩效评估体系仍有不足之处。政府绩效评估是定性指标和定量指标的综合体，在评估方式选择上存在着理性和政治双重导向性，给平衡计分卡在政府绩效评估中的应用造成了难以回避的困难。

（四）数据包络分析法

数据包络分析方法（DEA）在工业企业的绩效评估中得到了广泛的应用，有关政府绩效的公共管理理论认为政府与企业具有极强的相似性，可以利用 DEA 尝试评估政府绩效。DEA是一种新的效率评价方法,其实质是根据一组关于输入输出的观测值来估计有效生产的前沿面,并以之对政治系统中的多个政府部门或单位进行多目标综合效果评价。在绩效研究过程中,政治学和管理学相同的系统分析视角为DEA等方法的采用提供了理论平台。

DEA在政府绩效的评价中之所以成为可能,是因为其自身的两个优点较好地解决了当前政府绩效评估的一些难点。首先,DEA具有多输入多输出指标的决策单元的特点,有利于政府在追求目标多样性过程中产生的多产出与多投入间的相对有效性评价。政府部门追求的目标具有多样性和弹性,而DEA通过对多种输入输出数据的综合分析,比较决策单元DMU间的相对效率,据此将各决策单元定级排序,确定有效的(即相对效率最高的)决策单元,并指出其他决策单元非有效的原因和程度,给主观部门提供管理信息。同时,DEA还能判断各决策单元的投入规模是否恰当,通过对输入输出指标进行适当调整,给出各决策单元调整投入规模的正确方向和程度。政府部门可以通过这种办法进行横向比较和分析,按照政府的功能结构确定合理的政府规模,并为减缓大小政府之争提供依据。其次DEA无需输入和输出指标,单位统一拓展了量化评价范围,实现了货币价格与非货币价格指标的综合评价,能够体现效率、秩序、社会公平和民主的基本价值取向,满足全面政府绩效评价要求。

DEA在政府绩效评估中存在缺陷和不足,对于较为复杂政治系统的研究,如果没有相关评价技术、统计技术的协作,DEA仍就过于单薄。一个复杂的政治系统,其输入输出指标繁多而难以确认。而且当输入指标之间高度相关时,会出现多重共线形现象。变量之间高度相关意味着它们所反映的信息高度重合。这不仅增加了DEA模型设计和计算过程的难度,更为重要的是,难以寻找相对绩效评价结果与众多指标间明显的逻辑关系。

(五)目标责任考核制

20世纪90年代以来,为了转变政府职能,建设服务型政府。我国各地纷纷建立了以目标管理为主要手段的政府绩效考核制度。目标责任制是一种典型的政治责任制,目标责任制就是地方政府为了完成其发展目标,而将其当年的发展目标进行细化分解,并与下级政府签订目标责任书,要求下级政府如期完成各项指标,并严格进行考核,奖优罚劣的管理制度。

我国政府内部实施的目标责任制考核主要有两种比较普遍的类型,对党政部门的考核以及对下级政府的考核,考核周期不尽相同。各级政府均设有专门的目标管理办公室或者目标考评委员会负责目标责任制的实施工作,每年年初由上级根据往年的考核结果以及与下级的沟通,制定该年度的目标任务,并通过签订目标责任书的形式下达给下级,并在年终由下级上报目标任务完成情况。上级结合其职能部门的数据进行复核并进行重点抽查，并对最终责任目标完成情况进行打分、排名。

目标责任制的优点体现在，目标责任制考核中的指标均以任务指标的形式出现，因此对政府关键问题的解决能力提出了较高的要求，同时我国地方政府绩效管理模式往往属于政绩考察和政绩评估，因此着眼于关键问题解决的目标责任制考核在很大程度上就成了上级管理下级的一种重要的管理控制手段，从总体上加深了对政府或部门行为系统的结果和效果的监督和考核。

目标责任制在实践中的效果并不尽如人意，还存在着一些局限性。首先，由于特定规划目标的局限性，较难全面地反映政府绩效的内涵，而且目标责任考核指标本身多反映上级政府的任务要求，保证了上级政府的利益，忽视了政府自身发展和区域社会发展的需求。目标责任制考核是以政绩考核作为政府内部管理的手段，它所强调的是关键任务的完成，注重的是物质生产方面的考核，在此定位下评价指标多以经济目标为主。但在科学发展观指导的今天，以经济考评为主的目标责任制已经不能适应时代的要求。其次，在目标责任制的考核中，评价主体和评价对象处于完全不对等的地位，评价对象的绩效受评价主体的制约。这样考核出来的结果难以反映政府的整体绩效。此外，目标责任制过分强调结果，尤其是惩罚力度，在现行的行政压力下往往形成了为考核而考核的局面。

（六）我们的选择

在综合考虑上述研究方法优劣势的基础上，在苏州公共体育服务建设之初，我们拟采用层次分析法与目标责任考核制相结合的综合性指标评价方法。这种指标是多层次的，并能反映一定时期内政府及其部门工作目标。

二、江苏省市级、县级体育工作的考核标准

为了贯彻学习“三个代表”重要思想和党十八大主要精神，深入开展全民公共体育事业，提升公共体育服务的服务能力和自我发展能力，全面构建社会主义和谐社会，江苏省制定了市级体育工作的考核标准和办法（见表 7.1），修订后的县级体育工作考核标准和办法也更加完善和科学（见表 7.2）。以这个标准和办法作为考核全省省辖市的体育工作，进行年审。考核内容主要包括：群众体育、竞技体育、体育竞赛、保障条件、体育产业、综合部分 6 个部分。

表 7.1 江苏省市级体育工作考核内容

序　号	一级指标	权重	二级指标	权重	备注
1	群众体育	0.23	(1) 基层全民健身体系覆盖率	0.20	★
			(2) 万人社会体育指导员数	0.10	★
			(3) 国民体质测定	0.10	
			(4) 城乡社区体育设施建设	0.35	★
			(5) 全民健身月活动情况	0.25	★
2	竞技体育	0.23	(1) 建立体育后备人才基地	0.25	★
			(2) 贡献奖排名	0.20	★
			(3) 输送奖排名	0.30	★
			(4) 青少年体育俱乐部、体育传统项目学校	0.10	★
			(5) 开展业余训练项目情况	0.15	★
3	体育竞赛	0.12	(1) 举办市级体育竞赛	0.30	
			(2) 承办省级以上体育竞赛	0.35	
			(3) 建立体育竞赛管理制度	0.10	
			(4) 体育竞赛保障	0.10	
			(5) 裁判员队伍建设	0.15	★
4	保障条件	0.19	(1) 建设市级体育中心和全民健身中心	0.35	
			(2) 所辖县(区、市)建有新“四个一”体育设施比例	0.35	
			(3) 体育事业经费增长幅度与财政收入增长幅度比例	0.20	★
			(4) 能满足业余训练需要的训练场馆情况	0.10	★
5	体育产业	0.10	(1) 体育产业纯收入	0.20	
			(2) 体育彩票销售总量	0.40	★
			(3) 体育彩票销售进步幅度	0.40	★
6	综合因素	0.13	(1) 县级体育工作考核	0.20	★
			(2) 体育宣传、法制建设	0.20	
			(3) 体育科教	0.20	
			(4) 安置退役运动员	0.05	★
			(5) 获得省级以上体育先进称号	0.15	★
			(6) 体育社团情况	0.20	

注:“★”表示该指标包括所辖县(市)。

表 7.2　江苏省县级体育工作考核内容

序　号	一级指标	权重	二级指标	权重	备注
1	组织机构	0.08	(1) 体育行政部门内设机构和事业(企业)单位 (2) 体育专职人员接受高等教育人员比例 (3) 成立体育总会和体育类社会团体 (4) 建立乡镇体育机构(单位)比例	0.25 0.15 0.30 0.30	
2	全民健身	0.23	(1)"八个一工程"乡镇评估合格率 (2) 城乡社区体育设施建设数量 (3) 每万人社会体育指导员数量 (4) 每万人晨(晚)练点数量 (5) 举办全民健身月活动 (6) 国民体质测定	0.20 0.30 0.15 0.10 0.15 0.10	
3	业余训练	0.23	(1) 建立体教结合、两集中的县级业余体校 (2) 输送优秀体育后备人才 (3) 输送奖排名 (4) 参加县组田径等比赛成绩 (5) 青少年体育俱乐部、体育传统项目学校数量	0.30 0.40 0.10 0.10 0.10	
4	体育竞赛	0.12	(1) 定期举办全县综合性运动会 (2) 承办全国以上体育竞赛 (3) 承办省、市级体育竞赛 (4) 建立社会体育竞赛制度 (5) 裁判员队伍建设	0.20 0.20 0.20 0.25 0.15	
5	保障条件	0.18	(1) 体育设施建设 (2) 人均体育事业经费 (3) 财政拨款增长比例	0.60 0.30 0.10	
6	体育产业	0.10	(1) 体育产业纯收入 (2) 体育彩票销售总量 (3) 体育彩票进步指标	0.20 0.40 0.40	
7	综合因素	0.06	(1) 获得省级以上体育先进称号 (2) 体育宣传情况 (3) 公开发表体育科研论文数量	0.40 0.30 0.30	

江苏省市级、县级体育工作考核办法是江苏省对全省范围内的市和县体育工作的评估办法，它比较全面和宏观，评估指标在设计的时候尽可能实现公平。这两个办法在考察江苏省的体育工作水平方面有很重要的作用，但是苏州市要全面地考察和评估自身的公共体育服务的绩效不能照搬照用江苏省对于市级体育工作的考核办法，因为这个办法侧重于对政府体育工作的评估，并不是对苏州市整个公共体育服务体系进行全面而详细的绩效考评，如果直接使用这样一个考核办法的话

就无法反映苏州市近年来公共体育服务体系的整体情况和存在的一些问题。苏州市公共体育服务体系的建设和推进与江苏省政府的体育工作有一定的区别，他们工作的重点和具体的内容都有所不同，所以在对苏州市公共体育服务体系进行绩效考核的时候，有必要重建一个具体的、有针对性的评估体系。

三、苏州市公共体育服务绩效考核指标体系的构建

我国绩效考核实践兴起得比较晚，20 世纪 90 年代开始，我国在学习西方发达国家绩效评估先进经验的基础上，政府机关、事业单位以及社会上的企业都开始建立起绩效评价的体系和办法。可以说绩效考核体系的建立和发展在很大程度上对提高政府机关的办事效率，机构调整改革以及提高人民满意度方面起到了十分巨大的作用。但是目前我国政府部门的绩效评价也暴露出了许多问题，我国政府机关和部门数量庞大、种类繁多，绩效评估体系十分繁杂，导致绩效考核工作任务繁重、效率低下，并且我国的绩效考核体系还不是很完善与健全，考核的维度比较狭窄，多偏向于一维的考核。

公共体育服务体系的具体绩效评价标准和体系研究在我国还处于起步阶段，尤其是在公共体育服务绩效评价体系构建方面的研究更加少见，可用于参考的材料较少，不管是理论还是实践，都有很大的差距，存在一定程度的欠缺。王景波等(2011)根据公共体育服务的内涵和绩效评估的价值取向，将评估指标体系分为 4 个层次：系统层、子系统层、状态层和要素层，将各系统又分为 3 个部分：投入、产出、效果。王淑英与朱艳英(2012)则重点从公共体育服务投入、服务功能的落实和服务产出绩效 3 个方面进行构建。刘亮(2011)则将公共体育服务的绩效评估指标体系划分为 5 个维度：政府责任、资源投入、价值目标、社会回应和服务效能。

一个高效完善的绩效评估体系具有很好的导向功能，绩效评估体系指标的设计反映了整个服务体系的重点和关键，通过绩效评估的结果可以反映政府在公共体育服务方面的整体情况，有利于推动公共体育服务体系管理理念和手段的转变。而一个健全的绩效考核体系应当是全方位的多维考核，这里的多维不仅指指标体系中的指标设计和具体标准应当多维，考核评价的主体也应当是多维的，这就要求我们在设计苏州市公共体育服务的绩效评估指标体系时要考虑多元化的评估主体，要注重公民的参与和互动，要重视第三方评估的重要作用，采取一定的措施和政策引导支持第三方评估机构发挥他们的专业评估作用，提升整个公共体育服务绩效考核体系的科学性。

在这里，我们首先要对苏州市体育局公共体育服务绩效评估体系的评估主体、评估客体、评估内容、评估标准和评估方式进行解释说明。

第一，评估主体指的是我们要接受谁的评估，也就是谁来评估政府的工作。绩效考核体系要从单一、一维转向多维，首先评估主体得失多元化以确保评估的客观和科学。传统的政府工作绩效评估多是上级政府对下级政府进行考评或者是本级政府进行自我评估。这样的评估主体过于简单和片面，没有同广大的人民群众联系起来，无法及时准确地获取公众的诉求和意见，这样就导致政府虽然做了很多工作但是公众不买账，社会公众的满意度很低。

多维评估主体与360度评估主体含义差不多，不仅要有上级对自己的评估以及自我评估，政府所提供的公共体育服务的使用者也就是广大的人民群众也要参与到绩效评估工作中来，此外像社会团体以及专业的评估机构也可以考虑作为评估的主体。专业的评估机构与政府没有直接的联系，像媒体或一些独立的调查和研究机构，把它们作为评估的主体可以有效地提高整个评估工作的客观性和科学性。但由于我国专业评估机构或调查机构的规模很小，它们的发展还不是很成熟，可能起不到真正的作用。所以在这里我们可以把媒体作为一个重要的评估主体，因为随着网络的普及以及各种社交平台的兴起，广播电视网络媒体成为一股十分强大的监督力量。这些媒体的监督力量对于改善政府的行政效率和扩大政策的影响力都有很重要的作用。

第二，有主体就会有客体，绩效考核体系中的客体一般是指考核对象。评估的客体一般是政府部门，或是单个的工作人员。苏州市公共体育服务体系的评估主体是整个公共体育服务体系，这个体系涉及苏州市体育局的许多相关部门，也涉及苏州市许多相关机构。我们要考核的是整个服务体系的绩效，考核目的在于不断改善和提高整个体系的效率和群众满意度，为整个苏州市市民提供更多高质量的公共体育服务。

苏州市体育局及其各部门是提供公共体育服务的主要部门，作为整个服务体系的建立者，它必然成为评估和考核的一个重要客体。但在实际的考核评价工作中我们要予以区分，各个部门的考核不能完全一样。因为有的部门只负责政策或方案的制订，有的部门则是深入到基层提供实际的服务，对于这样的情况当然要分开进行考评。

第三，苏州市公共体育服务体系的考核内容，这是整个绩效评估体系最主要，也最重要的部分。评估客体和评估内容是不同的两个名词，在研究过程中很容易把它们搞混，在设计绩效考核体系的过程中我们要将这两者区分清楚。评估内容就是对什么进行考核评估，具体涉及哪些方面。要明确评估内容就必须对政府和部门的工作范围以及职责有准确的把握。苏州市公共体育服务体系的具体考核内容与江苏省对市级以及县级体育工作的考核内容有所不同，江苏省下发的体育工作考核办法的考核内容是从群众体育、竞技体育、体育竞赛、保障条件、体育产业、综合部分等方面进行划分的。

对于苏州市公共体育服务体系的考评，不能单纯地把它作为一个政府工作进行考核,因为这个体系的建设比政府之前所做的体育工作更为广泛并且其中的侧重点有所不同。所以在设计苏州市公共体育服务体系的绩效考核评估体系时,考核的内容就不仅仅包括江苏省对地方体育工作的考核内容,还应当有一些增加和扩充。在借鉴上海市“300”指标体系框架(为了更好地评估上海市居民的体育健身情况,上海市体育局编制了《上海市全民健身300发展指数评估办法》。其为上海市为了实施全民健身计划而出台的、相配套的发展状况评估办法,是一个完整的科学评价体系)与其他省经验的基础上,我们将评估内容改变为“普及场地设施、健全体育组织、丰富体育活动、发展智慧体育、完善惠民服务、拓展支撑服务”6个方面。

普及场地设施是公共体育服务体系的硬件部分,作为开展公共体育服务的基础场地设施的建设和完善情况是最根本的一个考核内容,可以体现政府每年在公共体育方面的投入和关注程度,也可以体现政府对这项事业的重视程度。健全体育组织和丰富体育活动是公共体育服务体系的开展指标,它们反映了整个体系的组织要素,可以体现整个服务体系的进展和整体规模。这些方面的具体内容和情况都必须掌握,这样才能有助于后期工作的开展。发展智慧体育是苏州市在建设公共体育服务体系工作中的一项创新,对智慧体育的关注程度体现了苏州市在发展体育事业上的前瞻性和创新性,也是紧跟时代发展步伐的重要体现。惠民服务和支撑服务的发展完善体现了苏州市在建设公共体育服务体系的过程中始终把群众的利益放在第一位,以满足人民群众多样化的体育需求作为基本的目标。我们通过参考具体的文献和咨询有关的专家最终确定了35个具体指标。

第四,苏州市公共体育服务体系的绩效评估标准。设计了指标体系,就要有对各个指标的说明和具体的考核标准及办法。在设定具体的考核标准和办法时要考虑到评估体系的主体和客体以及考核的可操作性。评估指标和内容确定之后再去制定评估的标准有时会发现有的指标和内容不具备可操作性,所以对指标的构建以及对标准的设计其实是同时进行的,以确保考核内容的有效性。标准的制定十分复杂,它涉及具体每个指标的考核办法以及数据和结果的采集途径和办法,不仅要对每个指标的具体内涵进行详细和准确地说明,还需要考虑每个指标的权重大小和具体的可操作程度。所以要建立一个完善的指标体系和考核办法需要花费很大的精力和时间,并且所设计的指标体系也有可能导致内部人员之间的争议。

在说明指标体系的具体考核标准时我们查阅了大量的资料和相关文件,并参考了苏州市体育局各部门的体育工作考核标准以及江苏省相关体育工作的评价办法,对一些相同的指标进行归并,对于一些少见的指标我们尽可能地做到精准和科学。最终确定了“普及场地设施、健全体育组织、丰富体育活动、发展智慧体育、完善惠民服务、拓展支撑服务”6个一级指标和35个相关的二级指标,对它们的具体说明和具体的评估标准参见表7.3。

表 7.3　苏州市公共体育服务评估指标

一级指标	二　级　指　标	采　集　方　法
一、普及场地设施	1. 贯彻实施《苏州市城区体育设施布局专项规划(2008～2020 年)》,加快综合性、片区性等各类体育场馆建设,完善市区体育设施布局	现阶段需完成基本的、主要的建设任务
	2. 全面建设城乡一体的“10 分钟体育健身圈”,新建、改建、扩建居民区、公园、绿地和广场的健身设备	市城乡一体的“10 分钟体育健身圈”基本建成。同时,“10 分钟体育健身圈”公共服务平台信息查询系统也已上线,登录后,市民可查询约 13 000 条各类场馆信息
	3. 市级“两个中心”工程、县级市“新四个一”工程、区体育中心覆盖率 100%,基层基本体育设施覆盖率达 100%	已建设和完善 3 个市级综合性体育中心(苏州市体育中心、苏州市五卅路体育健身中心、苏州工业园区体育中心)。2007 年市所辖 4 个县级市(现区划)已全部达标,各区规划建设的体育中心力争 2015 年底前完成
	4. 继续实施《苏州市健身步道系统规划》。拓展小区、公园、广场内的健身场地	完成总里程 200 千米的健身步道及其附属设施建设,每辖市(区)不低于 20 千米,晨晚练健身点不低于 5 个/万人
	5. 继续推进学校体育场馆向社会开放,提高学校体育设施向社会开放比率,同时提高体育运动的趣味性和群众的喜爱程度	提高具备开放条件的学校开放率达 90%
	6. 加强基层全民健身场地设施的管理,完善相关体育设施的维护管理制度、维护经费制度和开放规章制度	100%晨晚练健身点有名录、有公示能查询、有告示牌。各市、区政府负责监管辖区体育彩票公益金捐建的体育设施日常管理维修工作。未来两年内实现进一步改建与扩建
二、健全体育组织	1. 增强辖市(区)、镇(街道)体育行政管理部门的服务功能,强化基层体育管理人才队伍建设	全市 100%镇(街道)配备专(兼)职的体育管理人员,100%行政村(社区)配备体育工作协管员
	2. 通过建立协会分会、体育俱乐部等形式加强体育社团组织建设、延伸基层体育组织力量	90%以上的体育社团建有体育俱乐部,市本级体育协会数不低于 35 个,3A 级以上体育社团占市级体育社团数 40%以上。各类社团年新增会员 10 万人以上,有组织参加体育锻炼人口的比例达 50%以上

续表

一级指标	二级指标	采集方法
二、健全体育组织	3. 建立完善基层体育总会、体育协会,同时鼓励支持企事业单位、行业协会建立体育协会或体育俱乐部,组建单位运动队或健身特色团队	100%的镇(街道)建有体育总会、老年人体育协会、社会体育指导员协会和3个以上单项体育协会,辖市(区)体育总会和全民健身指导委员会覆盖率达100%
	4. 实施"333"工程	各辖市(区)至少建成200人以上的体育特色团队3支,各镇(街道)至少建成100人以上的体育特色团队3支,各村(社区)至少建成30人以上的体育特色团队3支
	5. 发展社会体育指导员。每万人拥有社会体育指导员数不低于25人,每个晨晚练站点配备3名以上社会体育指导员,大学生村官100%培育为社会体育指导员	体育社会指导员分国家级(国家体育总局负责培训审批)、一级(省体育局负责培训审批)、二级(市体育局负责培训审批)和三级(县、区体育部门负责培训审批)。社会体育指导员更要向基层服务方面倾斜
	6. 办好全民健身大课堂,创新活动组织方式。做好赛事志愿服务,承办省级以上赛事或者具有万人以上参与者的赛事100%须向社会招募志愿者	各辖区(市)自行设立全民健身免费教学点3个以上。扩大公共体育志愿服务队伍,公开、公平、公正选拔,根据不同体育活动特征设定长期、中期、短期以及当次服务志愿者,做好赛事志愿服务
三、丰富体育活动	1. 市、辖市(区)每4年举办1次市级层面群众性运动会,运动项目从省全民健身运动会项目中选定,项目总数和参加人员不得低于相关标准	采取市、县级市、区联动的形式,吸引广大市民积极参与。各市、区定期举办综合性体育运动会,乡镇、街道定期举办综合性的全民健身运动会
	2. 承办高水平赛事,提高赛事组织水平	市每年承办国际体育赛事和全国性体育赛事各2次以上;辖市(区)每年承办国际体育赛事或全国性体育赛事1次以上,承办省、市级体育赛事2次以上。办好2015年世乒赛,并且通过承办体育赛事,提高市民参加体育运动的积极性,开展群众性体育竞赛
	3. 开展体育惠民"111大行动"	选取市区100个优秀晨晚练示范点,集中推广一套健身气功、一套太极拳

续表

一级指标	二级指标	采集方法
三、丰富体育活动	4. 全市经常参加体育锻炼的人数比例为总人数的50%以上，每人掌握1～2项体育锻炼技能	经常参加体育锻炼人数是指：每周不少于3次，每次不少于30分钟，中等以上强度的体育锻炼者。统计全市各类学校、驻苏部队、健身场馆、体育社团、晨晚练点等锻炼人数之和，对锻炼者掌握的体育锻炼技能进行抽样调查
	5. 办好全民健身运动会，通过部门联动实现各类人群、各具特色的健身活动交流，继续办好草根体育联赛、阳光体育联赛等各种联赛	打造10项在全省乃至全国有影响的全民健身品牌活动，打造3项以上在国际国内有广泛影响力的苏州城市体育品牌赛事
	6. 继续推动"一校一品，一区（市）一品"，推动校园体育锻炼，加强青少年体质	扶持传统项目、特色项目学校，争创青少年体育健身俱乐部、青少年体育后备人才基地
四、发展智慧体育	1. 实施《苏州市推进智慧体育建设五年行动计划（2014～2018年）》，建设"一库两网三化"的苏州市智慧体育信息化服务体系	利用网络、声讯、通讯等现代信息技术建立公共体育服务平台和公共体育服务技术支撑系统，实现本市体育信息资源的共建共享
	2. 实施苏州体育网站集群工程，进一步完善"智慧体育"的一站式服务	会同苏州经信委和电信公司，在"智慧苏州"门户下搭建市民体育养生保健综合服务平台、体育赛事综合信息管理平台、体育文化综合服务平台、体育训练监测与研究分析平台等智慧体育平台，开展智慧健身、智慧馆、智慧赛事等智慧应用
	3. 创新"10分钟体育健身圈"电子地图的服务功能	建设网上体育电子图书馆、数字健身馆和健身远程指导网络3个地方特色数字资源库，建立晨晚练点、社会体育指导员、国民体质监测、体育场馆四大数据库
	4. 开设完善"运动苏州"数字专栏专题	依托广电网络和官方网站，优化体育赛事，播报体育天气，宣传全民健身。继续开展健身科普短信免费订制业务，每月2次免费发送体育科普短信，增加科普短信的实用性、趣味性
	5. 完善体育部门政务微博、微信，研发"运动体育"手机客户端，全面推进办公自动化，电子政府实施率100%，便利体育信息浏览服务	在各种体育设施标志牌上添加二维码，提供触手可及的健身服务信息，发布政务信息、提供在线服务、实现互动交流

续表

一级指标	二级指标	采集方法
五、完善惠民服务	1. 各行政区域均配有相应配套的体质测定和运动健身指导中心	市建有2个省级以上体质测定与运动健身指导中心，所有辖区(市)建有达到“四有”标准的体质监测站，镇(街道)建有国民体质监测点，市级体育部门配有1台国民体质监测车
	2. 市国民体质监测中心每年面向基层群众开展国民体质测试，开具运动处方，定期公布体质监测结果	以国家颁布的国民体质监测指标，每年在全市范围内定期对3～69岁的监测对象进行体质测试，为全民健身计划的实施提供科学依据。市民体质测试合格率超过92%，辖市(区)每年参与国民体质测试的平均人次数超过3 000人次，城乡居民体质合格率位居全省前列
	3. 辖区(市)政府在社区试点设立健身养生示范站点或者新的综合指导站点	该站点聘请健身养生专业人士，体质测试后提供健身技能传授、中医养生、康复理疗、身体保健等方面的服务，推广健身的科学锻炼手段与方法
	4. 扩大全民健身“三进工程”地域范围，深入基层开展健身技能传授、体质测试、健身知识讲座等志愿服务	要扩大覆盖面，优化并扩充原有12个教学项目，开展个性化、针对性的健身指导。继续办好全民健身大课堂，创新活动组织方式，各辖市(区)自行设立免费教学点3个以上
	5. 实施针对残疾人、低保户、特困职工、老年人等特殊群体的优惠政策，经常性地开展针对他们的体育健身活动	实施对特殊群体健身锻炼半价优惠措施，设置方便的活动时段和服务项目
	6. 整合公共场所设施资源和经营性场所资源，统一登记管理，集成规范化、可查询的信息，给予公众健身参考和健身实惠	最大限度满足公众健身需求，使群众体育需求的传达路径更多样
	7. 全面推广医保健身一卡通，扩大阳光健身卡购买服务的范围，减少购买健身服务的流程	由体育局与光大银行苏州分行共同合作开发的“阳光健身卡”一卡通系统是全国首创。通过现代网络系统将全市7个区的24个定点健身场馆有机联系覆盖城区，满足市民就近、方便参加健身的需求

续表

一级指标	二　级　指　标	采　集　方　法
六、拓展支撑服务	1. 进一步增强公众的体育意识，更加重视体育权利观、体育文化观、终生体育观。弘扬奥林匹克精神、中华体育精神和苏州体育精神，发挥竞技体育的巨大感染力和凝聚人心、振奋精神的独特引领作用	市民普遍重视参与体育活动的权利，学习掌握体育锻炼基本技能，认可“每天锻炼一小时，健康工作每一天，幸福生活一辈子”等新型体育生活理念，经常参加体育锻炼人数大幅度增加，在建设“健康城市、和谐社会”中发挥积极作用。倡导“崇文、融和、创新、致远”的城市精神，深化“更普及、更健康、更快乐、更和谐”的全民健身内涵，“健康苏州、活力城市”的发展主题深入人心
	2. 充分发挥吴地文化特色，创新体育文化传播新途径，报刊、书籍、影视作品等载体中体育文化产品数量和质量进一步提升，体育文化软实力明显增强	通过碑林、书法、汉砖体育人物画像拓片、名人绣像、邮票、博物馆等途径，传播苏州特色体育文化
	3. 提高体育产业对公共体育服务的完善和带动作用	“两类基地健身”更加规范，“三类衡量比例”保持全省领先。完善体育消费产品，完善四大体育服务业市场。全市体育彩票年销售总量保持全省领先，体彩公益金用于全民健身工作投入的比例不低于60%
	4. 加强与体育科研机构、高校体育学院的合作，加强基本公共体育服务研究，推广运用最新体育科研成果	提高科研成果的产业转化率，同时定期举办体育论坛和学术报告，每年定期开展体育科学论文报告会
	5. 加强体育管理人员、经营人员、教练员、运动员、裁判员的专业技能培训和文化学历教育	辖市（区）体育部门在职员工，乡镇（街道）、行政村（社区）基层体育专职人员参加培训时间每年分别不少于15天、5天。辖市（区）内80%以上一线社会体育指导员每年受到1次以上体育部门举办的技能培训

第五，苏州市公共体育服务体系的主要评估方式，也就是评估方法的说明。采用正确的评估方式是达到最终目标的一个重要因素，评估方式对于我们评估的难易程度和评估工作的效率都起着至关重要的作用。所以在对苏州市公共体育服务体系进行评估的时候，我们采用内部评估和外部评估相结合的方法，内部评估主要是苏州市体育局自身进行，而外部评估则要通过专家代表和其他委托的第三方机构对整个服务体系进行评估，并通过统计部门或其他力量对社会群众进行满意度调查，同时采用网络问卷和实地访谈等形式征集广大被服务群体对整个服务体系

和政府相关工作的意见和评价。单纯的内部评价和外部评价都无法全面客观地反映整个评估内容的情况,容易导致片面性。采用内部评价和外部评价相结合的办法有利于促进政府绩效考核工作向多维化发展,提高绩效评估工作的有效性和科学性。

要构建一个可信度高、客观的指标体系必须要遵循以下这些原则:

(1) 系统性原则。公共体育服务系统的绩效评估指标体系是整个绩效评估的重要部分和关键环节。公共体育服务绩效评估指标体系的构建是非常具有挑战性的一项复杂系统工程,它与公共体育服务的框架和内容相关,是由各子系统有效集合而成的。因此,在构建指标体系时,我们要从整体出发,统筹兼顾、合理定位,确保指标体系能够涵盖各个方面。

(2) 经济性原则。对公共体育服务体系进行绩效评估的主要目的就是观察整个服务体系的效益和功能发挥,检验能否在有限的投入中获得最大的效用,是否能够满足人民群众的需求,如何降低投资,提高效率。因此在指标体系构建时要考虑经济成本,衡量投入和产出是否恰当,以最小的成本获得最大的效益。

(3) 动态性原则。绩效评估是一个不断发展变化的动态过程,服务标准是一个动态的、不断完善的过程。它的时间跨度也是灵活易变的,它受到整个社会经济发展水平、体育事业工作规划和政策变动的极大影响,所以有必要由以前的静态评估转向动态评估。既要制定静态绩效指标,同时要添加动态指标,注重差异性和灵活性,从实际出发,因地制宜地考虑各个地区的差别,在此过程中不断进行修改完善。

(4) 导向性原则。我们在公共体育服务体系绩效评估过程中的重要任务和目的是掌握和了解有效的信息,把握苏州市目前公共体育服务的建设现状,从中发现问题,找出解决方法。为了进一步缩小差距,促进服务体系的协调可持续发展。

(5) 效率性原则。效率性原则是指我们在构建公共体育服务绩效评估指标体系时要注重公共服务的实现程度,整个城市的体育氛围改善情况和居民体质的改善状况。效率指标主要体现在生产效率和配置效率,也就是公共体育产品服务的平均成本和公共体育资源投入和分配是否符合公民的需求。

(6) 内部评价和外部评价相结合的原则。为了保证有限的公共体育资源能够发挥最大的效用,必须要采取内部评价和外部评价相结合的方式,组织专业的团队和人士对指标体系进行科学认证。要重视外部评价,突出公正和平等,强调公共利益。不仅要聆听被考评方的意见,同时更要注重听取服务对象的意见。考核指标中要重点体现公众的满意程度和评价。

四、公共体育服务体系的外部评价

公共体育服务评价体系包括内部评价与外部评价两方面。内部评价主要是指被考评者也就是公共体育服务的供给者的内部评价。公共体育服务供给者主要有几类，第一是政府，除此之外有市场主体和非营利组织。内部评价主要指政府体育服务机构与其他体育服务组织的绩效评价。政府要完善监督和管理机制，建立严格合理的内部制度，完善指标体系，提高服务水平。外部评价是指服务对象的意见，也就是享受服务的群众对公共服务和公共体育服务部门等的评价。外部评价也可理解为社会评价，它往往是站在整个社会的高度上来评判公共服务体系的结果对于社会发展的贡献和对整个服务体系发展目标的影响程度。在构建公共体育服务绩效评价体系的过程当中要注重把内部评价与外部评价结合起来。

对于公共服务的外部评价主要包括两大方面：公众满意度评价和社会效果评价。

（一）公众满意度评价

居民的需要以及广大群众的意愿是整个系统的出发点和归宿。公众满意度是衡量和评价公共体育服务绩效的重要指标，我们应当采用合理的体系来考量公众对服务提供者和服务本身的满意程度。

公众满意度指标的构建主要从执行度满意度、公众权益实现满意度这几个方面着手。其中执行度满意度主要包括公众对公共体育服务的评价、公众对公共体育服务制度的满意度、公众对于组织队伍的满意度、公众对于体育活动的满意度、公众对体育场地设施的满意度、公众对公共体育经费投入的满意度、公众对公共体育信息宣传的满意度等指标构成。而公众对政府部门支持公共体育事业的评价、公众对公共体育服务机构在舆情与反馈方面的评价以及市民对公共体育决策的参与程度等方面的指标主要有政府对于市民建议的听取情况、政府对于市民意见的有效回应、市民公共体育需求的表达情况和公共体育服务供给的公平性。

公众满意度的评价方法主要有两种：一种是调查法，有直接调查和间接调查两种形式。通过社会调查或民意调查来获取公众对公共体育服务的主观评价，属于主观评判。我们在设置指标体系的时候下设公众满意度层的子指标（见表 7.4），如公众对公共体育服务的满意度、公众对公共体育经费投入的满意度、公众对公共体育服务设施场地的满意度、公众对公共体育服务制度的满意度、对组织队伍的满意度以及对公共体育服务的满意度等一系列指标都可通过社会调查来获取第一手的主观资料，从社会调查结果中可以在一定程度上推理或整理出其他方面的满意度和效度。另一种是公众满意度可以通过公共体育服务的市场占有率来体现。也就是说，对于供给主体提供的各种服务，我们可以通过各种服务在整个市场上的状况来反映其公众满意度，从而反映出公共体育服务体系的绩效。

表 7.4 公众满意度指标的评价标准

指标名称	指标说明和采集方法
1. 公众对公共体育服务建设规划的满意度	通过第三方所进行的问卷调查结果以及相关部门进行的社会调查和网络调查的结果进行统计
2. 公众对公共体育经费投入的满意度	
3. 公众对公共体育场地设施的满意度	
4. 公众对公共体育服务制度的满意度	
5. 公众对公共体育信息宣传的满意度	
6. 公众对公共体育组织队伍的满意度	
7. 公众对公共体育活动的满意度	
8. 政府对于市民建议的听取情况	
9. 政府对于市民意见的有效回应	
10. 公共体育服务供给的公平性	
11. 市民公共体育需求的表达情况	

公众满意度作为公共体育服务的重要绩效评价指标应当尽可能地引进公众参与来保证其有效性。

首先，公众参与是公民的一项权利，公民的积极参与也是衡量公共体育服务体系是否有效的重要标准。我国宪法明确规定了公民参与的内容，参与到公共体育服务系统的建设中去是人民群众实现体育权利的有效方式与重要保障。公民通过参与体育公共事业，才能使整个体系充分地反映民情与民意，广泛地集中人民群众的智慧，合理使用和珍惜民力，不断实现广大人民群众的根本利益。使公共体育事业真正做到亲民、便民、利民，不断地满足人民群众多样化的体育需求。

其次，公民参与能够提升公民的社会责任感。公共体育服务体系的重要目标是满足居民对体育产品和服务的多样化需求。公民是否参与体育决策和管理的过程中来决定着他们今后享受的体育服务和体育商品质量的好坏，决定着他们今后的体育需求能否得到切实的满足。

最后，公共体育服务政策和管理过程中的公民参与有利于政府部门制定出群众喜爱和广泛支持的政策，有助于提高公民对整个公共体育服务体系的满意度和对政府的满意度，有助于公共体育政策和方案的执行和政令的畅通。

公民参与对于建立公开透明的公共体育服务体系具有十分重大的意义，建立市民广泛参与的公共体育服务绩效评价体系十分有必要。本书在构建绩效评价体系时也将公众参与考虑了进去，设计了“公众参与”这个二级指标，它包括了社会举办公共体育服务机构数量、社会对公共体育的捐赠金额数、市民对公共体育服务决策的参与程度、市民在公共体育服务建设中的参与情况。我们要发展多种形式的公众参与，完善市民参与评估的途径。

公民的参与途径一般分为两种：一种是属于互动性质的，赋予公民一定的权利，让他们参与到决策或重大事情的协商中来。如听证会、咨询委员会等，其中比较有代表性的是公民听证。公民听证通常是在对重大的公共利益问题进行决策时召开会议。会议由普通民众代表与专家和体育行政人员共同探讨和分析问题，以此来确保决策能够更加具有可行性和代表性。另外一种属于信息获取性质的公民参与，这种形式主要是为了获取一定的有效信息，如民意调查、公众接触和新的通讯技术等。

民意调查也称为公众调查，它依赖于一定的科学抽样，通常采用问卷调查法来获取公众对公共体育服务体系的一些建议和满意度。这种方式直接与公众接触，获取公众的直接主观看法，可以帮助政府和体育行政管理部门了解公民的真实意愿和想法，有助于后期决策制定和战略调整。除了发放调查问卷，还有借助网络媒体和资源进行网络征求意见。随着信息时代的不断进步，我国网民数量呈指数增长，政府部门和体育行政部门可以通过发布网络公告的方式向社会民众公布和宣传一些体育事项，征求网民意见。这样可以节约大量人力物力，提高效率。但网络调查方式意见的真实性和有效性还有待进一步考究。公众接触指的是由公共体育行政部门或是管理部门与一小部分公民也就是关键群众进行磋商，咨询他们的意见，听取群众的建议，属于公民参与的最基本形式。

公众接触中的关键人员主要指公共体育范围内的著名学者、专家以及社会公众人物或是重要体育社团领导人员。他们的建议和意见在决策过程中具有十分积极的作用，但由于公众接触的范围有限，参与方式因而也有限，在很多情况下往往不能起到决定性的作用，因而公众接触通常都是与其他的参与方式配合使用的。

在以上这几种公民参与方式中，公民听证的影响力最弱，公民听证会上公民一般只有询问和评论的权利，无法影响公共体育的决策。民意调查这种方式所能获取的信息比较全面，但耗时耗力，效率不高，一般只用于对公共体育服务体系效果的评估中。在实践中，往往将多种方式相结合，充分发挥公民参与的有益影响力。

在我国公众的参与程度还不高，政府首先要通过完善和规范对话和协商机制让民众能够在最短的时间内表达自己的服务诉求；其次要畅通参与渠道，通过公众接触、公开听证、民意调查、咨询委员会、利益代表协商等方式，积极吸引民众的广泛参与，保证评估的客观公正、公开透明和可信度，再次要改进参与技术，结合先进的网络技术与信息技术，使用不同的评价方式与技术，方便市民参与公共体育服务的决策、监督和信息反馈。应建立评价机构或者中介评价机构，执行特定的操作。最后，使得评估具有公正性和公信力。

（二）社会效果评价

体育服务体系注重社会效益而非经济效益，公共体育服务外部评价中的社会效果评价一般是通过前后、有无的对比分析法来判断。前后一般是对社会现象进行前后对比，在本文中我们可以理解为对公众进行体育锻炼现象的前后对比，通常还涵盖了一些数据或是现象的增长或下降幅度。如“10分钟公共体育健身圈”的覆盖率能反映社会效果评价。实施之前和实施之后这种方法，通俗一点来解释就是在公共体育服务的开始和以后的时间点上，就有和没有开展不同的情形进行比较，并比较两次的结果，以得出整个服务的效果。这主要是针对一些公共体育服务组织机构和公共体育服务的基础设施，对它们尚未建立时和建成后的效果进行评判。主要反映在百姓健身房覆盖率、体育总会、网络系统的建设情况等指标上。

五、公共体育服务绩效评估的实施

一个高效的、科学的公共体育服务评估体系的建立能指导苏州市体育局树立以公共服务为中心的政绩观。推进行政问责制，加快推进政府转型，提高苏州市公共体育服务的质量，从而加快苏州市全面推进“全民健身计划”和服务型政府的建设。

由于在实际中每个地区地方政府所面临的管理环境和实际问题都不尽相同，工作中的侧重点也不一样，因此在指标体系的设计中要因地制宜，兼顾地方的不同情况，努力做到城乡统筹。考核标准和办法如下：

（1）对苏州市体育公共工作进行考核，一年一次，考核监督的范围是苏州市。

（2）依据苏州市本地区的公共体育工作情况，依据评价内容和具体指标办法进行自我评分，根据相应的评价内容要出具相应的证明资料，报送体育局。同时江苏省体育局组织力量进行审核，审定结果由省体育局局长办公室来决定。

（3）采用定量与定性评定办法，按照百分比制进行考核，根据得分进行排名，在指定的时间内公布考核的结果。

（4）在评估过程中坚持实事求是，坚持标准，保证评价工作的公正、公平和公正。不允许弄虚作假，如果被发现，取消考评资格，并对相关负责人进行严肃处理。

苏州市公共体育服务体系建设主要指标的评估标准和采集方法如表 7.5 所示。

表 7.5　苏州市公共体育服务体系建设主要指标的评估标准和采集方法

分类	指　　标	采集方法和具体标准
普及场地设施	1. 贯彻实施《苏州市城区体育设施布局专项规划(2008～2020 年)》,加快综合性、片区性等各类体育场馆建设,完善市区体育设施布局	规划分为近期、中期和远期目标,在 2016 年前应完成中期目标。根据苏州市体育局《苏州市城区体育设施布局专项规划(2008～2020 年)》的具体建设任务和目标评估具体的建设进程和完成情况 苏州市体育场馆的建设情况需要提供具体的建设凭证,具体的数据和资料可从苏州市建设局、规划局、体育局以及各级政府等相关部门获得
	2. 全面建设城乡一体的"10 分钟体育健身圈",新建、改建、扩建居民区、公园、绿地和广场的健身设备	苏州市城乡一体的"10 分钟体育健身圈"的建设目前已经基本全部完成,具体的覆盖率可根据江苏省建设专项资金补助拨付凭证,各地上报的文档、文本、照片、视频等材料来统计。同时可以登录苏州体育信息网查询"10 分钟体育健身圈"的电子地图和咨询服务系统。居民区、公园和绿地以及广场上健身设备的建设情况要由各地政府提供具体材料作为评估依据。具体的数据可从市财政局、市体育局、市建设局、市规划局和各级政府处获取
	3. 市级"两个中心"工程、县级市"新四个一"工程、区体育中心覆盖率达 100%,基层基本体育设施覆盖率达 100%	"新四个一"工程是指在各地级市建成一个拥有 5 000 个座位的体育馆、一个拥有 3 万个座位的塑胶跑道标准田径场、一个包括一个游泳馆在内的体育中心、一个面积在 5 000 平方米以上的全民健身中心。在各县(市、区)建成一个塑胶标准田径场、一个拥有 3 000 个座位的体育馆,一个标准室内游泳池或游泳馆,一个面积在 3 000 平方千米以上的全民健身中心。要根据具体建设标准进行考核评估,覆盖率依据各部门提供的具体数据进行计算。覆盖率在 2015 年底要力争达到 100%
	4. 继续实施《苏州市健身步道系统规划》。拓展小区、公园、广场内的健身场地	根据《苏州市健身步道系统规划》"一带八横四纵三环十六点"的建设布局,建设 2 773 公里的专用健身步道,健身步道的建设要依据规定的标准和合格的基础材料使健身步道具备抗滑、耐磨、平整的特点,在原有健身步道和基础设施的基础上进行扩建和改善,在确保基本功能的同时增加健身知识宣传栏和健身广场,为市民提供全方位的服务。苏州市市区规划建设健身步道 365 条,在进行评估的时候要依据健身步道系统的规划考评建设进度和具体的完成情况。具体的数据从市发改委、财政局、园林局、绿化管理局和规划局等机构处获得

续表

分类	指　　标	采集方法和具体标准
普及场地设施	5. 继续推进学校体育场馆向社会开放,提高学校体育设施向社会开放比率,同时提高体育运动的趣味性和群众的喜爱程度	根据学校体育场馆和体育设施向社会开放的比率来考察它们的具体开放程度,这个比率要根据苏州市学校体育场馆的数量和具体的开放次数来统计。体育运动的趣味性和群众的喜爱程度可以根据特色体育项目或者是年人均参加体育活动的次数或市民年人均观看体育赛事的次数来考察,可以采用社会调查或网络调查的方式来进行统计,根据这些具体指标进行改善和提高。具体的数据可从省群众体育信息管理数据库获取相关数据以及苏州市体育局的相关部门获取体育场馆的数量,通过苏州市教育局来统计全市所有公办的中小学学校数量以及其中向社会公众开放的学校的数量。根据各地上报的资料和数据进行计算
	6. 加强基层全民健身场地设施的管理,完善相关体育设施的维护管理制度、维护经费制度和开放规章制度	基层全民健身场地设施的管理需要各个区政府采取具体的措施,在绩效评估时需各区政府提供具体的材料和相应的数据;体育设施的管理制度和开放规章制度要有具体规章制度的原文或复印件,相关的数据可以从市统计局、市体育局、市建设局、规划局等部门搜集,进行统计整理
健全体育组织	1. 增强辖市(区)、镇(街道)体育行政管理部门的服务功能,强化基层体育管理人才队伍建设	根据各个体育行政管理部门的政务公开程度和群众满意度来考察辖市(区)、镇(街道)的体育行政部门的服务功能和效率。体育人才队伍的建设要考察苏州市各地体育人才队伍的结构和体育人才的水平,评估时要根据市人事局或市统计局所提供的数据进行计算和评估,同时要考察体育行政管理部门的服务功能是否有所增加和改进,群众满意度可以采取网络调查和社会调查的方式去了解
	2. 通过建立协会分会、体育俱乐部等形式加强体育社团组织建设、延伸基层体育组织力量	考察体育社团会员的数量、市级体育社团的数量、社区体育俱乐部的数量和体育协会的数量。体育社团会员数量是指苏州市各级各类的体育社团拥有的社员数量。要从苏州市体育总会秘书处获取数据,分成市级和市(县)、区级体育协会,按照注册会员总人数来计量。市级体育社团是指在市级民政部门登记注册的以体育行政部门为业务主管单位的开展体育项目活动的法人社团。它的统计要根据有效期间内的法人证书复印件(包含年检的合格记录),要从苏州市民政部门处获取苏州市体育社团的注册登记数据和资料。要有苏州市民政局有关部门提供的有效期间内的体育社团法人登记材料和复印件作为重要依据。根据民政部门对体育社团、体育总会的申报成立材料记录以及市体育局的相关统计数据来进行

续表

分类	指　　标	采集方法和具体标准
健全体育组织	3. 建立完善基层体育总会、体育协会，同时鼓励支持企事业单位、行业协会建立体育协会或体育俱乐部，组建单位运动队或健身特色团队	通过统计基层体育总会和体育俱乐部的数量来考察，同时要统计苏州市企事业单位和行业协会所建立的体育协会和体育俱乐部的数量，要根据民政局或体育局具体的体育协会和体育俱乐部的登记注册材料进行统计和分析。基层体育总会的数量和规模要从市体育总会和苏州市体育局以及各市、区委组织部等机构处获取材料进行详细的统计，要提供具体的注册和登记材料。单位运动队和健身特色团队的数量也可从各单位和各市、区民政和体育主管部门处获得
	4. 实施“333”工程	根据各辖市（区）至少建成 200 人以上的体育特色团队 3 支，各镇（街道）至少建成 100 人以上的体育特色团队 3 支，各村（社区）至少建成 30 人以上的体育特色团队 3 支的具体要求进行考核评估，对市、县和村（社区）分开进行统计。具体的数据和完成情况要依据市体育局、人事局和体育总会以及各地的民政部和体育主管部门所掌握的材料，要提供明确和详细的团队资料
	5. 发展社会体育指导员。每万人拥有社会体育指导员数不低于 25 人，每个晨晚练站点配备 3 名以上社会体育指导员，大学生村官 100%培育为社会体育指导员	万人拥有社会体育指导员的数量是指经过注册登记的各级社会同与指导员数占常住人口数的比例，以及一级以上社会指导员比例。对各个级别的体育指导员数进行分类整理，主要可分为国家级、一级、二级、三级四个层级，从江苏省的群众体育信息管理数据库或者苏州市体育局的群众体育处采集相关的数据。常住人口数参考省统计局统计年鉴，指导员数依据总局社会体育指导员管理系统，考察时人数不得低于 25 人。晨晚练点的社会指导员配备人数要依据体育局的统计数据，大学生村官的培育情况要根据市体育局和人事局的具体数据和各地政府所提供的真实情况进行评估
	6. 办好全民健身大课堂，创新活动组织方式。做好赛事志愿服务，承办省级以上赛事或者具有万人以上参与者的赛事 100%须向社会招募志愿者	从苏州市体育局获得苏州市全民健身大课堂的举办次数和具体内容。根据重大赛事中社会志愿者的规模和服务来考察赛事的志愿服务，具体的情况要根据市体育局和民政局有关重大赛事的具体举办和申报资料来获得，统计体育服务志愿者的具体人数

续表

分类	指　　标	采集方法和具体标准
丰富体育活动	1. 市、辖市(区)每4年举办1次市级层面群众性运动会，运动项目从省全民健身运动会项目中选定，项目总数和参加人员不得低于相关标准	群众性体育活动包括全民健身系列大讲堂、元旦万人长跑活动、市(区)长杯乒乓球赛、苏州市广场健身舞比赛、机关干部千人百日万步走活动、体育彩票杯假日体育活动、千名健身明星评选活动、国民体质监测巡回服务活动、苏州市端午金鸡湖龙舟赛、苏州市全民健身节活动、机关干部健身系列活动等。举办次数以及参与人数、参与规模等可从苏州市体育局群众体育处获取相关的数据。根据各市、区政府及其体育主管部门和市体育局所统计的市级层面群众性运动会次数、参加群众的人数和具体项目来考察，包括对像全民健身月等活动的统计
	2. 承办高水平赛事，提高赛事组织水平	统计苏州市各地承办全国以上体育赛事次数、承办省级以上体育竞赛次数和举办市级体育竞赛的次数。承办全国、亚洲和世界各类正式体育比赛的次数通过市体育局和体育主管部门的具体文件来统计。承办省级以上的体育比赛数据要根据江苏省当年年度的体育比赛计划书与相关的秩序册、成绩册等来计算，具体的统计工作由省体育局的有关职能部门进行。苏州市要举办市级及以上规模的体育比赛需要有详细的计划书，竞赛结束会保留有关的档案材料，统计市级体育比赛的次数要从苏州市体育局处获取上述材料
	3. 开展体育惠民"111大行动"	在2014年年底以前要统计苏州市市区是否已经建立起100个优秀晨晚练示范点，示范点是否集中推广一套健身气功、一套太极拳。具体的情况和数据要根据市体育局和各地政府和体育主管部门有关晨晚点的详细文件来统计
	4. 全市经常参加体育锻炼的人数比例为总人数的50%以上，每人掌握1～2项体育锻炼技能	统计每周参加体育健身活动3次以上(包括3次)、每次健身时间在30分钟以上、每次健身的强度在中等强度以上的人数与苏州市总人口的比例，比重要在50%以上。统计全市各类学校、驻苏部队、健身场馆、体育社团、晨晚练点等锻炼人数之和，对锻炼者掌握的体育锻炼技能进行抽样调查。具体数据从相关的机构处获取或根据市体育局的相关统计资料进行整理
	5. 办好全民健身运动会，通过部门联动实现各类人群、各具特色的健身活动交流，继续办好草根体育联赛、阳光体育联赛等各种联赛	提供各地区或各个社区体育主管部门的当年基层体育活动举办申请和活动策划，打造10项在全省乃至全国有影响的全民健身品牌活动，打造3项以上在国际国内有广泛影响力的苏州城市体育品牌赛事

续表

分类	指　标	采集方法和具体标准
丰富体育活动	6. 继续推动"一校一品，一区(市)一品"，推动校园体育锻炼，加强青少年体质	考察青少年体育俱乐部的建设情况和数量，提供相关的注册和登记材料，具体数据从苏州市体育局或省群众体育数据库系统获得。统计中小学校园体育活动的举办情况，统计次数和规模，具体数据从各学校处获得
发展智慧体育	1. 实施《苏州市推进智慧体育建设五年行动计划(2014～2018年)》，建设"一库两网三化"的苏州市智慧体育信息化服务体系	根据五年计划的分阶段目标和任务，对每一年的建设进程进行考核评估，智慧苏州信息化服务体系的建设和推广情况要根据苏州市电信公司和苏州市经信委的具体运行计划来评估
	2. 实施苏州体育网站集群工程，进一步完善"智慧体育"的一站式服务	提供苏州经信委和苏州电信公司在"智慧苏州"门户下搭建市民体育养生保健综合服务平台、体育赛事综合信息管理平台、体育文化综合服务平台、体育训练监测与研究分析平台等智慧体育平台，开展智慧健身、指挥场馆、智慧赛事等智慧应用的具体规划和相应成果来评估。考评这些应用和平台的建设情况和使用情况
	3. 创新"10分钟体育健身圈"电子地图的服务功能	根据市民的评价和满意度来分析"10分钟体育健身圈"的服务功能，通过具体的社会调查和网络调查来总结苏州市"10分钟体育健身圈"的不足和应该予以改进的地方。根据苏州市体育局、苏州市电信公司和苏州市经信委在建设网上体育电子图书馆、数字健身馆和健身远程指导网络3个地方特色数字资源库，建立晨晚练点、社会体育指导员、国民体质监测、体育场馆4大数据库上的进程和结果对其做出全民的评价
	4. 开设完善"运动苏州"数字专栏专题	通过市体育局和市经信委的具体规划和计划来统计数字专栏的建设情况，根据各地上报的数据统计"运动苏州"数字专栏的总量，对于数字专栏宣传作用的评估要提供每期专题的具体内容或图片资料
	5. 完善体育部门政务微博、微信，研发"运动体育"手机客户端，全面推进办公自动化，电子政府实施率达100%，便利体育信息浏览服务	提供微信和微博平台的具体话题讨论量、关注度、热度以及微博和微信的粉丝数量，同时要统计"运动体育"手机客户端的下载和使用数量，评估电子政府的实施率要根据电子政务与智慧体育发展的需求，政务一些公开的信息都能够上网查询，体育行政要实现网络查询、申报、审批一站式服务，体育政务要实现同城异地网上无纸化办公。要根据各个政务网站的政务公开水平以及网络平台的功能水平来评价

续表

分类	指　　标	采集方法和具体标准
完善惠民服务	1. 各行政区域均配有相应配套的体质测定和运动健身指导中心	统计苏州市各级体质测试服务站点和运动健身指导中心的总量，各级体质测试服务站点的数量可从苏州市国民体质监测中心处获得，每个县、区、社区都会设站点，现如今站点数量达到 64 个，根据统计情况评估苏州市所有的行政区域是否均配备了相应的体质测试站点和健身指导中心
	2. 市国民体质监测中心每年面向基层群众开展国民体质测试，开具运动处方，定期公布体质监测结果	可以通过“居民每年至少有一次体质测试的人口比例”指标来评估苏州市国民体质监测站点向市民开展体质测试的频率，学生群体的体质监测工作由教育局负责，依据市卫生局和市体育局开展国民体质监测工作的报告和计划以及江苏省全民健身网和各地各站点的上报数据进行统计。具体的体质监测结果从政府信息网或市卫生局和市体育局发布的具体文件上获得
	3. 辖区(市)政府在社区试点设立健身养生示范站点或者新的综合指导站点	评估时要依据各市、区政府或体育主管部门提供的健身养生示范站点和综合指导站点建设规划登记资料，统计新建的健身养生示范站点数量和综合指导站点的数量。提供具体的活动计划，提供图片、视频等多种形式材料
	4. 扩大全民健身“三进工程”地域范围，深入基层开展健身技能传授、体质测试、健身知识讲座等志愿服务	要根据各地“三进工程”具体文件和政策统计各个地区“三进工程”的开展范围和规模，依据各地上报的具体数据和文件以及苏州市体育局的政策文件来统计。统计苏州市各市、区举办全民健身大课堂的情况，要求创新活动的组织方式，各辖市(区)自行设立免费教学点要在 3 个以上，具体的评估要依据各地体育管理部门和市体育局的统计资料来进行
	5. 实施针对残疾人、低保户、特困职工、老年人等特殊群体的优惠政策，经常性地开展针对他们的体育健身活动	评估公共体育场馆对残疾人、低保户、特困户、老年人群体的具体政策，统计苏州市体育局和各地的体育主管部门针对残疾人群体、老年人群体和低收入群体所开展的体育活动，对活动的具体内容和活动次数进行统计。需要体育局和各级体育主管部门提供具体的活动策划和证明材料
	6. 整合公共场所设施资源和经营性场所资源，统一登记管理，集成规范化、可查询的信息，给予公众健身参考和健身实惠	对公共体育场馆和经营性场馆的管理制度进行调查统计，评估它们是否做到了资源的整合和信息资源的共享。一方面要对公众的满意度进行调查，同时要统计市体育局、气象台、文广新局在全民健身方面所提供的服务和采取的具体措施

续表

分类	指　　标	采集方法和具体标准
完善惠民服务	7. 全面推广医保健身一卡通，扩大阳光健身卡购买服务的范围，减少购买健身服务的流程	通过阳光健身卡网络系统查询健身卡持有者的使用情况，统计24个健身点阳光健身卡的会员总数。通过市体育局的相关系统统计医保健身一卡通的使用情况和使用者数量，提供办理医保健身一卡通和阳光健身卡的具体流程文件
拓展支撑服务	1. 进一步增强公众的体育意识，更加重视体育权利观、体育文化观、终生体育观。弘扬奥林匹克精神、中华体育精神和苏州体育精神，发挥竞技体育的巨大感染力和凝聚人心、振奋精神的独特引领作用	评估苏州市在弘扬体育精神方面所做的工作，考察各地社区的宣传栏对公共体育活动和全民健身活动的各种形式的宣传以及各大媒体对体育资讯报道情况，各级政府和机构对“每天锻炼一小时，健康工作每一天，幸福生活一辈子”等新型体育生活理念和“崇文、融和、创新、致远”的城市精神的推广和宣传工作。由各地各社区以及旅游局、广电总台、文广新局等机构提供证明材料原件，体育资讯的报道情况需要各类纸质媒体提供报道的原件或复印件，广播电视报道提供音像资料、节目的预报直播报道视频资料
	2. 充分发挥吴地文化特色，创新体育文化传播新途径，报刊、书籍、影视作品等载体中体育文化产品数量和质量进一步提升，体育文化软实力明显增强	从苏州市教育局和文广新局以及苏州市日报报业集团以及广电总局等机构处获得有关苏州体育文化的书籍种类、报刊数量和影视作品的视频资料。需要提供具体的书籍、报刊的复印件或图片、原始视频等资料
	3. 提高体育产业对公共体育服务的完善和带动作用	统计苏州市体育产业的总体规模和总量，按照资产的多寡和等级对苏州市的体育产业进行分类统计，尤其是侧重于对体育龙头产业在推动公共体育服务体系方面的作用。具体的数据依据苏州市体育局、苏州市财政局以及各级体育管理部门对体育产业的相关统计资料
	4. 加强与体育科研机构、高校体育学院的合作，加强基本公共体育服务研究，推广运用最新体育科研成果	统计公开发表体育科研论文数量，公开发表体育科研论文数量要提交刊物及相关证明材料。要考察和评估苏州市与体育科研和高校等机构的体育科研合作情况，需要依据体育局的具体项目计划和材料、科学研究机构与苏州市体育运动项目学校出具有关统计信息和证明材料
	5. 加强体育管理人员、经营人员、教练员、运动员、裁判员的专业技能培训和文化学历教育	统计苏州市体育局所举办的针对教练员、体育管理人员、社会体育指导员和裁判员所举办的培训活动和具体教程，要由体育行政部门提供予以批准和认可的各个单位管理人员、工作人员的名册和学历证书的复印件，以及各级体育主管部门提供的具体培训通知和计划

第八章　苏州市公共体育服务体系建设的示范作用的发挥

一、苏州市公共体育服务体系建设的特色总结

（一）地方政府的统筹主导作用，保证公共体育服务的水平

地方政府在公共体育服务中扮演着核心地位的角色，统筹、主导、管理和组织地方的体育事务。这体现在苏州市政府制定苏州公共体育的规划和目标，使苏州市公共体育服务发展有高的起点和明确的目标，出台相应的政策法规使公共体育服务的开展有法可依，而苏州市举办亚运会对城市公共体育发展起到巨大的推动作用。兴建大量体育场馆、整治市民活动环境、大力宣传体育的功能、提高市民的运动意识，协调组织社会力量兴办大众体育，这些都是政府主导下公共体育服务得以落实的重要保障。苏州市政府在公共体育服务上秉承了岭南文化的特色，统筹主导苏州市公共体育服务的发展。具体体现在体育发展规划的创新设计、公共体育服务相关政策条例的不断修订、大量资金以及场馆设施的有效配套、多层级组织服务指导网络的完善等多个方面。在实施体育服务过程中，作为代表政府主管体育工作的苏州市体育局，以融体育于城市发展的指导思想，以品牌领跑体育组织活动的手段，以根据地域文化组织群体体育项目的方法等，把公共体育活动推上了一个新的台阶。今后，在公园和市政广场的建设和管理中将更加人性化，完善各项功能，为广大市民提供更多更好的活动场所，满足多方面的需求。

（二）服务供给的多元化逐步满足市民公共体育活动需求

服务供给的多元化包括服务供给主体的多元化、服务产品的多样化和服务形式的多样化。构建多元化的公共体育服务产品供给平台，政府公共部门、市场组织和其他社会机构共同参与形成合作伙伴，以多种形式向社会成员提供丰富多样的公共产品。提高社会管理科学化水平，形成科学有效的利益协调与诉求表达机制，支持人民团体参与社会管理和公共服务，发挥群众参与社会管理的基础作用。

(三) 多层级的组织和人员结构使公共体育服务形成网络

私人体育产品追求经济效益,而公共体育产品追求社会效益。公共体育服务是以生产公共品为目的,以寻求社会效益为主要原则。管理学认为,管理体制是由管理对象的性质所决定的。既然公共体育服务以事业为主体同时兼有部分产业性质,那么在管理方面就要有所不同。凡属于事业部分应采用政府管理模式,主要由政府通过宏观政策进行调控,向社会提供公益服务,实现社会效益;而属于服务营利(或产业)部分则进入市场,采取社会管理模式,由社会向人们提供私人服务进行有偿服务,实现经济效益。因此,公共体育服务的社会化改革应采用政府与社会结合的管理体制,双方互相协调,合理分工,共同完成管理职责。

苏州市公共体育服务网络由组织管理网络即静态网络和人员管理网络即动态网络组成。组织管理网络包括横向网络和纵向网络,横向网络即市体育部门与市教育局、团市委、市妇联、市总工会等部门协同开展公共体育服务的提供和管理工作,区县和街镇一级不外如是;纵向网络即市体育局、区(县)体育局、街道文化站等;人员管理网络则包括政府管理指导人员、社会体育指导员和学校体育专家和教师等。苏州市体育局是苏州市政府的职能机构,负责全市的体育发展和体育日常工作,因此它是公共体育网络的核心。

苏州市各级体育组织快速发展,已基本形成了纵横交错、密集渗透的公共体育服务网络。尤其是在组织管理网络上,各级各类体育社团组织数量繁多,积极推动体育社团发展,加快向镇和街道延伸。目前,苏州市成立市(县、区)体育总会 10 个,各市(县)、区均成立了镇级体育总会;成立体育社团 152 家,体育类民办非企业单位 165 家,备案制体育俱乐部 282 个。老年人体育协会、社会体育指导员协会基本实现了镇级全覆盖。80%以上的体育社团实现向乡镇(街道)覆盖延伸。目前,已有市属体育社团 34 家,市属体育类民办非企业单位 33 家。经过努力,全市镇(街道)总体覆盖率达 100%,老年人体育协会、社会体育指导员协会覆盖率达 70%,张家港市 90%的体育社团建立了镇级分会,并进一步向村、社区延伸,昆山市、太仓市的延伸覆盖率达 80%。通过自身的组织网络,游泳、桥牌和户外运动等协会(俱乐部)发动举办俱乐部联赛、甲乙级联赛等活动,满足基层群众多元化的体育需求。加快发展体育社团会员,新增注册会员逾 7 万人,全市会员总数达 60.23 万人,位居江苏省第一。

(四) 稳定的资金投入为公共体育服务建设奠定物质基础

资金投入是公共体育服务全面、快速、持续发展的先决条件,尤其是在公共服务体系尚未健全的发展中国家,资金投入举足轻重。公共体育服务发展的每一个环节都需要资金作为基础，苏州市公共体育服务活动资金的来源主要是政府投入，其次是社会筹集。近几年来，苏州市每年公共体育服务的建设和发展所支出的经费约为1.5亿元，其中2/3由政府财政支出，1/3是社会筹集的资金。社会资金来源于各方集资、苏州市公共体育服务体系建设的成效社会捐助、企业赞助和公益基金等。显然，仅仅依靠政府的财政投入是无法完全保障苏州市公共体育服务的运行和发展的。据调查，苏州市公共体育服务的经费主要用于体育设施建设和管理、大众体育活动开展、体育推广及人才培育、大型体育场馆开放管理、向社会购买服务和国民体质监测等。在利用社会力量举办公共体育活动方面，苏州市的力度也很大。目前，苏州市大多数大众体育比赛活动都有企业出资赞助，有的全部出资，有的部分出资，均属于合作式公共体育产品提供方法。例如，苏州市青少年阳光体育联赛。企业的资助为公共体育活动的开展补充了新鲜血液。从苏州市公共体育活动的资金投入和使用状况看，其经费是比较充裕和年度投入稳定的，这有赖于苏州市改革开放带来的经济高速发展以及广大社会机构与企业对公共体育活动的支持，充裕的资金来源使公共体育服务的发展具备厚实的物质基础。

(五) 注重公共体育服务均等化

基本公共服务均等化的起因在于其供给的非均等性即差异性，由于各地经济发展水平的差异直接导致各地地方政府提供的基本公共服务无论是在数量还是质量上都存在很大的差异，从而造成在同一个国家内不同地区的居民享受的同类公共服务存在数量和质量上的差异，这不仅阻碍了公平目标的实现，也不利于社会的稳定与和谐发展。

基本公共服务均等化是指政府要为社会成员提供基本的、与经济社会发展水平相适应的、能够体现社会公平正义的并且是大致均等的公共产品和服务，是满足人们最基本的生存权和发展权的条件的均等。基本公共服务均等化要正确处理好效率与公平的关系，扩大公共财政覆盖面，既要让全体社会成员共享改革发展的成果，又不是简单地等同于平均化，我国在短期内很难在发展水平上实现城乡基本公共服务的统一，但应采取措施力争实现制度的统一。从我国的基本国情来看，基本公共服务均等化的内容主要包括：一是基本民生性服务，如就业服务、社会救助、养老保障等；二是公共事业性服务，如公共教育、公共卫生、公共文化、科学技术、人口控制等；三是公益基础性服务，如公共设施、生态维护、环境保护等；四是公共安全性服务，如社会治安、生产安全、消费安全、国防安全等。只有做好这些基本公共服务，才能使全体社会成员共享改革发展的成果。我们所说的基本公共服务均等化是指在义务教育、公共卫生、社会保障、基础设施等方面缩小差距，实现大体的均等，保障最基本的底线，同时，又因为不同社会群体的公共需求存在差异，基本公共服务均等化也不可能是统一的模式，而是要在提供的数量和质量基本均等的情况下，能够反映不同群体的需求特征。这对于推进基本公共服务均等化具有很好的借鉴意义。

苏州市为体育服务城乡一体化做了很多工作，取得了显著的成效，体现在以下 3 个方面：第一，推动乡村体育设施建设，实现城乡体育设施均等化。为改善农村全民健身基本公共服务体系建设整体水平明显低于城市的状况，苏州市体育局实行行政村农民健身设施提档升级工程，为行政村增建健身路径，帮助行政村达到了社区体育设施的基本配置标准。积极推动社会体育指导员协会、老年人体协、农民体协及其他单项体协向乡镇和行政村延伸覆盖。按照"每个行政村至少有 1 名社会体育指导员"的要求扩大农村指导员培训规模。第二，扶持落后区域，实现区域均等化。从 2006 年"万村体育健身工程"到县(市、区)"新四个一"工程，再到城市社区"10 分钟体育健身圈"建设，都对落后区县在资金和政策上给予了大幅倾斜。第三，注重不同市民群体需求，推进人群体育服务均等化。群众体育有着农民、职工、青少年等人群的区分，不同人群获取的全民健身基本公共服务存在较大差别。对此，在场地设施建设、组织网络完善、健身服务提供等方面，统筹考虑各类人群的共性需求，兼顾部分人群的特殊需求，在活动开展方面也力求"面面俱到"。

苏州市主动将体育工作融入城乡社会事业均衡发展的大局，实现了对《苏州市市民体育健身条例》的贯彻落实。苏州市对于建设城乡一体化的公共体育服务体系建设上取得了明显的成果：苏州市以"社会化、经常化、品牌化"为目标，通过整合各项资源，已形成一系列有特色、有影响的全民健身活动。全民健身月、健身节，千村万人农民篮球、乒乓球比赛等都已连续举办多年。目前，苏州市人均拥有公共体育设施的面积达到 2.92 平方米，位居江苏省前列。苏州市 55 个建制镇全部建成镇级文体活动中心，1 068 个行政村全部建成农民体育健身工程，928 个社区居委会全部建成全民健身工程(点)，苏州市也逐步形成了市、县(市区)、街道(镇)、社区(行政村)四级公共体育设施网络。苏州市共有社会体育指导员逾 2 万人。全市 3 543个健身活动站点均已配有社会体育指导员，持证上岗率达 100%。2013 年，苏州市城乡一体的"10 分钟体育健身圈"基本建成。

全市已有 255 所中小学校的体育设施在以不同程度、不同形式向社会开放。苏州市民只要步行 10 分钟(直线距离 800～1 000 米)以内，即可到相应的场所享受到体育锻炼、健身指导服务。

(六) 苏州市体育指导系统，帮助市民实现个性化体育健身

在构建体育信息系统问题上，首先，建立苏州体育信息网，宣传健身的科学知识，帮助市民科学、健康地健身。目前，苏州体育信息网除了可以为市民提供了"10 分钟健身圈""科学健身""健身器材""器材保修"等查询服务以外，正积极开发"场

馆预定"功能。体育信息网的建立为苏州市民提供了便利的个性化服务，如"10 分钟体育健身圈"电子地图上线运行，为市民提供了更加便捷的健身信息，指导苏州市民选择适合个人身体素质的体育健身项目。其次，为推动苏州全民健身的深入、持久开展，充分发挥新闻媒体作用，加大体育健身的宣传力度，提高广大群众的体育观念和体育意识，引导百姓主动锻炼，科学健身，苏州广播电视总台生活广播频率与苏州市体育局开设了《全民健身在线》栏目，以多层次、广视角、互动式的体育健身活动、表演展示、技能培训、健身咨询、新闻发布、表彰活动等为载体，苏州市体育局与苏州市电视台联合打造全年的群众体育活动，构建苏州全民健身宣传系列框架，形成苏州全民健身的宣传品牌，同时进一步增加手机短信发送健身信息的人数。再次，发放健身知识短信。2013 年，苏州市体育局免费发送健身知识短信 255 万多条。最后，举办各种体育讲座。2013 年，苏州市体育局为 47 813 人开展体质测试服务、举办健身专题讲座，以提高市民科学健身意识。

苏州市在政府主导下的体育信息咨询服务，以多种手段使体育信息更大面积地覆盖市民生活的区域，使市民在获得体育信息的同时更加了解党和国家的体育方针政策、提高体育健康意识、掌握锻炼身体的方法，从而在享用公共体育服务中得到满足和乐趣。

作为我国《体育法》规定的体育事业的一次内容，苏州市政府在鼓励市民参与体育健身活动的同时，也注重监测市民的体质。国民体质监测是国家为了系统掌握国民体质状况，以抽样调查的方式，按照国家规定的国民体质监测指标，在全国范围内定期对监测对象统一进行测试和对监测数据进行分析、研究的过程。国民体质监测活动，是对我国人民的健康状况的科学鉴定，也是对公共体育服务体系工作效果的一个客观评价。苏州市政府体育部门在国民体质监测中做了大量服务市民健康的工作，建成了以市级国民体质测试中心为龙头、辖市(区)级国民体质测试站为主体、镇(街道)国民体质测试点为基础、国民体质流动测试车为补充，市区联动、城乡一体的国民体质测试体系。

苏州已经连续 12 年进行公民体质测试并在人大公告栏上发布，重点对公众"4 个亚健康"进行测试服务。自 2010 年起，每年监测人数达到 3 万人，并于每年的 6 月份向社会公布上年度的国民体质监测公报。此外，在庆祝全国"全民健身日"体育节、中秋"假日体育"等大型活动期间，在活动现场也设有体质监测点，为市民进行免费的体质测试，并开具运动处方。各级国民体质测试站不仅主动为市民提供上门服务，同时也根据市民的个性化要求提供特殊服务，更重要的是，苏州各级国民体质测试站提供跟踪服务，为市民负责。针对健康存在问题的市民，苏州各级体质监测站联合医院、红十字会、养老院、康复中心等部门帮助市民恢复健康。

体育指导服务不仅有电视、互联网等媒体，也包括以社会体育指导员为主的人员指导。社会体育指导员所提供的健身指导服务是公共体育指导服务的最主要内容，也是最直接的体育指导服务。除了利用苏州大学体育学院的专业优势，培训、培养职业社会体育指导员以外，也鼓励广大体育教师、大学生发挥个人优势，主动承担社会指导职责。苏州市已注册的14 000名社会体育指导员中，有近1/10是在职的体育教师。他们活跃在公园、广场等百姓健身的第一线，传播科学的健身方法，在实现资源共享、提供科学健身指导方面发挥了重要的作用。在职业社会体育指导员方面，则利用苏州大学体育学院的专业优势，苏州市体育局选取了苏州大学体育学院为培训基地，并配备有专门的师资队伍，进行相关职业资格培训等工作。

此外，苏州市还实行运动员“三进工程”，即进机关、进企事业单位、进社区，进行技能传授与技能讲座。运动员不仅具有体育健身的专业知识，同时，运动员也具有丰富的比赛经验以及一定的知名度，可以鼓励参与体育健身的市民，同时也利用个人知名度吸引更多的市民参与体育健身活动。

（七）建设体育博物馆，苏州首开先例

要推动全民参与体育锻炼，不仅需要有行政和产业方面的努力，也需要体育文化的引导。苏州市在探索建设公共体育服务体系的过程中，结合苏州实际，发挥苏州优势，走出了一条扎根历史传统，具有现代化特征，同时又与苏州文化精神以及苏州城市精神一脉相承的特色体育文化之路。

在苏州体育事业发展“十二五”规划当中，体育文化建设成为重点。苏州市传播体育文化的主要举措就是筹备建设苏州体育博物馆。苏州市体育局充分利用现代化的传播理念和手段，让体育观念和文化逐渐深入人心。其中的很多理念和手段极具创意和特色，开创了全国地级市之先河。

苏州体育博物馆的筹建工作于2012年正式开始。苏州体育博物馆的建设将本着“高品位与地域性相结合，历史性与现代性相结合，全景式与典型性相结合，纪念性与艺术性相结合”的原则，通过丰富详实的史料和珍贵文物，利用吴文化和现代科技的表现手段追溯苏州体育的发展历程，挖掘吴地体育文化源远流长的历史，展示奥林匹克运动与苏州体育文化的内涵，弘扬苏州城市精神。博物馆还将修建两条文化长廊，一个体育文化广场、一个体育电影院和一个体育图书馆。苏州体育博物馆的馆藏征集活动正在推进中：一方面，已征集了百位苏州书法名家的104幅古代体育诗歌书法作品，将继续挖掘吴地体育文化，编写苏州体育史，出版《苏州体育书法碑刻作品集》。另一方面，还将与苏绣艺术家合作，为苏州体育名人绣像。

二、苏州市公共体育服务体系建设的经验借鉴

(一) 坚持政府在公共体育服务提供中的主导作用

苏州市坚持地方政府在公共体育服务中的核心地位,一切活动均按照政府制订的规划和政策目标来实行,政府是公共体育服务建设的坚强后盾,因此,其他地区在发展公共体育服务时也应充分坚持政府的主导作用,以政府为后盾,协同社会各方面力量共同为打造公共体育服务强国而出力。

(二) 提高服务供给的多元化

苏州市公共体育服务体系包括3个方面,即5个重点方面、3个扩展方面和5个保障方面,不仅积极进行体育场馆建设,还提供多样化的信息服务和惠民服务,政府协同基层社区以及健身场所共同为居民提供体育产品和服务,从而使更多的居民享受到了体育运动服务,满足了居民不同的体育需求。

(三) 协同构建公共体育服务体系

构建公共体育服务体系不仅仅是政府的职责,更需要动员全社会的力量共同参与,苏州市在此方面起到了较好的示范作用,在以政府为主导的前提下,充分发挥组织、健身中心和人民群众的力量,互帮互助,共同为提高全民体育水平而努力。

(四) 雄厚的资金作为后盾

苏州市在开展公共体育服务建设时宣传和动员力度比较大,因此得到了较多的社会资金的支持。体育事业是一项耗时长、耗资多的大工程,因此,必须有雄厚的资金作为支撑,仅仅依靠政府财政资金是远远不够的,需要向社会筹资,所以,如何进行有益的服务来说服企业及个人进行捐助和投资便是对政府的一大考验,而苏州市在此方面做得比较好,得到了大量的资助,其他地区应借鉴苏州市的先进经验,提前做好资金的储备。

(五) 统筹区域发展和城乡体育事业的发展

由于各地区经济发展水平不同,其发展体育事业的能力也有所不同,同时,农

村由于经济发展水平比较落后，基础设施建设滞后，体育服务事业发展总体水平低，更谈不上形成体系。所以，要想使全民享有经济发展成果，确保全民享受到体育服务，就必须提高体育服务的均等化，根据各地区人民的实际需要提供体育服务。苏州市在此方面起到了良好的示范作用，目前，苏州市人均拥有公共体育设施的面积达到 2.92 平方米，位居江苏省前列。苏州市 55 个建制镇全部建成镇级文体活动中心，1 068 个行政村全部建成农民体育健身工程，928 个社区居委会全部建成全民健身工程（点），苏州市也逐步形成了市、县（市区）、街道（镇）、社区（行政村）四级公共体育设施网络。此外，目前苏州市共有社会体育指导员逾 2 万人。全市 3 543 个健身活动站点均已配有社会体育指导员，持证上岗率达 100%。2013 年，苏州市城乡一体的“10 分钟体育健身圈”基本建成。

（六）立足现实，积极回应民众需求

公共体育服务应以居民的需要为依据，针对居民的需求做出积极回应，开展多样性的体育活动，建立个性化服务。目前，苏州体育信息网已经为市民提供了“10 分钟健身圈”“科学健身”“健身器材”“器材保修”等查询服务，而“场馆预定”服务仍然在建设中。这些服务都为苏州市民提供了便利的个性化服务，如“10 分钟体育健身圈”电子地图上线运行，为市民提供更加便捷的健身信息服务，指导苏州市民选择适合个人身体素质的体育健身项目。2013 年，苏州市体育局免费发送健身知识短信 255 万条以上，为 47 813 人开展体质测试服务、举办健身专题讲座，提高市民的科学健身意识。

（七）构建科学完善的信息系统

苏州市充分发挥了经济优势和人才优势，建立了网上信息咨询系统，为广大市民提供便捷有效的服务，使体育信息能够更快地传播到居民手中，同时，也便于居民表达自己的利益诉求，加快政府回应，创建良好的官民关系，构建和谐社会。

三、苏州公共体育服务体系建设的未来展望

在新的历史条件下，建立中国特色公共体育服务体系不仅是社会全面发展和进步的重要组成部分，也是贯彻落实科学发展观、建设小康社会和社会主义和谐社会的重要任务，更是我国民生建设的重要目标。公共体育服务体系作为政府公共

服务体系的重要组成部分，其目标是实现、维护、发展好人民群众基本体育权益，满足公民公共体育需求，其内容涵盖了公共体育产品和体育服务。构建公共体育服务体系是我国体育行政管理体制改革的目标选择，也是当前体育部门最重要的工作任务。其建设始终以保障公民的体育权益、满足人民群众日益增长的公共性体育需求为中心。公共体育服务体系的建设是一个庞大的工程，也是一个长期的过程，更是一项十分艰巨的任务。其建设应充分考虑我国的经济社会发展水平、人口结构、环境条件等因素，统筹规划、合理安排，强化体系构建的前瞻性、科学性、可行性。政府作为公共体育服务体系建设的核心主体，责无旁贷。政府应强化公共服务职能，增加公共体育服务投入。同时，更需要社会各界力量普遍参与，充分发挥它们各自的优势，形成政府与民间多方平等参与、多元合作、良性互动的格局，促进公共体育服务供给方式的多元化，优质、高效地满足人民群众的体育需求。

党和政府高度重视我国公共服务体系的建设和发展，相继出台了一系列重要的政策法规，旨在推动我国公共服务事业的全面发展。面对当前难能可贵的发展机遇，体育科研工作者应当深入领会国家公共政策的指导方向和丰富内涵，积极研究体育公共服务的重大理论和现实问题，特别是要立足我国国情，系统全面地研究体育公共事业发展过程中面临的政府职能转变和行政改革深化等体育管理难题。可以预见，伴随着我国行政体制改革的全面深化，以提升和改善体育行政管理部门公共服务质量为目标的路径创新研究，将会成为未来相关研究的热点和重点。相信在党和政府相关政策的大力扶持下，我国体育公共服务研究必将迎来更加广阔美好的发展前景。

自我国举办 2008 年奥运会以来，体育精神更是深入人心，共青团中央提出了“走出宿舍、走下网络、走向操场”的“三走”运动，旨在号召青少年能够多多加强体育锻炼，避免沉溺于网络。在此背景下，苏州市的公共体育服务建设开展得如火如荼，形成了“535 体系”（即 5 个重点方面、3 个拓展方面和 5 个保障方面），从场地实施建设、组织建设、活动开展、信息咨询、惠民措施等多方面提高了苏州市的公共体育服务水平，满足了大部分苏州市民的体育运动需要。但仍然达不到科学标准，为此，本书提供了一些针对于苏州市具体情况的对策建议，旨在将苏州市打造成为国内领先的体育服务提供规范性试点。未来，苏州市应努力做到以下几点：

1. 体育场地设施更加完善

通过在苏州市场地设施建设过程中，采取“三个均衡，一个可持续”的方针策略，扩大体育场馆及健身中心的覆盖率及辐射面积，使更多的人能够享受到便利的体育运动，满足体育运动的需求；完善学校体育设施建设，丰富运动种类，构建全民健身的运动氛围，增强全民体质。

2. 组织服务体系更加科学化

政府与基层社区单位合理分配职权，共同为提高组织服务而服务；同时，由更加专业化的人员指导体育训练和提供体育服务信息，兴办健身俱乐部和体育协会，使体育运动更加科学化和规范化。

3. 活动服务体系更加灵活与多样化

活动开展服务体系是由满足公民健身、娱乐、教育、竞赛、休闲等公共活动需求的要素构成的有机整体。其服务应立足于民众需要，满足其日益多样化的运动需求，丰富运动种类，加强体育运动的带动性，动员各方人员积极参与体育锻炼，同时，也应顺应居民需求，打造精品活动，提高居民参与的积极性和娱乐性。

4. 信息咨询服务更加便利与畅通

随着科学技术的进步与我国电子政务的发展，体育信息的提供也能够更加的现代化和系统化，未来信息咨询将完全由电脑和人工智能来完成，节省人力、物力和财力，同时能够更加便民、易于操作，扩大信息的传播范围。

5. 惠民服务体系更加完整和多样

开展体育运动、增强全民体质也是增强我国国力的一种体现，因此，如何确保更多的人能够享受到体育运动的好处，能够体会到政府的关怀便成为首要问题，通过实施惠民服务，增强惠民服务的种类及覆盖范围，笔者希望未来的社会人人都能够获得所需要的体育服务。

尽管目前苏州市的公共体育服务事业还存在些许不足，苏州市居民对此还有不满意的地方，但我们坚信，随着体育精神的深入人心，在政府、社会与人民的共同努力下，打造全民使用、全民满意的公共体育服务体系指日可待。

参考文献

[1] 戴健.体育蓝皮书:中国公共体育服务发展报告[M].北京:社会科学文献出版社,2013.

[2] 全国服务标准化技术委员会.GB/T 28221.5-2011 灾后过渡性安置区基本公共服务[S].北京:中国标准出版社,2011.

[3] 郇昌店.城镇化进程中我国农村公共体育服务发展模式研究[M].北京:北京体育大学出版社,2013.

[4] 樊炳有,高军.体育公共服务:内涵、目标及运行机制[M].北京:人民体育出版社,2010.

[5] 邱建钢,赵元吉,王莉丽.多元经济背景下构建川渝两地农村体育公共服务体系的路径探索[M].成都:电子科技大学出版社,2012.

[6] 张保华.职业体育服务业研究[M].北京:经济科学出版社,2010.

[7] 布拉德·汉弗莱斯,丹尼斯·霍华德.体育经济学(第1卷)[M].邓亚萍,张宁,侯海强,译.上海:格致出版社,2012.

[8] 罗旭.我国全民健身服务体系的理论构建与运行机制研究[M].北京:北京体育大学出版社,2011.

[9] 周君华.农村老年人体育生活方式及服务保障研究[M].北京:中国文史出版社,2014.

[10] 肖淑红.体育服务运营管理[M].北京:首都经贸大学出版社,2009.

[11] 陈旸.社区体育服务绩效评价[M].北京:北京师范大学出版社,2011.

[12] 刘大力.体育产业经营与管理知识[M].北京:中国劳动社会保障出版社,2005.

[13] 孔军.竞技体育信息集成服务[M].武汉:武汉大学出版社,2009.

[14] 易剑东.中国体育媒体服务系统的构建[M].杭州:浙江大学出版社,2006.

[15] 闫旭峰.休闲体育服务礼仪与技能[M].北京:中国劳动出版社,2005.

[16] 王焕清.广州亚运会志愿服务文化遗产导论[M].广州:广州新华出版发行集团,2011.

[17] 黄克瀛.北京奥运会观众服务志愿项目管理研究[M].北京:中国人民大学出版社,2013.

[18] 劳动和社会保障部培训就业司.技工学校休闲体育服务专业教学计划与教学大纲(2006)[M].北京:中国劳动社会保障出版社,2007.

[19] 体育编委会.体育赛事后勤工作方法技巧与优质服务规程及标准化管理实务全书[M].吉林:吉林音像出版社,2011.

[20] 国家体育总局干部培训中心.奥运科研攻关与科技服务研究[M].北京:北京体育大学出版社,2006.

[21] 国家体育总局体育经济司.体育场所服务标准和有关法律法规[M].北京:中国标准出版社,2005.

[22] 刘兵.体育健身娱乐业服务质量评价与分析[M].北京:人民体育出版社,2008.

[23] 陈日升.湖南省老年人口体育健康促进服务体系研究[M].吉林:吉林大学出版社,2013.

[24] 张立.运动场地设施管理与维护[M].北京:中国劳动社会保障出版社,2005.

[25] 王浦劬,等.政府向社会组织购买公共服务研究:中国与全球经验分析[M].北京:北京大学出版社,2010.

[26] 王树文.我国公共服务市场化改革与政府管制创新[M].北京:人民出版社,2013.

[27] 登哈特.新公共服务:服务,而不是掌舵[M].丁煌,译.北京:中国人民大学出版社,2010.

[28] 石国亮,等.国外公共服务理论与实践[M].北京:中国言实出版社,2011.

[29] 黄恒学,张勇.政府基本公共服务标准化研究[M].北京:人民出版社,2011.

[30] 徐小青.政府限制价格的经济学分析:对传统教科书中"短缺"程度的质疑[J].广东商学院学报,2002(4).

[31] 丁元竹,江汛清.社会公共服务供给与社会管理体制安排[J].理论与现代化,2006(5).

[32] 于凤荣.我国农村公共服务供给模式问题研究[D].吉林:吉林大学行政学院,2006.

[33] 江明融.公共服务均等化问题研究[D].厦门:厦门大学,2007.

[34] 赵成福.社会转型中的县域农村公共服务供给机制研究:以河南省延津县为表述对象[D].武汉:华中师范大学,2008.

[35] 程谦.公共服务、公共问题与公共财政建设的关系[J].四川财政,2003(12).

[36] 冯云廷.公共服务产业的性质及其组织意蕴[J].山东财政学院学报,2004(4).

[37] 唐铁汉,李军鹏.公共服务的理论演变与发展过程[J].新视野,2005(6).

[38] 陈昌盛,蔡跃洲.中国政府公共服务:基本价值取向与综合绩效评估[J].财政研究,2007(6).

[39] 李军鹏.关于建设公共服务型政府的思考[J].中共天津市委党校学报,2004(2).

[40] 郭厚禄.我国基本公共服务均等化研究[D].北京:中共中央党校,2009.

[41] 贾文彤,郝军龙,齐文华,等.体育公共服务均等化若干问题研究[J].山东体育学院学报,2009(12).

[42] 刘亮.我国体育公共服务的概念溯源与再认识[J].体育学刊,2011(3).

[43] 范冬云.我国体育公共服务研究中几个问题的探讨[J].成都体育学院学报,2010(2).

[44] 郇昌店,肖林鹏,杨晓晨.我国公共体育服务研究框架探讨[J].山东体育学院学报,2009(2).

[45] 肖林鹏,李宗浩,杨晓晨.公共体育服务概念及其理论分析[J].天津体育学院学报,2007(2).

[46] 冯云廷,骆德武.论城市公共服务的有效供给:政府与民间投资的互补性贡献与制度安排[J].财经问题研究,2003(6).

[47] 李丽,张林.体育公共服务:体育事业发展对公共财政保障的需求[J].体育科学,2010(6).

[48] 李静,张卫平,沈巧儿.全民共享体育公共服务的制度困境与优化研究[J].南京体育学院学报:社会科学版,2010(3).

[49] 齐立斌,李泽群,曹庆荣,等.关于新农村公共体育服务体系几个理论问题的思考[J].体育科研,2009(6).

[50] 赵文杰,陈琪,姚武,等.完善上海体育公共服务体系的宏观背景[J].体育科研,2008(2).

[51] 刘庆山.我国体育公共服务体系研究述评[J].上海体育学院学报,2008(3).

[52] 肖林鹏,李宗浩,杨晓晨.我国公共体育服务体系概念开发及其结构探讨[J].天津体育学院学报,2007(6).

[53] 张宏,陈琦.我国公共体育服务体系服务项目标准研究[J].成都体育学院学报,2012(9).

[54] 任春香,李红卫.新时期我国公共体育服务体系的基本内容探析[J].体育与科学,2011(5).

[55] 肖林鹏.论我国公共体育服务供给的基本问题[J].体育文化导刊,2008(1).

[56] 肖前.公共体育产品非政府供给的可行性与途径[J].体育学刊,2005(4).

[57] 郇昌店.我国公共体育服务供给市场化运作方式研究[D].天津:天津体育学院,2008.

[58] 张利强.西安市公共体育服务发展现状及对策研究[D].西安:西安体育学院,2013.

[59] 张光亮.成都市公共体育服务现状研究[D].成都:成都体育学院,2012.

[60] 伍远萌.北京市东城区社区公共体育服务供给的调查与分析:以北新桥街道所辖社区为例[D].郑州:河南大学,2013.

[61] 蓝国彬.广东城乡公共体育服务现状调查及对策研究[J].湖北体育科技,2010(4).

[62] 王关怀.湖南省农村公共体育服务供给现状及对策[D].长沙:湖南师范大学,2014.

[63] 卢文云,梁伟,孙丽,等.新农村建设背景下西部农村公共体育服务供给现状、问题及对策研究[J].体育科学,2010(2).

[64] 郭惠平,唐宏贵,李喜杰,等.对我国公共体育服务社会化改革的再思考[J].武汉体育学院学报,2007(11).

[65] 郇昌店,肖林鹏.公共体育服务均等化初探[J].体育文化导刊,2008(2).

[66] 黄晓.和谐社会语境下公共体育服务均等化发展研究[J].成都体育学院学报,2008(5).

[67] 黄恒学.中国体育如何走向市场?[J].体育博览,2000(10).

[68] 刘艳丽,姚从容.从经济学视角试论我国体育公共服务产业生产主体的多元化[J].西安体育学院学报,2004(5).

[69] 唐鹏,潘蓉,刘嘉仪.农村公共体育服务体系的建构研究[J].体育与科学,2010(6).

[70] 张新华,王诚民,杨丽华.齐齐哈尔市农村体育公共服务体系研究[J].高师理科学刊,2010(6).

[71] 郝军龙,贾文彤,齐文华,等.我国农村体育公共服务政策研究[J].南京体育学院学报:社会科学版,2010(1).

[72] 齐立斌.农村公共体育服务体系的运行机制研究[J].南京体育学院学报:社会科学版,2010(4).

[73] 任继跃.阜阳农村体育公共服务的发展现状与对策研究[J].许昌学院学报,2011(2).

[74] 胡庆山,方千华,张铁明,等.迈向体育强国的农村体育公共服务体系建设[J].上海体育学院学报,2011(5).

[75] 刘玉.分层次、多元化、竞争式农村体育公共服务社区化供给研究[J].山东体育学院学报,2011(12).

[76] 秦小平,王志刚,王健,等."以钱养事":农村体育公共服务供给机制改革新思路[J].上海体育学院学报,2012(1).

[77] 戴俭慧,高斌.政府购买体育公共服务的行为分析[J].体育学刊,2013(2):35.

[78] 周建新,王凯.政府购买体育公共服务的困境与突破:基于供方与买方缺陷的视野[J].体育与科学,2014(5).

[79] 高斌,等.政府购买体育公共服务的可行性及实施构想[J].安徽科技学院学报,2013(5).

[80] 胡科,虞重干.政府购买体育服务的个案考察与思考:以长沙市政府购买游泳服务为个案[J].武汉体育学院学报,2012(1).

[81] 周广仁.政府提供体育公共服务的新方式:我国政府购买体育公共服务探析[J].吉林省教育学院学报,2012(3).

[82] 秦小平,等.我国社会体育组织发展路径:基于政府购买体育公共服务的视角[J].上海体育学院学报,2014(5).

[83] 江龙.基于政府购买视角的体育公共服务供给研究[J].当代体育科技,2014(3).

[84] 齐超.体育公共服务政府购买的价值演变与制度选择[J].体育科研,2014(3).

[85] 郭修金,戴健.政府购买体育社会组织公共体育服务的实践、问题与措施:以上海市、广东省为例[J].上海体育学院学报,2014(3).

[86] 陈广勇,杜艳伟,喻雪莲.政府购买公共服务对社区体育发展的促进研究:以成都市"社区+体育志愿者"模式为例[J].成都体育学院学报,2014(6).

[87] 张利,田雨普.我国体育公共服务均等化现状及发展对策研究[J].西安体育学院学报,2010(1).

[88] 冯国有.体育公共服务均等化及其财政政策选择[J].上海体育学院学报,2007(6).

[89] 江育恒.走向公民社会:非政府组织参与体育公共服务的路径分析[J].研究生法学,2014(2).

[90] 袁音,任莲香,任国林.公共体育服务资源空间布局指标体系的构建:以兰州新区为例[J].甘肃社会科学,2014(4).

[91] 吴磊.政府向社会组织购买公共服务的风险分析及其防范机制[J].开放研发,2014(3).

[92] 谢冬冬.政府购买公共服务财政政策研究[J].领导科学,2014(26).

[93] 王力达,方宁.我国政府向社会力量购买服务问题研究[J].中国行政管理,2014(9).

[94] 丁元竹,丁潇潇.国际视野中的基本公共服务提供模式[J].公共管理与政策评论,2013(1).

[95] 袁春梅.我国体育公共服务效率评价与影响因素实证研究[J].体育科学,2014(4).

[96] 樊炳有.体育公共服务的运行机制探讨[J].体育与科学,2010(2).

[97] 刘玉.发达国家体育公共服务均等化政策及启示[J].上海体育学院学报,2010(3).

[98] 孔祥.城市社区体育公共服务体系建设的供给主体及实现路径[J].体育与科学,2011(4).

[99] 樊炳有.体育公共服务的理论框架及系统结构[J].体育学刊,2009(5).

[100] 王伯超.构建我国体育公共服务体系的理论思考[J].广州体育学院学报,2009(10).

[101] 谷礼燕.我国城市社区体育公共服务供给制度的改革研究[J].广州体育学院学报,2011(1).

[102] 李井平.政府体育公共服务职能定位及优化策略[J].体育与科学,2011(3).

[103] Economos C D, Hyatt R R, Goldberg J P, et al. A community intervention reduces BMI z-score in children: shape up somerville first year results [J]. North American Assoc Study Obesity, 2007(15): 1325-1336.

[104] Wilson D K, Kirtland K A. Socioeconomic status and perceptions of access and safety for physical activity[J]. Annals of Behavioral Medicine, 2004(28): 20 - 28.

[105] Dayton P K, Sala E. Marine reserves: parks, baselines, and fishery enhancement[J]. Bulletin of Marine Science, 2000(3): 617 - 634.

[106] Heath G W, Fentem P H. Physical activity among persons with disabilities: a public health perspective[J]. Exercise and Sport Sciences Reviews, 1997(25): 195 - 234.

[107] Madden P A, Grube J W. The frequency and nature of alcohol and tobacoo advertising in televised sports, 1990 through 1992 [J]. American Journal of public Health, 1994(84): 297 - 299.

[108] O'Loughlin J, Renaud L, Richard. Correlates of the sustainability of community-based heart

health promotion interventions [J]. Preventive Medicine, 1998(27): 702 - 712.

[109] Truman B I, Gooch B F, Sulemana I. Reviews of evidence on interventions to prevent dental caries, oral and pharyngeal cancers, and sports-related craniofacial injuries [J]. American Journal of Preventive Medicine, 2002(23): 21 - 54.

[110] Seltzer C C, Mayer J. An effective weight control program in a public school system [J]. American Journal of Public Health and the Nations Health, 1990(60): 601 - 645.

[111] Jorm L R, Thackway S V. Watching the games: public health surveillance for the Sydney 2000 Olympic Games[J]. Journal of Epidemiology and Community Health, 2003(57): 102 - 108.

[112] Wang X G, Yang L, Wang D J, et al. The status problem and countermeasures of the local sport associations in China: on the background of public sport service system [J]. Journal of Tianjin University of Sport, 2008(4).

[113] Mao Y, Xu J R. Construction of sport social association and public sport service system [J]. Journal of Sports Adult Education, 2009(2).

[114] Qin X P, Gao S. National games from perspective of public sport service [J]. Journal of Hebei Institute of Physical Education, 2011(2).